GREAT PEOPLE DECISIONS

Why They Matter So Much,
Why They Are So Hard,
and How You Can Master Them

Claudio Fernandez Araoz

人選力

最強の経営陣をつくる

エゴンゼンダー シニアアドバイザー
C・フェルナンデス・アラオス
樫村志保［訳］

日本経済新聞出版社

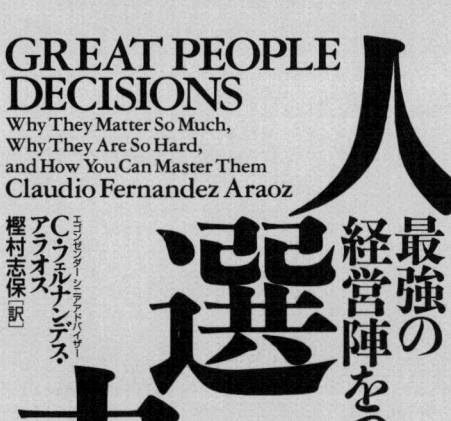

人選力——最強の経営陣をつくる

Great People Decisions
Why They Matter So Much, Why They Are So Hard,
and How You Can Master Them

by Claudio Fernández-Aráoz

目次

第2章　優れた人選力――企業（およびあなた）を成功に導く鍵　55

第3章　経営幹部の人選は、なぜそれほどむずかしいのか　85

第4章　いつ経営幹部の交代が必要となるのか　107

第5章　何を候補者に求めるべきか　135

第6章　どこを探すべきか――社内と社外　175

第7章　人材をいかに評価すべきか　213

第8章 いかに最高の人材をひきつけ、動機づけるか 245

第9章 いかにインテグレーションを進めるか 271

第10章　明日への視座　295

装幀　川畑博昭

本書に寄せられた賛辞

正しい人選を可能にする見事で実践的な研究と素晴らしいチームを築くための本質を著者は示している。

——ジャック・ウェルチ（GE前会長兼CEO）

この素晴らしい本は非常に役に立つ。適材適所というすべての優れたリーダーが直面する最初の課題をどうこなすかを教えてくれる本書のアプローチは、著者の揺るぎない情熱と長年にわたる実務経験、分析手法によっておもしろくて説得力のあるものになっている。

——ジム・コリンズ（『ビジョナリー・カンパニー』著者）

あなたの会社がどんな事業や製品、サービス、戦略をもっていたとしても、それを実行するのは人だ。卓越した人材が適任を得なければ、素晴らしい結果はでない。本書で著者は、長年にわたり人材選びにまとわりついてきた俗説と流行語の霧を晴らし、この非常に重要な問題に情熱と経験と叡智をもって答えている。

――ダニエル・ゴールマン（『EQリーダーシップ』著者）

グローバルな競争の時代には、如何に垣根を越えてベストな人材を選ぶかが成功の鍵となる。事実、弊社の英国ピルキントン社との統合においても、人種や国籍、買収する側・される側といった見方を捨てて、適材適所に人材を配置することが最大の決断であった。その意味で本書は、日本の経営者の良い指南書となるだろう。

――藤本勝司（日本板硝子会長）

グローバル化を進めている日本企業にとって、社内外及び国内外において、人を選び、人を評価し、人を育てることは、最重要課題である。本書に書かれた方法論を用いれば、よりよい人材を惹き付け、競争力を高めることができるようになるだろう。

――竹内弘高（一橋大学大学院国際企業戦略研究科長）

日本語版刊行にあたって

戦略でも、組織力でもない。「人選力」こそが、企業、およびあなた自身に成功をもたらす最大の鍵である。そして、その人選力は天賦の才ではなく、努力次第で伸ばすことができる。これが、本書のテーマである。

かつて、企業成功の鍵は優れた戦略にあると言われた時代があった。一九八〇年代の半ばである。日本企業はこぞって戦略立案機能の強化に乗り出し、多くの企業で経営企画室や戦略企画部がつくられた、しかし、一九九〇年代半ばになると、優れた戦略があってもそれをしっかりと実行できる組織力がなければ「絵にかいた餅」であるという認識が広がった。結果として、組織力こそが成功の鍵だという論調が強くなり、各種の組織論や、BPR（Business Process Reengineering）、シックスシグマ（Six Sigma）、TPS（Toyota Production System：トヨタ生産方式）など組織力を高める多様な方法論が、日本企業を席捲した。

それからさらに一〇年。それらの組織論や方法論の実践のなかで、それだけでは十分でなく、それらを動かし成功に導くことができる優れた人材、とくに優秀な経営幹部が不可決だという認識が生まれた。おりしも、二〇〇七年にはベビーブーマー（団塊の世代）の大量退職に端を発する人材需給の逼迫《ひっぱく》、とくに知的集約型業務を担う優秀な経営幹部の枯渇感が高まり、「ウォー・フォー・タレント」（タレント争奪戦）という言葉も生み出された。

それらの状況を踏まえ、本書では、企業（あるいはあなた自身）に成功をもたらす最大の鍵は、「人選力」すなわち「優秀な人材を、他社に先駆けて見出し、獲得・登用し、活躍させる」能力であると提唱している。この能力さえあれば、優秀な経営陣をつくることができる。そして、その経営陣がそのときどきの状況に応じて最適な戦略にもとづき組織をつくり、動かすことにより企業に大きな成果をもたらす。ゆえに、この人選力は、企業にとっても、それを身につけたあなた自身にとっても最重要な能力というわけである。

筆者であり、私たちの同僚でもあるC・フェルナンデス・アラオスは、マッキンゼー・アンド・カンパニー、エゴンゼンダーインターナショナル両社における経営陣向けの戦略・組織構築と人選支援の経験に、世界的な経営の専門家と企業家から得た知見を加え、この結論を導き出した。

著者は、エゴンゼンダーに二三年間勤務し、その間には執行役員に相当するグローバル・エグゼクティブ・コミッティーのメンバーとしても一〇年以上務めており、人材コンサルティングにおける世界的リーダーと目されている。

ハーバード・ビジネス・レビュー誌やMITスローン・マネジメント・レビュー誌などの世界有数の論文誌で自説を発表し、そのなかでも最多の引用数をたびたび勝ちとっている（論文の世界では、引用数が論文の質と人気の指標となる)。また、ダニエル・ゴールマンらが編集し、日本でも話題となった『*The Emotionally Intelligent Workplace*（ＥＱの高い職場)』への執筆や、『ウィニング 勝利の経営』ではジャック・ウェルチに、そして『*The Leadership Challenge*（リーダーシップの挑戦)』ではジム・コーゼスにアドバイスを行なっている。

たしかに、著者が言うように、優秀な人材を集め、競争力ある経営陣をつくることができれば、成功の確率は飛躍的に高まるだろう。それではなぜ、このいわば当たり前の考え方が、これまで経営論として前面に出てこなかったのだろうか。

その原因は、人選という行為がもつ本質的なむずかしさにある。詳細は本文に譲るが、目に見えず捉えにくい「業務能力」を評価するのは、業績のように数字化できるものを評価するよりも格段にむずかしい。外部採用であれば、なおさら限られた時間と情報の制約のなかで評価しなければならず、むずかしさはさらに高まる。さらに、登用の際には、当人の能力評価に加えて、当該業務に必要な能力を定義し、両者の適合度を見極める必要がある。これらのむずかしさゆえ、これまでは、「人選」という行為を体系的にまとめた方法論がなかった。しかし、エゴンゼンダーという企業は、約半世紀にわたり世界一流企業の経営陣の人選を手伝うなかで、この方法論を確立したのである。

ここで、エゴンゼンダーについて簡単に触れておきたい。同社は、全世界三七カ国、六三都市に拠点を構える世界有数のエグゼクティブ・サーチ・ファームである。

エグゼクティブ・サーチ・ファームとは、直訳すれば経営幹部探索企業である。つまり、社長以下、シニアなポジションを占める人材の社外からの採用を手伝うプロフェッショナル集団だ。そもそもは、戦略系コンサルティング・ファームが、顧客企業のトップ・マネジメントの人選に関する相談に乗ったのが始まりである。その後、人選を専門とするコンサルタントが、経営コンサルティング会社から分岐し、経営人材に関する問題解決を行なうコンサルティング会社として独自の成長を遂げた。数あるエグゼクティブ・サーチ企業のなかでもリーディング・ファームと目されているエゴンゼンダーは、人材紹介のみならず、マネジメント・アプレイザル（経営陣の人材評価）サービスのパイオニアとしても知られている。マネジメント・アプレイザルとは、経営陣の能力を「市場価値ベース」で評価するサービスである。「人事系」コンサルティング会社が行なう能力評価サービスとは異なり、競合や世界一流企業の経営陣との具体的な比較ができるのが特色である。日常のエグゼクティブ・サーチを通じて蓄積された経営陣の能力に関する相場観が、相対評価、すなわちベンチマークを可能にするのである。現在、同社は世界各地で年間八〇〇〇～九〇〇〇人の経営幹部の評価と人選を実践しており、この分野で圧倒的な地位を獲得している。

本書には、数多くの実践のなかで磨かれた「人選」の方法論や具体例が示されている。原書は米国で発行されたため欧米の事例が中心になっているが、同様の活動は世界中で急速に浸透している。エゴンゼンダーは日本でも、幹部の外部採用自体がまだ珍しかった一九七二年から活動しているが、ここ数年、日本の大企業の経営トップ層の強化をお手伝いする機会がとみに増えてきた。背景には、グローバル化の進展やM&A（企業の合併・買収）の増加など、先進的な日本企業に共通する経営課題がある。

日本市場が成熟したいま、多くの日本企業は海外に成長機会を求めている。その過程で直面する課題が「人事のグローバル化」である。名だたる日本の大企業でも、海外人事を「グローバル人事」などと呼び、本流の日本の人事と別建てで運用しているところが少なくない。そのため、海外駐在日本人の「お守《もり》」に甘んじ、積極的な人材育成と登用ができていないことが多い。結果として、海外幹部の登用が遅れ、不満をもった優秀な現地人材が他社から引き抜かれるという事態も頻発する。そこで、その解決に向けて、世界同一基準で海外・日本双方の人材を評価し、グローバルに選抜・登用する仕組みをつくるのである。そして、優秀な人材を現地経営陣への積極登用だけでなく、本社経営陣へも登用する道を切り拓く。結果として、日本人という限られた人材供給源ではなくグローバル人材市場を供給源にした経営陣強化の仕組みをつくることが可能になる。

また、これまで日本企業は買収・合併後の円滑な組織統合が不得手だった。統合後に重複する部門の責任者を十分に絞り込まず、結果、頭でっかちで旧社組織間の連携が十分にとれないたこつぼ組織をつくってしまう。合併の大部分が失敗に終わるゆえんである。この弊害を避けるため、合併前後に双方の経営陣を同じ基準で評価、出身社にかかわらずに人選を行ない、スリムで強固な経営陣を構築する試みが広がっている。また客観的、中立的な意思決定にもとづく人材登用は、被買収側の従業員の納得感を高め、組織モラールの向上にも寄与する。結果として、このプロセスを通じた統合が失敗に終わる割合は二九％に低減する（エゴンゼンダー調査）。

このように、本書の「人選」手法は、日本企業が直面する経営課題の解決に人材面から大きく貢献する。日本語版発刊にあたっては、日本の読者のために実例のいくつかを章末に「ケーススタディ」として載せたので参考にしていただきたい。

これらの活動を通じてエゴンゼンダーが実感しているのが、日本企業の経営陣の改善ポテンシャルの大きさである。私たちの分析によると、日本の経営陣の能力は、残念ながら欧米のそれと比べ低いことがわかっている（第5章のケーススタディ参照）。終身雇用と年功序列という枠組みに守られ、一企業のなかで昇進してきた日本の経営陣には、欧米の経営陣のように社外人材とせめぎあいながら、みずからを磨いていく機会が少ない。それゆえ、幹部候補にはみずからの能力を最大限に高めるインセンティブも働きにくかった。同時に、企業側も、社内だけでなく社外採用も想定しながら、最適な人材を登用するという仕組みをもっていなかった。一企業のなかで適材適所を実践する日本企業と、会社の枠を超えた幅広い領域で適材適所を実践しつづけた欧米企業との差が、この残念な結果を生んだのである。

だが、これは日本企業のこれまでの慣習が生んだ差であり、日本の人材が本質的に劣っていることを示すものではない。むしろ、エゴンゼンダーは、これを経営陣の改善ポテンシャルの大きさを示すものと捉えている。優秀な若手人材を早期に見出し育成することと、会社の枠を超えて適材適所の人材登用を進めることで、欧米に伍して戦っていける優秀な経営陣がつくれると確信している。すでに、その萌芽はある。たとえば、海外企業買収のあと、買収先のＣＥＯを全社のＣＥＯにすえた大手素材メーカー、能力評価にもとづき四〇代を中心とした役員登用に切り替えた大手ヘルスケア企業などである。

なお、原書は大著であったため、著者の了解を得て、日本の読者向けに編集を加えた。詳細に興味がある方は、原書も併せてお読みいただきたい。また編集にあたっては、エゴンゼンダー東京オフィスの竹田弘明、荒巻健太郎、中村紀寿、谷川弘樹、小野壮彦の五名が、ＧＰＤ（Great People Decisions）プロジェクトメンバーとして内容チェックに携わった。読者の皆様が、本書に書かれた人材の見極め方や、組織のつくり方を参考にして、仕事の面でも人生の面でも大きな成功を収められることを願っている。

最後に、今回の日本語版刊行にあたり、日本経済新聞出版社翻訳出版部の金東洋氏には、柔軟な対応とともに貴重なアドバイスをいただいた。この場を借りて心より感謝申し上げる。

二〇〇九年五月

エゴンゼンダーインターナショナル
東京オフィスＧＰＤプロジェクトメンバー一同

はじめに――人事は一か八かの選択ではない

本書『人選力――最強の経営陣をつくる』は、優秀な人材を採用し、活かすことができるよう、あなた自身の能力を高めるためのものである。

この能力は、きわめて重要である。ほとんどすべての経営幹部にとって、部下を的確に選ぶ能力はみずからの成功に直結するからだ。

しかし、決め手となる人選を行なうのはむずかしい。このきわめて重要な仕事をこなすための教育をきちんと受けている人はほとんどいないし、その不足を補うための総合的なツールも存在しないからだ。

『人選力』はこの問題を解決するために書かれた本である。

あなたもすでによくおわかりのように、組織とは結局〝人〟である。企業がどれだけハイテク化されようが、効率化されようが関係ない。つまるところ、組織とは〝人〟なのだ。

経営幹部の心配の種はつきることがない。たとえば、資金繰りが苦しい、訴訟を起こされそうだ、戦略が失敗した、M&A（企業の合併・買収）が頓挫した、などである。とはいえ、経営幹部の最大の懸念は、やはり〝人〟であり、いかに適材適所を実現するかということだ。

人は問題にもなりうるが、解決策にもなる。深刻な問題が生じたとき、経営幹部はどう解決しようとするだろうか？　普通は、社内であれ、社外であれ、優秀な人材を探すであろう。

適材を見いだし、採用し、昇進させ、活かすといった〝人材パズル〟を解くのがうまい組織は、持続的な成長を遂げる傾向にある（ゼネラル・エレクトリック〔GE〕の前会長兼CEOであるジャック・ウェルチは、在任中は適材を適所に置くことに時間の半分以上を費やしたと語っていた）。それが下手な組織は、長期的にみると失敗する傾向にある。

しかし、実際のところ、パズルを解くのは組織ではない。人である。どんな組織の内部にも、たぶんあなたも含めて、きわめて重要な人事上の意思決定をしなければならない立場の人が驚くほどたくさんいる。

本書の読者のなかには、人事部でその種の決定を日常的に行なうことを仕事にしている方や、CEO（最高経営責任者）の選任など役員人事に携わる取締役の方、もしくはみずから経営者として人にかかわる問題につねづね頭を悩ませている方もいらっしゃるだろう。だが一方で、中間管理職の方々も——自部門や業務のために人にかかわる意思決定を日々求められている。

人選はきわめて重要である。しかも、二つの意味で〝重要〟なのだ。

あなた個人にとって、きわめて重要である

第一に、これが本書を著した主な理由だが、人選はそれを行なうあなた自身にとって重要である。〝人材パズル〟を解く力量があることを示せば、あなたのキャリアの展望は明るく開けるといってよいだろう。逆に、適任者の獲得にたびたび失敗すれば、将来の展望に陰りが差すだろう。これまでともに働いた経験のある人たちのことを考えてみよう。人材集め（社内および社外から）の上手な人は昇進し、そうでない人は出世ルートから外れてきたのではないか？

問題は、優秀な人材を見いだし、選ぶための教育をきちんと受けている人がほとんどいないことだ。とくにビジネススクールでは、一般に人材マネジメント（ＨＲＭ）の問題を軽視する傾向があり、せいぜい五、六ほどある準専攻科目の一つとして扱うぐらいだ。必要なスキルを身につけるレベルまで本腰を入れて教えることはめったにない。

この点をわかりやすく説明するために、私はときとして投資になぞらえて話をする。「あなたはウォーレン・バフェットのような投資家になりたいと思いませんか？――なりたいでしょう。私もなりたいです！　必要なスキルや経験がなくとも、ああなりたいと思いませんか？――なりたいでしょう。私もそうです。でもそれは無理な相談なんです」。ウォーレン・バフェットが投資の名手であるように、あなたが人材集めの達人になるには、その道をきわめなければならない。適切なツールが必要なのだ。

本書は、人を採用し、昇進させる能力を高めたいと思っている経営者、経営幹部、または将来の経

営幹部向けの総合的な手引書となる。このツールを使えば、誰でも人に関する優れた決定が可能になる。しかも、この技術を学ぶことが、あなた自身にとって重要なのだ。

あなたの組織にとって、きわめて重要である

第二に、人選はあなたの組織にとってきわめて重要だ。そのなかでも、優れたＣＥＯの確保はなによりも重要なことである。ところが欧米の大企業では、退任するＣＥＯの約三分の一は、最終的に解雇されるか辞職を迫られて辞めている。何が間違っているのだろうか？　同じことは組織のほかのレベルについても言える。世界の一流企業の数千人にのぼる経営幹部を対象にした調査に私も参加したが、評価した幹部のおよそ三分の一は、期待値に達していないことが判明した。

言い換えれば、どんなに優秀な企業でも結局は適材適所ができていないのだ。もっとうまくできないものだろうか？

本書の構成

本書の第1章と第2章では、人選が、あなたとあなたの組織にとってなぜそれほど重要なのかについて、深く考察する。

第3章では、人材の見極めがなぜむずかしいのか、その理由を説明する。問題の一部は人材プール（優れた人材がどれだけいるか）にあるが、もっと大きな問題は〝見る人の意識〟に存在する。人の採用を行なう際には、戦術ミスを犯すことがままあるが、それらすべてが相まって成果がスルリと逃げていくのだ。

第4章から第6章では、「いつ」「何を」「どこで」について検討する。すなわち、どのような状況のときに候補者を探しはじめるか、候補者に何を求めるか、そして、あなたが求めている人材をどこで見つけられそうかについてだ。これらの章全体を通じて（また本書のどの部分でも）、いつ、どのように外部の助けを求めればいいかを教え、そして、多くの会社で社外に目を向けず、社内からのみ探そうとする過ちを犯していることについて説明する。

もちろん本書の大半は、人選について、いかに優秀な人材を評価し、勧誘し、動機づけ、活かすかに焦点をあてている。第7章では人材評価の具体的方法について詳しく述べる。これをわかりきったことだと思っている人は多い。しかし、私の経験では、思ったよりむずかしい。

しかも優秀な人材を見つけだすだけでは不十分だ。その候補者を適切な報酬で採用し、新しい環境で能力を発揮できるようにしなければならない。これらは第8章、第9章で述べる。

最終章では、いったいなぜ人選力が重要なのかという問いに立ち戻る。高い業績をあげている組織は、よい雇用の場を提供し、株主に利益をもたらすだけでなく、社会もよりよくしている。私はそう信じている。優れた企業――優秀な人材が豊富――は、私たちの生活水準をあげ、希望を高くもたせ、視野を広げ、未来への希望を与えてくれるのだ。

第1章 人材の見極め——重要なビジネス能力

私は、サーチの仕事で優秀な候補者に会うとき、あるいは、めざましい業績をあげているクライアントに会うとき、新しいキャリアを選びたいと思っている経営幹部と話すとき、ハーバード・ビジネススクールの学生たちに講演するとき、そして自分の子どもたちを眺めているとき、いつも同じことを繰り返し考えていた。キャリアを成功させる原因はいったい何なのだろうか、と。

それからもう二〇年以上もたった。この間、私は約二万回の面接（エグゼクティブ・サーチ・コンサルタントとしてのキャリアの大半を通じて、一年に約一〇〇〇人、休日をのぞけば一日当たり平均四人）を実施してきた。また、クライアントの仕事や同僚コンサルタントの教育研修、エグゼクティブ・コミッティーやパートナー会議、講演など、どんな用事であれ世界中を旅してきた。それらの旅で、何千人ものマネジャーや経営幹部と、彼らのキャリア、人生、栄光、ドラマについて、個人的で、かつ感動的な会話を交わしてきた。

大いなる成功も激しい苦悩も目にしてきた。キャリアマネジメントとライフマネジメントのきわだった成功例をいくつか知った。悲しいかな、すばらしい才能を持ちながら、文字どおり、自殺した少数の人々も知ることになった。

正直なところ、その問いかけは私の頭から離れることはなかった。なぜ一部の人は成功し、一部の人は失敗するのか？　いま私はその答えを手に入れたと思う。

成功の方程式

キャリアの成功の方程式には、少なくとも次の四つの要因が含まれている。

1　資質
2　能力開発
3　キャリアの選択
4　人選力

これらの要因は互いに補強しあい、積み重なって、相乗効果を生む、と私は確信している。また、これらの要因の大半はライフステージによって重みが異なると思う。例外は、もちろん親から受け継いだ遺伝的な資質である。それは運と同じように、誕生から死まであなたについて回る。また能力開発も生涯を通じて大切なものだが、これはとくに人生の初期の段階で重要である。キャリアの選択は二〇代はじめになって重要になってくる。最後（だが、決して軽んじることのできない）は、本書のテーマである〝人選力〟である。

まず結論から先に言おう。学校教育を終え、仕事についたら、人選力はあなたのキャリアの成功に寄与する最大の要因となる。

では、それぞれの要因をもう少し詳しくみてみよう。

「資質」は成功を大きく左右し、かつ継続的に影響を及ぼしつづける。あなたの遺伝的な素質は、（たとえば）あなたがあることは楽に学べるのに、あることはなかなか学べない理由を説明する。資質は、あなたの可能性を開く一方で、あなたに制約を課す。しかし、資質は必ずしも静的なものではない。ごく最近まで、資質は成功方程式に欠かせないものだと考えられていたが、現在は人の遺伝的な遺産も動的な状態にあると思われることが研究でわかってきた。マット・リドレーが『やわらかな遺伝子』で明らかにしたように、日常体験がどの遺伝子のスイッチを入れるかを部分的に決めると、それが次にどのタンパク質を生産するかを決め、それがまた脳の細胞間のシナプスを形成し、再形成する。先天的な素質か、後天的な環境かをめぐる議論は、両方とも正しいようだ。

「能力開発」は、人が生涯にわたって学校や学校外で学習することをさすが、あなたのキャリアを成功させる強い力になりうる。あなたの学習能力は、ある面ではあなたがどんなキャリアを選択するかによっても決まる。職場ではどんな学習の機会が提供されるだろうか？　新しい仕事はたえず訪れるだろうか？

　言うまでもなく、職務を遂行する能力の開発に時間と努力を賢く投資すれば、あなたの行動特性は大いに変化し、成功のチャンスも増す可能性がある。最高の能力開発の経験は、大きな影響力をもちうるのだ。

　しかし、能力開発の可能性には明らかな限界がある。前にも述べたとおり、あなたの学習能力は、ある程度はあなたの資質によって決まるからだ。加えて、こう言うのは心苦しいが、学習能力は年齢とともに低下する。もちろん、老犬に新しい芸を教えることはできる。ただ、少し時間がかかるし、教えた芸が全部身につくわけではないかもしれない。このように、教育訓練の費用と効果は長いあいだに徐々に変化していく。能力開発の可能性について、選抜と育成の世界的な権威である友人のライル・スペンサーは簡潔にこうまとめている。「ダチョウに木登りを教えることはできる。でも、僕ならリスを雇うね」

「キャリアの選択」が個人の成功に及ぼす影響を決して侮ってはいけない。私は、同じような才能をもちながら異なる仕事環境を選んだ人たちの成果・業績が、大きく異なることに驚かされてきたものだ。たとえば、大学院の同級生たち。なかには本当に頭がよくて才能もあるのに、問題のある企業やきわめて官僚的な組織に加わるという間違いを犯した人も多い。現在、彼らは、同じような才能に恵まれて、かつ、はるかによいキャリアを選んだ同級生に、仕事の面で大差をつけられている。端的に言えば、よいキャリアの選択は、自分を成長させるための努力を何倍にも大きく結実させ、ひいてはめざましいキャリアの成功を収める大きな要因となるのだ。

図１－１　キャリアの成功への影響度

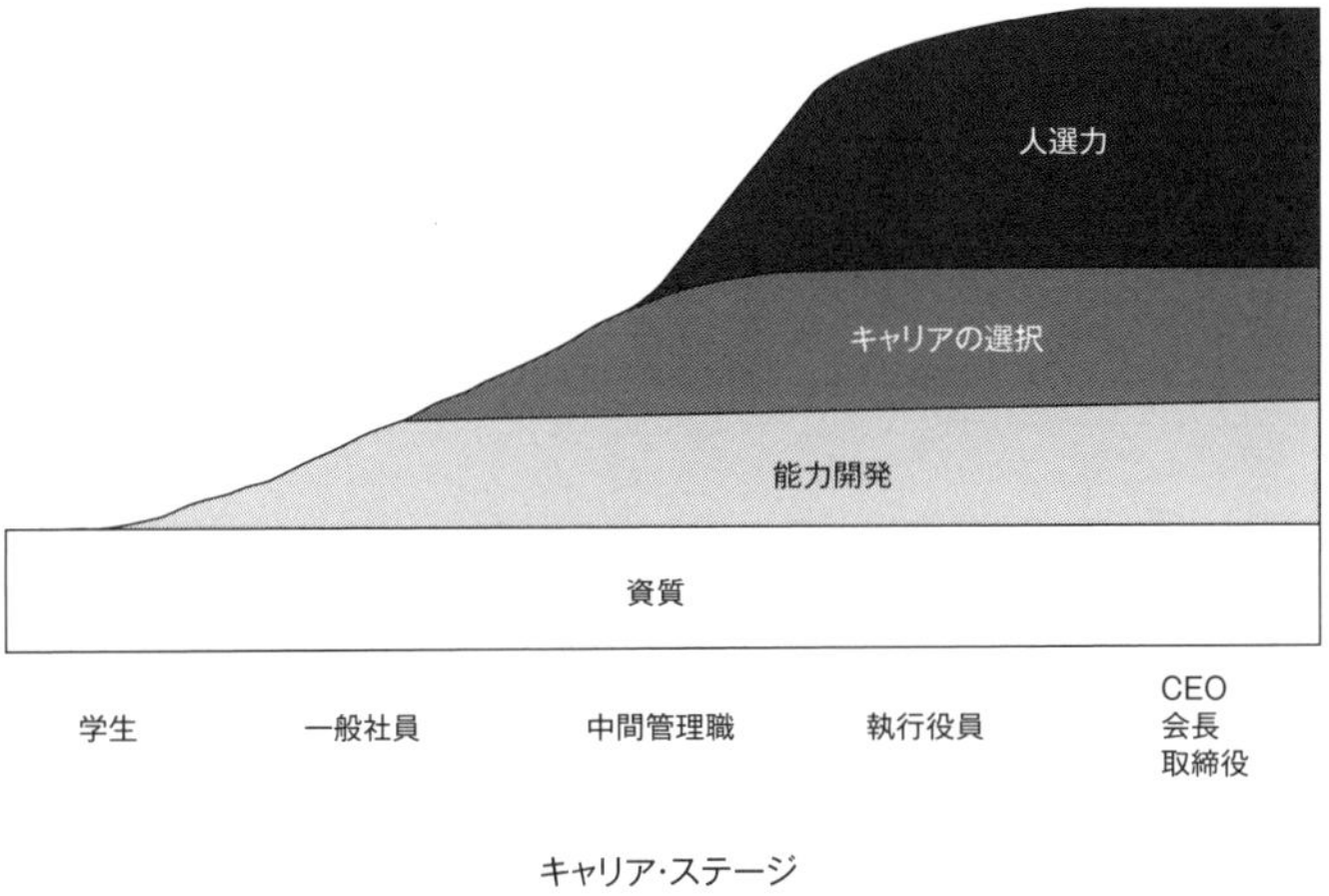

ハーバード・ビジネススクール教授のモニカ・ヒギンズは自著『*Career Imprints: Creating Leaders Across an Industry*（キャリアの刻印――産業全体にリーダーを輩出する）』において、いかに〝バクスター（米系大手製薬会社バクスター社）出身者〟が米国のバイオテクノロジー産業を築きあげたか語っている。バイオテクノロジー企業三〇〇社と幹部三二〇〇人を対象にした調査をもとに、ヒギンズは、一つの会社――バクスター研究所――が驚くほど多くの成功したバイオテクノロジーのベンチャー企業や新事業を次々と世に送り出す絶好の環境となっていたと結論づけた。一つの組織が特定の産業全体にわたってリーダーを輩出する現象は、たとえばハイテク業界のヒューレット・パッカードやアップル、半導体業界のフェアチャイルドなど、ほかの産業でもみられる。言うまでもなく、長期にわたるキャリアの成功という点からみれば、革新をはぐくむ場に身を置く

のは沈滞した場所に身をおくよりもいいことだ。

ほとんどの人にとって、「人選力」は二〇代になってから重要になる。私生活では、大学、大学院、自宅の近所などで、生涯の友人をつくる。生涯のパートナーとなる人と出会い、結婚する。職場では、人にまつわる決断をするようになる。同僚や顧客、取引先についてさまざまな判断を下すようになるのだ。

管理職になれば、部下を使って仕事をするようになるため、あなたの人選力が担当部署の成績をあげるために不可欠になる。店長であっても船長であっても、責任が重くなるにつれて、その重要性は増す。あなたは、みずから集めた人材を通じてしか管理力を発揮できなくなるからだ。部長から役員、ついには社長や会長へと昇格していくにつれ、人材の見極めは最大の課題でありチャンスになる。

さて、ここでもう一度結論を言おう。私は二〇年にわたる実務経験、調査、熟考を経て、人選力は、図1-1で示したように、仕事の成功に寄与する最大の要因であると強く確信するにいたった。なお、仕事を通じて経験を積み、出世の階段をのぼるにつれ、この種の意思決定は、絶対的な意味でも、他要因との相対的な意味でも、ますます重要になるということを忘れないでほしい。

人選力の成功例――エゴン・ゼンダーに学ぶ

この〝成功方程式〟の実例をみてみよう。ここで、私が所属する組織の創業者、エゴン・ゼンダーの経歴を引き合いに出して吟味しても、本人は気にしないであろう。

二〇〇二年、ゼンダーはハーバード・ビジネススクールから卒業生の最高栄誉賞の一つであるアラムナイ・アチーブメント・アワードを受賞した。一九六八年に創設されたこの賞は、仕事を通じて「みずからの組織と地域社会に多大な貢献を果たすと同時に、あらゆる行ないにおいて最高の水準と価値を維持している」ごく少数の優秀な卒業生に贈られるものである（年間一人か二人）。当時の学部長だったキム・クラークによると、受賞者は「本学の最優秀者であることを意味する。模範的なロールモデルとして、ビジネスにも社会にも大きな影響を与えることを志す、すべての人の励みとなる人である」。

エゴン・ゼンダーはこの成功をいったいどうやって手にしたのだろうか？　揺るぎない事実をみれば、資質が影響したことは認めざるを得ないだろう。ゼンダーは遺伝的に運に恵まれていた。背が高く、ハンサムで頭脳明晰、知能指数（IQ）も高いからだ（人生レースにおいては、外見的な見栄えのよさを決して軽くみてはいけない！）。同時に、少なくとも私の経験では、ゼンダーは「心の知能指数（EQ）」と呼ばれるものも高い（この概念については第5章で詳しく述べる）。これらの特徴のどれが主に資質によって決まるかは議論になるかもしれないが（私なら、多くがそうだと言う）、ゼンダーは自分というものをよく知る、清廉潔白な人であり、また驚くほど献身的な、進取の気性に富む、楽天的な人でもある。彼は遺伝の結果と思われる資質をすべて備えた、〝生来のリーダー〟である。また、ジム・コーゼスが『*The Leadership Challenge*（リーダーシップの挑戦）』で強調しているように、人の心を奮い立たせる名人でもある。ゼンダーの遺伝的な素質が恵まれたものであることは間違いない。

天賦の才能をさらに補うため、ゼンダーは文字どおり生涯をかけて能力開発に励んできた。学校教育はハーバードのMBAを取得した段階で終えたが、その後もずっと学習者でありつづけた。ものすごい読書家で、人の心を敏感に読みとることもできる彼は、あらゆる性格の人々や状況から学んでいる。

能力開発とは、みずからが学んだことを自分自身のために、また組織のために活かす方法を見つけることでもある。ゼンダーは常に週六日間、夜遅くまで猛烈に働き、予定されたすべての催しや会議、スピーチのために驚くほど徹底的に準備を重ねた。ここで彼のエピソードを披露したい。スピーチを行なう前、彼はよく何時間も鏡の前で練習し、録音し、時間を計っていた。あるとき、私は、新入コンサルタントのオリエンテーションでスピーチをする彼に、実際はどれだけの時間が必要か尋ねたことがある。スピーチに割り当てられた時間は一時間だったが、ひょっとしたらもう少し長い時間がほしいとか、もう少し短くていいと言うかもしれなかったからだ。彼は驚いた顔で私をみて、こう答えた。「私は一時間もらった。だから一時間で終わらせる」。そして、スピーチは本当に一時間だった。五九分でも六一分でもなく、きっかり六〇分だったのだ。

このように資質と能力開発がゼンダーをビジネスというゲームに参加させ、退場せずに出場しつづける力となったことは間違いない。また、そのキャリアの選択――最初は法曹界からビジネスの世界への転身、そしてふたたび広告業界からエグゼクティブ・サーチの領域への転身を決めたとき――が、彼を成功曲線の次のレベルに飛躍させたことも事実である。実際、この職業をヨーロッパに広めたのは、独自のコンサルティング手法と厳格なプロ意識を追求する独特のビジョンを持った会社をみずから始めた、ゼンダー自身なのだ。

さらに、株式を公開しないという決断、そして対等のパートナーシップや相互協力、独特な給与体系など、独自のモデルの創出をはじめ、ゼンダーのその後のビジネス判断も一部は〝キャリアの選択〟と言えそうだ。いまでも世界の多くのプロフェッショナル・サービス企業から注目されているこの手法を、彼はハーバード・ビジネス・レビュー誌の「A Simpler Way to Pay（給料をより簡単に払う方法）」という論文にまとめている。

そう、これらはすべて賢い（見事とも言える）キャリアの選択だった。しかしゼンダーの成功におけるもっとも重要な要因は、彼の優れた人選力にある。端的に言うと、彼は彼自身が創業した会社で三六年もフルタイムで働きながら、世界中のすべてのコンサルタントの採用にみずから必ずかかわることですばらしい会社を築きあげてきた。だからこそ、私は、神経がすり減るような一九八六年のあの日、チューリッヒにいたのだ。彼は人材の見極めをしていたのである。彼にとって、これほど重要なものはほかになかったからだ。

私もその一人で、例外ではなかった。事実、ゼンダーはすべてのコンサルタント候補者に対して、複数の国で複数のコンサルタントが面接を行なうことにしており、例外を一切認めなかった。今日でも、わが社ではすべてのコンサルタント候補者に対し、会長を含めていくつかのオフィスからの多数の同僚コンサルタントによる面接が義務づけられている。これは会社の厳格な世界基準を満たし、社風によく適合するかどうかを確かめるためである。

繰り返すが、たしかにゼンダーは多くの人よりも運がよかった。その運は遺伝的な資質にまで及んだ。彼はみずからの能力開発と勤勉さによって運と遺伝子に恵まれた自分をさらに伸ばし、優れたキャリアの選択を行なった（さらに、自分の仕事を自分でつくり出すことすらした。これはもしできるのであれば、すばらしいことだ）。しかし、もっとも重要なのは、人選力に関してみずから達人になったことだ。

みずから達人になった――この行動の主体が自分であることに注目しよう。彼はどのように人選を行なったのか？　一つには、自社がかかえる多くの優秀な人材の知恵と経験を活かす仕組みを生み出すことだった。そう、人と接することにかけては、彼には天賦の才があったが、またこうした才能を活かす技ももち合わせていた。

人選力は一つの技術であり、学び、習得することができるのだ。

成功する経営幹部の要件

個人の成功がどう定義されているか、もう少し掘り下げてみよう。

私の意見では、個人の成功に関するもっとも優れた分析の一つは、ノースカロライナ州グリーンズボロにあるセンター・フォー・クリエイティブ・リーダーシップと提携する研究者たちによるものだ。何百件もの経営幹部の人選について調査した彼らは、成功した幹部として認められるのは、組織の業績をあげ、とくに部下と良好な人間関係を築いた人だと結論づけた。

この定義では、少なくとも、組織の業績をあげること（次章のテーマ）は個人の成功に欠かせない要素である。だが、この組織の好業績はいったいどこから生まれるのか？　それは組織内部の、優れた人材を選ぶ能力のある社員からもたらされる。なるほど、戦略は大いにものを言う、優れた商品やサービスは重要な鍵となる、銀行の預金は大事な資産である。しかし、これらの各資産、およびその創出と配分を背後で支えているのは、優れた人材なのだ。

偉大なリーダーを生み出すものは何か？　成功した幹部の研究でもっとも有意義なものの一つは、マーカス・バッキンガムとカート・コフマンの共著『まず、ルールを破れ――優れたマネジャーはここが違う』に概説されている。ギャラップ社による四〇〇社八万人以上のマネジャーを対象にしたこの詳細なインタビュー調査は、この種としては最大規模のものだ。同書の重要な結論の一つは、人の潜在能力には限りがあるということだ。

ここから導かれる結論は何だろうか？　もしあなたが個人の育成のみに頼れないというのなら、実力ある人材を採用し、昇進させなければならない。まず優れた人材を仲間に引き入れ、成長と育成が可能なポジションに配置し、その実現を手助けしてやらねばならない。

バッキンガムは続編の『最高のリーダー、マネジャーがいつも考えているたったひとつのこと』のなかで、マネジャーとして成功するために習得しなければならない四つのスキルについて論じている。その第一として、マネジャーはまず優れた人材を選ばなければならないと強調している。

優れたマネジメントの四つの基本スキルについて論じたあと、バッキンガムは「優れたマネジメントについて知っておくべきひとつのこと」の定義に話を進める。優れたマネジメントに欠かせない唯一最大のこととは何だろうか？　バッキンガムの言葉を借りれば、それは「部下一人ひとりの特色を理解し、それを活かすこと」である。言い換えれば、まず優れた人材を採用し、それから適材適所に配置するのだ――どちらも人材を見極めるうえでの基本である。

同書でバッキンガムが提示する最後の処方箋は、「個人の継続的な成功について知っておくべきひとつのこと」に関するものである。つまり「自分がしたくないことを見つけ出し、それをやめる」のだ。ところで、自分がしたくないことをしないためには、人に仕事を任せられなければならない。すなわち、自分の周囲を優れた人材で固めなければならないのだ。さらに、あなたが仕事自体は好きだったが、何年もやっているうちに飽きてきたと仮定しよう。さてどうすれば昇進できるだろう？ここでもやはり、昇進するためには、自分の背後に優れた人材を配置しておかなければならない。多くの場合、優れた後継者の育成は、昇進への必要条件である。こうした理由からも、あなたは最高の人材を採用し、昇進させる達人になる必要がある。

俗説は信じるな――人材の見極めは学習可能である

多くの人は、どんな人材が適任かどうかを見極める能力は、名人芸《アート》の類だと思っている。すなわち、本能、直感、勘を働かせた結果であり、何かはっきりとは説明できないもの、私たち普通の人にはわからない、一部の人々だけがもっている才能だというのである。しかもかなりの人が、自分は人を直感的に選ぶのが得意だと思っている。ある調査で、米国の車のドライバーの六五％が自分の運転技術は平均より上だと答えていることを思い出した。さらに悪いことに、ハイテク企業二社のエンジニア数百人を対象にした調査によると、一社では三二％、もう一社では四二％のエンジニアが、自分の実力は上位五％に入ると評価していたことだ！　これは〝楽観バイアス〟として知られるものである。

この数学的に不可能なこと（一〇人のうち四人が上位五％に入るわけがない）に加えて、こうした考え方には三つの誤りがある。第一は、私たちは人材評価が得意だと過信していることだ。デパウロやチャールトンらの調査によると、他人の嘘を見抜く能力に関して、自分の考えと実際の能力との相関はわずか〇・〇四％にすぎないのである。第二は、その能力を本能的なものだと考えていることだ（違う。努力すれば身につくものである）。第三は、それはあるかないかのどちらかだから、努力しなくてもいいと考えていることだ（実際には、やはり努力しなければならない）。

では、もう少し深く掘り下げてみよう。

驚くべき達人！

あなたは、本当に人材の見極めが得意な人がいるんじゃないか、世の中には人を見る名人がいるんじゃないか、と思われるかもしれない。

そう、人材評価の達人はたしかにいる。わが社のようなエグゼクティブ・サーチ会社のコンサルタントのなかにもそういう人はいる。わが社では、多くの顧客企業の内部昇進者を対象に追跡調査を行ない、彼らの現在のパフォーマンス（実績）を、昇進候補者だった当時のわが社による当人のパフォーマンス予測やその企業自身によるパフォーマンス予測と比較したことがある（要するに、わが社による昇進候補者Aの評価、顧客企業による昇進候補者Aの評価、そして昇進から数年後のAの実績についてのデータ、この三つのデータをつきあわせたのである）。この調査で判明したのは、経営管理能力とさらなる育成の可能性という観点でみた企業の社員に対する評価精度は、場合によっては三〇%もの低さだったのに対し、わが社の精度はおよそ九〇%にのぼった。

つまり、彼らは社員と何年ものつきあいがあるうえに日々接しているのに、私たちの評価のほうが彼ら自身による評価より三倍も精度が高かったのである。

各種の面接や適性テストなどさまざまな評価法はあるが、複数の人が同じ手法を用いたときの評価の精度の違いについて調査したものはほとんどない。だが、同じ評価法を用いた場合でも、評価の精度は人によってかなり差が出るのは事実であろう。エーダーとハリスの共著『*The Employment Interview Handbook*（採用面接ハンドブック）』は、面接者の能力に違いはあるかという仮説について考察している。考察した六つの研究のうち五つはこの仮説を支持していた。一部の研究では、最高の面接者は最悪の面接者の一〇倍も予測精度が高かった。

実際、専門家の評価（現状を診断し、将来の業績を予測する）は生活や仕事のさまざまな場面で欠かせないものだ。投資先の選択、病気の診断、法的リスクの評価、候補者の業績予測——これらは専門家が評価し、決定できることのほんの数例である。マルコム・グラッドウェルは自著『第1感「最初の2秒」の「なんとなく」が正しい』のなかで、結婚生活の成功または失敗を予測する名人であるジョン・ゴットマン（MITで数学も学んだ心理学者）について書いている。グラッドウェルによると、ゴットマンはカップルの会話を一時間観察しただけで、結婚が一五年後も続いているかどうかを九五%の確率で予測することができるそうである。たとえ一五分だけの観察でも、的中率はまだ九〇%前後もある。ゴットマンと共同研究を行なっているシビル・カレアという教授の話によると、ゴットマンと彼女はカップルの会話を三分観察しただけでも、どのカップルが離婚し、どのカップルが結婚を維持するかをかなりの確率で予測することができるという。

たしかに達人はいるのだ。といっても、彼らは単に〝勘〟で行動しているのではない。高度なトレーニングを受け、豊富な経験を積んだ人たちなのだ。

他人任せにするな

信頼できる専門家がいるのなら、彼らに人材評価を任せればいいではないか。あなたはそう考えているかもしれない。

だがこの方法には問題点が二つある。一つは、たとえ精度が低くても、他人を判断し、分類したがるのが人間というものだからだ。それは世の中の半分以上の人が、自分の運転技術は平均以上だと思っているという話に戻る。いざ他人を判断するとなると、私たちは自分でやりたがるのだ。この現状をまず理解し、解消しなければならない。

二つめは、多くの組織には人選にあたって、人事マネジャーのように知識も経験もある優秀な人たちがいる一方で、その能力をもたない経営幹部がかかわらなければならないというジレンマに遭遇することだ。こうしたジレンマは避けられない。なぜなら、これらの重要な人事は、結婚相手を選ぶのと同じように他人任せにしてはいけないからだ。ラリー・ボシディとラム・チャランが『経営は「実行」――明日から結果を出すための法則』で述べているように「人材の適材適所は他人任せにしてはならないリーダーの仕事である」。

ところが、多くの場合、これでは人選について知識のある者には権限がなく、権限がある者には知識がないかもしれない、ということになる。それではよい方程式と言えない！

何を求めるかを知ること

これまで人事上の決定は曖昧でわかりにくい領域とみなされてきた。これは〝勘〟――あるかないかの、どちらか――という考え方と密接な関係がある。

そんなことはない。ほかの多くの評価と同様に、人選力も体系的に分析し、大幅に改善することができるのだ。たとえば、前述のジョン・ゴットマンは、自分の予測精度を著しく高めるために、結婚の成否の要因を三〇年間にわたって詳細に分析することに心血を注いだ。

その第一ステップは、見るべき点をつかむことである。ゴットマンは「防衛」「はぐらかし」「批判」「軽蔑」という四点が夫婦間で注目すべき感情であると言う。彼の説明によると、これら四つの感情のなかで、軽蔑がもっとも重要な感情であると言う。つまり、男女のあいだで示される軽蔑の度合いが高ければ高いほど、結婚が成功する可能性は低くなる。

先ほどのマルコム・グラッドウェルは、一九九六年にシカゴのクック・カウンティ病院で内科長だったブレンダン・ライリーの話も紹介している。ライリーは、心筋梗塞を訴える患者が実際に心筋梗塞なのか、それとも患者がそう言っているだけなのかを診断する能力の向上という大問題に取り組んでいた。もちろんこれは生死にかかわる問題になることもあり、医師が診断を誤ることもある。グラッドウェルによると、米国の病院では本当に心筋梗塞を起こしている患者のうち、二%から八%の患者が誤診によって治療を受けられずにそのまま家に帰されている。

心筋梗塞を起こしているようにみえるが、実はそうではない患者を入院させるケースもある。これは貴重な医療機関の収容能力を制限するという問題を引き起こす。グラッドウェルによると、目下、医療ミスで訴えられることを恐れて、医師が患者に対し万全の対策をとる傾向が強まっている。その結果、心筋梗塞の疑いで入院させられた人で実際に心筋梗塞を起こしている患者は約一〇%にすぎないという事態になっている。

こうした状況に直面したライリーは、医師が注意を集中すべき少数の指標を分けて取り出すようにした。これは実際には、以前よりも分析する情報を減らし、もっとも有益な情報に注意を集中させることを意味する。

グラッドウェルによると、ライリーは、医師は心電図の結果を三つの緊急危険因子（胸痛、肺水腫、最高血圧）だけと結びつけて考えるべきだと結論した。これにより、心筋梗塞の患者を家に帰してしまったり、心筋梗塞を起こしていない人を入院させてしまうという、どちらのミスも大幅に減らすことに成功した。

これでおわかりになったはずだ。つまり、これらの専門家は自分の勘に頼っているのではなく、重要な指標を特定し、それをチェックしているということだ。人選も同じである。

物事に精通すること

ただ単にそれらの指標を特定し、チェックするだけでは不十分だ。何に注目すべきかがわかったら、それぞれの要素に優先順位をつける必要がある。またその後も、医療チーム全体としてよい判断を下すために、適切な専門用語で話し合わなければならない。もし、ブレンダン・ライリーが英語を話せず、クック・カウンティ病院のスタッフが英語しか話せなかったらどうなるだろうか？　彼の指標がどんなによいものでも、どんなに効果的に優先順位をつけていても、意味がないだろう。

グラッドウェルは専門家による判断について、試食を例にあげて次のように論じている。ほとんどの人は味の違いがわからない。たとえば三つのコップに入ったコーラ（二つはある特定のブランド、もう一つは別のブランド）を試飲するといったごく簡単なテストでも区別ができない。もちろん、味の鑑定士はそのテストを常にパスするし、なかには、商品ごとのごくわずかな味覚の差を感じることができ、どの商品がなぜ、どんな消費者層に好まれるかということまで予想する人もいる。

こうした味の鑑定士は、専門家としての評価を得るなかで、味のさまざまな要素を知り、等級づける優れた能力を身につけている。特定の食品に対して自分がどう感じるかを正確に描写できるきわめて独特な表現力をもっているのだ。

グラッドウェルによると、たとえばマヨネーズは、見た目（六項目）、食感（一〇項目）、香り

（一四項目）の評価基準に沿って審査される。これらの要素は、それぞれ一五段階で評価される。マヨネーズは例外ではない。市場の商品はすべてこうした方法で分析することができる。やがて、その方法で考え、話すことが味の鑑定士にとって習性になる。人材評価を行なうにあたっても、専門家は、目の前の課題を分析し、候補者に求められる重要なコンピテンシーを特定し、それらを正確に測り、将来の業績を予測し、採用または昇進について適切な用語で話し合い、意思決定を下すことができるのだ。

人材の見極めがマヨネーズの評価よりも重要であることは明らかである。

ちょっとしたテクニックが違いを生む

一方で、人選力を向上させるために、必ずしもコンピテンシーやコンピテンシー・スケールなどの評価手法について深い専門知識をもつ必要はない。

結婚の例に戻ると、グラッドウェルは、ある心理学者のグループがゴットマンの被験者カップルのビデオを専門家ではない一般の人たちにみせたときの様子についても語っている。当然ながら、彼らの結果を予測する能力はきわめて限られていた。そこで、今度は注目すべき感情のリストを示して少し手助けし、もう一度テストを繰り返してもらった。テープを三〇秒ごとに区切り、各コマを一回は男性、もう一回は女性に注意を集中するようにして、二回みてもらった。

結果は「結婚がうまくいくという予測の的中率は八〇％を上回った」という。

マネジャーや経営幹部と人材評価について基本的な考え方を多少話し合うだけでも、彼らの評価能力がはるかに向上することは、私自身も何度となくみてきた。私の知り合いのオスカー・マリルの場合もそうである。シティバンクの人事部シニアマネジャーとしてやりがいのある仕事を満喫しているマリルは、これまでに米国、欧州、南米で働いたあと、サウジアラビアで面白い職務に就いてきた。マリルは自分の長年にわたるキャリアの成功は、CEOが人材を見極めることができるよう補佐する能力が自分にあったことが大きいと考えている。そのうえで、シティバンクで受けた最初の人事部研修があとになってどれほど役立ったかということも、痛感している。もう何十年も昔のことだが、彼は入社直後に受けた研修の一部をいまでも覚えている。それらの研修では、プロの俳優（応募者役）を面接する彼に、教育係（彼の耳にさしこんだ小さなイヤホンを通じて話しかける）が相手の行動をみて質問し評価するテクニックを教えてくれたのである。

人選力は学習可能なスキル

私たちはときどき偉大な成功を天賦の才のせいにしたくなる。しかし、実際のところは、不断の努力によってより偉大になるものなのだ。ジャック・ウェルチは著書『ウィニング　勝利の経営』において、マネジャーだった若い頃、彼の人選力は大体五〇％の確率だったが、三〇年後にはそれが約八〇％にあがったと述べている。

ウェルチはその八〇％という数字を控えめに言っていると思うが、彼の人選力はきわめて的確だっただけでなく、ミスを犯した際にはそれを潔く認め、断固たる行動で結果に責任をもつ心の強さをもち合わせていた。

エゴンゼンダーインターナショナルは大手のエグゼクティブ・サーチ会社の一社であり、仕事はほぼ一〇〇％、人材評価にかかわりのある問題である。では、これらの評価——多くは組織の経営幹部のレベルが対象——を行なうために、わが社ではどんな人材を雇っているのか？　あなたは答えを聞いて驚くかもしれない。私たちが採用する人材は、決して人事部やほかのエグゼクティブ・サーチ会社の出身者ではない。その代わり、戦略課題や経営課題を理解できることを前提に、経営コンサルタントや事業会社でのマネジャー経験者を採用している。

全員が修士もしくはそれに相当する資格をもち、豊富な国際経験があり、さまざまな面で高い能力を示していることは確かである。しかし、ここで私が言いたいのは、わが社が人材評価の実績がまったくない人を採用するということだ。人材評価の実績はないが高い能力をもつ彼らを採用し、教育することによって成功する組織を築きあげてきたのである。

つまり、これらは学習可能なスキルなのだ。私も学んできたし、あなたも学ぶことができるはずである。そして、もしそうすれば、あなたのキャリアは計り知れないほど展望が開けるはずだ。

大いなる矛盾

個人の成功の陰には、そして次章で扱う組織の成功の陰には、必ず人材の見極めがなされている。

するとほとんどの人がこの分野できちんと教育を受けていないというのはどういうことだろうか？

この奇妙な状態を招いている原因は少なくとも二つある。第一に、人材関係のスキルは学校教育を終えたずっとあとの、マネジャーになった頃にやっと重要性が増すことだ。学生のあいだは、人材の見極めの重要性などたぶん知らないだろう。その後は、不幸にも、学ぶ時間はさらに減り、みずから進んで学習する習慣も減るだろう。とっさに判断をしたり、先入観をもつ傾向など、その間に身につけた多くの悪癖は深く根づいてしまう。

第二に、前にも論じたとおり、人々が、これは名人芸《アート》だと信じ、ベストプラクティスを学んだり手本にすることで上達できる分野ではなく、むしろつかみどころのない曖昧な分野だと信じていることだ。もちろんそれは違う。ところで、ここに動かしがたい事実がある。それは、能力開発のための時間と努力という投資に対し、これほど高い利益が期待できる分野はほかにない、ということだ。ハーバード大学教授のリンダ・ヒルが『*Becoming a Manager*（マネジャーになるということ）』で説明しているように、マネジャーとして成功するには、人に対する判断力を養うことは欠かせない課題である。

ここにもう一つの課題がある。多くの場合、あなたの人選の結果に関して、すぐ、明確にフィードバックできるものではないことだ。あなたが誰かをあるポストに任命したとき、その人の業績はマクロ経済的、技術的な出来事や競争相手の行動など、多くの外的要因の影響を受ける場合がある。また、複雑な幹部職の業績を評価するには、通常は長い時間がかかる。変革を一夜にして計画し、実行し、評価することはできないからだ。

加えて、私たちはみずからの経験から学ぶことはなかなかないが、それでも自分はかなり能力があると思っている。実際は能力があるどころか、自分に能力が欠けていることすら気づいていない人が多いのだ。

成功から幸福へ

ここまで、私はいかに人選力があなたの利益になるかについて話してきた。人選力を身につけることが、あなたのキャリアの成功に大きく影響する理由を説明してきた。いまなら、経営幹部としてのすばらしいキャリアは運、資質、たえまない能力開発、優れたキャリア選択だけでなく、最初のマネジャー職に始まり、昇進するにつれて重要性が増す人選力によっても、というより、主に人選力によって形成されることが、わかってもらえると思う。また、これらは学習できるスキルだと、いまならもう信じてもらえるとも思う。それが本書でとくに強調しておきたいことである。

しかし、人材の見極めは単なるキャリアの成功にとどまらない、はるかに根源的なこと、すなわち個人の幸福をもたらすものでもある。

あらゆる文化のあらゆる時代の哲学者は、幸福は存在の究極の目標であると結論づけてきた。古代ギリシャの哲学者アリストテレスは、幸福を「最高善」と呼んだ。そう、私たちは、たとえば金、権力、健康、キャリアの成功など、ほかのものをほしがる。しかし、そうしたもの自体がほしいわけではなく、それらが私たちを幸せにして（あるいは、満足させ、心を満たして）くれると信じているからだ。

幸福は、ミハイ・チクセントミハイやダン・ベーカー、マーティン・セリグマンなどによって近年詳しく調査されているテーマである。アメリカ心理学会の前会長であるセリグマンは、心の病よりもむしろ心の健康に重点を置くポジティブ心理学の主唱者である。セリグマンは自著『世界でひとつだけの幸せ——ポジティブ心理学が教えてくれる満ち足りた人生』において、「本物の幸せ」をつかむための誰にでもできる方法を伝授している。それによると、遺伝的要因はあなたが幸せになれる範囲を限るものかもしれないが、残りの要因はあなたが自在に操ることができるものだ。なかでももっとも重要なのは、人間関係と仕事の満足度である。

優れた人選力を身につけることは、どちらの役にも立つ。これが本章の最後のポイントだ。それはあなたの人間関係を改善し、充実させ、仕事の満足感を高めるだろう。

人材の見極めを行なうことは、人生に欠かせないスキルである。それはあなたのキャリアの成功、そしてあなた個人の幸福をも決める一番大切なスキルなのだ。

人選力は個人の成功のみならず、組織の持続的な成功にとっても欠くことのできないものである——そして、これが次章のテーマとなる。

第1章のまとめ

人選力は経営幹部の成功においてもっとも影響が大きく、また学習可能な能力でもある。

1　経営幹部が成功するには人選力がもっとも大事である

・キャリアの成功の方程式として、①資質、②能力開発、③キャリアの選択、④人選力、の四つの要因がある。

・これらは相乗効果があるとともに、キャリアのステージによって重みが異なってくるが、経営幹部にとっては人選力が最重要である。

・成功する経営幹部に共通していることは、優れた人材を採用し、適材適所に配置する能力に優れていることである。

2　人選力は学習可能である

・まず求められる指標を設定し、優先順位をつけることが大切。

・評価についての適切な用語や、人選の基本的な考え方を理解するだけでも評価能力がはるかに向上する。

3　人選力の教育は軽視されており、とくにポストがあがるほど学習機会に恵まれないため、積極的に学習することが重要である

・人選がこれだけ重要にもかかわらず、ほとんどの人がそのための教育を受けておらず、シニアなレベルになるほど教育機会がなくなる。
・また、自分では力があると過信していたり、逆にそれは名人芸のようなものだとして諦めたりしている場合も多い。
・幸福な人生には、人間関係と仕事の満足度が重要であるが、人選力を身につけることは、それらを高めることにも役立つ。

CASE STUDY

新任トップが経営幹部の入れ替えにより変革に成功した例

B2Bサービス系のグローバル企業の日本法人において、新たに社長を外部から採用することとなり、エゴンゼンダーがサーチを行なうことになった。この企業には、以前日系大手企業が資本参加していた時期があり、外資系と言っても、社内のカルチャーはかなり日本的で保守的なものだった。採用が決まった新社長は業界外の人物ながら、それまで米系のグローバル企業でアジア各地のカントリーマネジャーを歴任し、ターンアラウンド（事業再生）の実績がある人物であった。彼のミッションは、ぬるま湯的で保守的な社風に染まっていた組織を変革し、長らく業界二位に甘んじていた同社を真のマーケットリーダーにすることであった。

彼は入社早々彼のスピードについて来られない秘書を代え、次に彼の直属の部下である執行役員の見直しを行なった。執行役員は当時一〇名おり、それぞれ営業や財務、人事、オペレーションなど各機能の責任者であった。彼は優先順位を定め、もっとも緊急度の高かったマーケティングと財務（CFO）の入れ替えを行なうことにした。社内には専門性が高く英語もできる優秀な候補者がいなかったため、社外より招聘することとなった。それぞれ二〇～三〇名の候補者リストのなかから、数名を選んで面接をし、それぞれの職務の専門性、リーダーシップ、スピード感、英語を含めたコミュニケーション能力において彼の期待値にもっとも近い候補者を採用した。

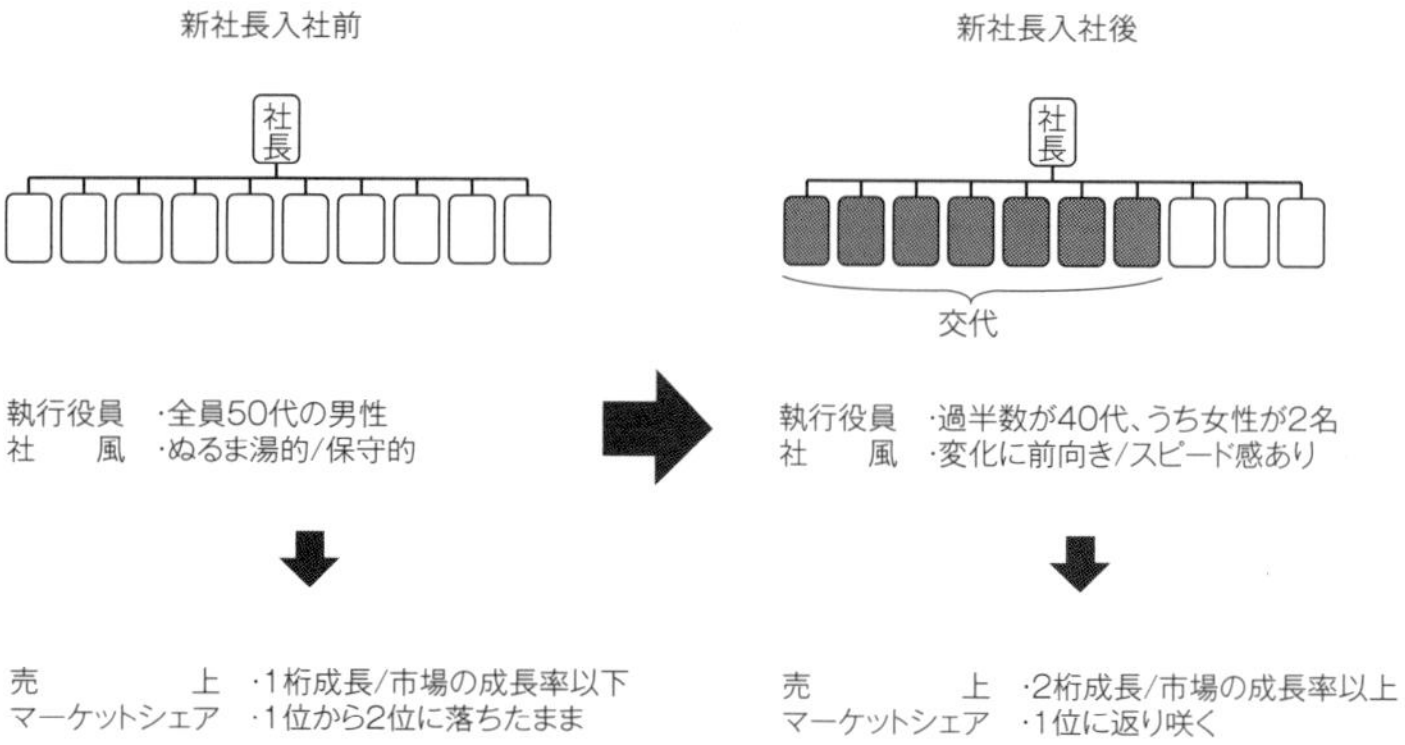

その後二年足らずのあいだに一〇名の執行役員のうち七名を入れ替え、経営チームの雰囲気はがらりと変わった。それまでは比較的高齢で男性のみの経営チームであったが、新しいチームはほとんどが四〇代でうち二名は女性という組み合わせになり、非常にダイナミックな組織に生まれ変わった。同社長はまた、昔の日本的な雰囲気であったオフィス（グレーを基調としたデスク類や大部屋で床や壁も古い）を大規模に改修し、グローバル企業にふさわしい機能的できれいなオフィスに変えた。経営メンバーが大きく若返って、かつ優秀な幹部が加わったことにより、彼の期待するスピード感で事業が回りはじめ、執行役員の下の社員の士気も向上した。

結果として業績も急上昇した。その後数年間にわたって、市場が一桁成長のなかで毎年二桁成長を達成し、マーケットシェアを三〇％にまで伸ばし、念願のマーケットリーダーの地位を確立したのである。同社長はその後アジア全体の責任者に昇格し、同社長に採用された数名の執行役員はその後も同社で活躍している。

第2章 優れた人選力——企業（およびあなた）を成功に導く鍵

何が成功を生むのか？

組織の成功についての答えを二五年間にわたって探求するなかで、私が徐々に気づいたことが一つある。それは、「何が成功を生むのか」という問いを真剣に考察した人はほとんどいないということだった。

ハーバード・ビジネス・レビュー誌二〇〇五年六―八月号には、高業績企業とはどういうものかについて、編集長のジュリア・カービーによる非常に優れた記事が掲載されている。カービーは、これまでのビジネスの歴史において、最初の一〇〇〇年間は、何が成功を生むのかというもっとも素朴な疑問を誰も抱かなかったようだ、という主張を展開した。彼女が八三年に及ぶハーバード・ビジネス・レビュー誌の内容を調べたところ、その疑問が初めて提起されたのは、トム・ピーターズとロバート・ウォータマンが『エクセレント・カンパニー』を著した一九八〇年代はじめのことだったのだ。

いったいなぜ一〇〇〇年もかかったのだろう？　カービーは、何をもって成功と定義するのか、成功にはどんなパターンがあるのか、得られた答えは普遍的なものかどうか、高業績はタイミングがよかったからなのか、そうでないのか、といったことを明確に分析することが、そもそもとてもむずかしかったからだと指摘した。しかし、その探求には見込みがないわけではなく、近いうちに大きな進展がありそうだと結論した。そして、その裏づけとして、最近出版された二冊の名著をあげた。一冊目はジム・コリンズとジェリー・ポラス、二冊目はウィリアム・ジョイス、ニティン・ノーリア、ブルース・ロバーソンによるものだ。

ところで、私はこうした人物の何人かを個人的に、または間接的に知っていた。たとえば、私がスタンフォードで奮闘していたときのクラスメートの一人が、このジム・コリンズだった。そして、そのとき私が師事していた教授の一人が、ジェリー・ポラスだった。

その後、ジム・コリンズはベストセラーを二冊、立てつづけに出版した。ジェリー・ポラスとの共著『ビジョナリー・カンパニー――時代を超える生存の法則』と『ビジョナリー・カンパニー2　飛躍の法則』である。

『ビジョナリー・カンパニー』はリーダー企業と落伍者の違いを際だたせる変数に焦点を当てたものだ。『ビジョナリー・カンパニー2　飛躍の法則』では、コリンズらの調査チームは前作の考えをさらに推し進めて、偉大な業績への飛躍を遂げ、その業績を少なくとも一五年にわたって維持した一流企業を選び出して分析した。コリンズは最近のインタビューで次のように述べている。

　私たちは厳密な「マッチド・ペア法」（比較対照法）を用いて、偉大になった企業とそうならなかった企業とを比較し、そのデータにもとづいて推論しました。『ビジョナリー・カンパニー2 飛躍の法則』では、よい業績から偉大な業績への飛躍を遂げ、それを少なくとも一五年にわたって維持した企業と、同様の飛躍を遂げられなかった企業とを比較研究し、単純にこう問いかけたのです。この違いを生む法則は何だろうか、と。

　たとえば、銀行の規制緩和の時代にウェルズ・ファーゴと比較対象企業を調べたとき、ウェルズ・ファーゴのCEOのディック・クーリーは人材を第一に重視したが、比較対象企業の経営者たちはそうしなかったことを知りました。クーリーはまず規制緩和の荒波に対処する戦略を策定するのではなく、業界随一の適応力に富んだ経営陣をつくり上げたのです。「これが将来を築く方法だ。きたるべき変化を予想する力が私になくても、彼らにはある。しかも、変化に対応できる柔軟性ももち合わせている」とクーリーは語っています。変化の激しい世界における不確実性に対する究極の防衛策は、何が起きるか予想できない危険な高山はそれに挑戦するにふさわしい登山仲間と登るように、世界で何が起きようとも柔軟に適応できるふさわしい人材を集めることだと、ディック・クーリーはわかっていたのです。

　私たちの調査の強みはマッチド・ペア法にあります。つまり、偉大になった企業と同じ環境で偉大になり損ねた企業とを比べるのです。偉大な企業は、航空業界であれ、規制緩和された銀行業界、鉄鋼業、バイオテクノロジー、保健医療、さらには非営利の団体であれ、ほとんどすべての業界で見つけることができます。どんな会社もそれぞれに事業展開上の課題をかかえていますが、それでも飛躍する会社がある一方、同じ困難な環境に直面しながら飛躍しない会社もあります。たぶん、これが『ビジョナリー・カンパニー2　飛躍の法則』の全編を通じてもっとも重要なポイントでしょう。偉大さとは企業がおかれた環境で決まるものではありません。偉大さとは、企業の選択と規律によってもたらされるのです。

コリンズらのチームは、傑出したリーダーシップと優秀な経営陣をつくり上げる能力の二つが、企業がめざましい業績をあげるために、必要不可欠かつ基本的な前提条件であることを確信したのだ。コリンズは、リーダーが偉大な企業を築くためには、との問いに以下のように答えている。

……まず最初にすべき決断は、人選です。調査対象の企業で、グッドからグレートへと転換させたリーダーは、〝最初に人を選ぶ〟ことを厳格に実践していました。つまり、まずはじめに適切な人をバスに乗せ、不適切な人をバスから降ろし、適切な人を適切な座席に座らせ、そのあとに行き先を決めるのです。ここではっきりさせておきたいのは、〝最初に人を選ぶ〟という原則は偉大な企業を築き上げるための唯一の必要条件ではありません――私たちが調査で発見した八つの概念の一つにすぎない――が、まず最初に満たすべき条件なのです。バスの座席を適切な人材で九〇％から一〇〇％埋めることほど、大事な条件はほかにありません。

言い換えれば、優れた人選が鍵であり、それは大部分の組織にとって偉大な業績を築く基盤となるものである。

では、カービーが記事であげた二つめの著作はどうだろうか？『ビジネスを成功に導く「４＋２」の公式』（世界の最優良企業を五年にわたって調べた画期的な研究）において、ウィリアム・ジョイスとニティン・ノーリア、ブルース・ロバーソンは、企業のＣＥＯの選択は、企業が業種転換するかどうかを決めることと同じくらい収益力に大きな影響を与える、という注目すべき主張をしている。最近の一部企業のスキャンダルを受けて、経営陣のリーダーシップの重要性を低く評価したり、軽視したりする人もなかにはいるが、ジョイスやノーリア、ロバーソンは違うのである。

そのほか、マッキンゼーの三人のコンサルタントによる『ウォー・フォー・タレント――〝マッキンゼー式〟人材獲得・育成競争』などの研究からもわかるように、〝最優良〟企業は、実績と評判から明らかなように、適切な人材の登用に非常に高い規律と優れた能力を発揮していると主張している。

ふさわしい人材を経営陣に登用することは、最高の業績をあげるためにもっとも重要な要素であるし、そのように主張するさまざまな優れた研究が増えている。人選力、とくに経営陣への適切な人材の登用が違いを生むのである。

人選が成否を決める

優れた人選力が組織の違いを生むということはご理解いただけたと思う。しかし、企業の業績に直接的あるいは間接的に、さらに大きな影響を及ぼす組織的手段や経営手法がほかにもあるのではないかと思われるかもしれない。本当に「すべては人材」なのだろうか?

私がヨーロッパのマッキンゼーで働きはじめたとき、競合に比べて業績が大きく劣る大手小売チェーンがクライアントだった。私たちはいつものように、各店舗についてあらゆる種類の収益性分析を行なった。すると驚いたことに、一部の店舗は開店以来、毎年赤字を計上していた。さらに、周辺人口が少なすぎる町に立地していたせいもあって、これらの赤字経営が黒字に転換できる見込みは皆無のように思えた。

しかし、ほかの店舗はもっと複雑な状況を呈していた。たとえば、ある店は競合店と道をはさんで向かい合っていた。私たちのクライアントの店は閑散とし、競合店のほうはみたところ繁盛していた。私たちは、まずごく簡単な分析を行なうことにした。二つの店舗から出てくる人が持っている買い物袋の数を数えたのである。すると、客足はそれほど違わなかったが、〝袋の数〟は大きく違うことがわかった。競合店に入っていった人はほとんど全員が何かを買っていたが、こちらの店を訪れた人はほとんど誰も買い物をしていなかったのだ。

言うまでもなく、そんな状況で広告を増やしても来店者は不満を募らせ、そのほとんどはおそらくもう二度と店に足を運ばないだろう。店舗のレイアウトや商品構成、サービス水準などの改善を最優先すべきことは、どうみても明らかだった。そして、それを行なうには経営トップを変える必要があった。経営陣、とりわけ営業担当（店舗レイアウトと商品構成の担当）と店舗運営担当（サービス担当）の人材不足は明らかだったからだ。

つまり、それは戦略の問題でも、立地の問題でも、マクロ経済的な問題でもない、人材の問題だったのだ。経営陣は自社の業績がなぜそんなに悪くなったのか、それほど基本的なことすら把握できていなかった。ましてや適切に実行することなど、できるわけがない。顧客サービスの最前線に立つ人たちには、責任者としてのリーダーシップがまったく欠落していた。

残念なことに、この体験は、その後の私の経営コンサルタント生活を象徴するものとなった。私がマッキンゼーにいるあいだに手がけた主要な仕事のほとんどすべてで、このパターンが繰り返された。不適切な人材がトップにいたために状況判断と実行がお粗末だったのだ。

もしかしたら、あなたはこの種の事例をいくら並べても、私個人の体験は偶然の産物で、そのようなクライアントがたまたま多かっただけだと思うかもしれない。

「人材がすべてを決める」、そう思わせる説得力のある学術的な研究はないだろうか？

カービーが示した二つめの著作である『ビジネスを成功に導く「4＋2」の公式』は、まさしくこの問題に取り組んでいる。それは一六〇〇の企業と二〇〇以上の経営事例を調べ、その関連データを一〇年にわたって分析したものだ。同書の三人の著者は、これら二〇〇の経営事例で企業業績に明確な差をもたらしているのは些細な違いにすぎないとの結論に達した。そして、調査結果を「4＋2」

の公式にまとめた。それによれば、必ず満たすべき必須要件が四つと、二つは満たすことが求められる補助要件が四つ存在するという。必須要件の四つとは、戦略、実行力、文化、組織である。補助要件の四つとは、人材、リーダーシップと企業統治、イノベーション、買収と提携である。

この研究を考察して、私はさらなる結論に達した。すなわち、これらの必須要件も補助要件も、そのほとんどは直接、間接を問わず、主に人選にかかわるものだ。私の考えでは、少なくとも実行力、文化、人材、リーダーシップはもっぱら人選にかかわるものだ。では、たとえば戦略など、ほかの要件はどうか？　実は、興味深いことに、一流の戦略コンサルティング会社はいまやリーダーシップを戦略の遂行を成功させる重要な要素として、さらには戦略の前提としても認めている。重要なのは、やはり優れた人選なのである。

伝説の経営者はどう思っているのか

第一線で活躍する研究者や専門家は、人選がもっとも重要だと考えている。そう結論づけても支障はないと思う。だが、ビジネスの最前線にいる人々はどうだろうか？　彼らは、人選力を成功か失敗かを決める最重要な要素であると考えているだろうか？

一つだけ例をあげてみよう。現代のビジネスマンに二〇世紀後半でもっとも成功したビジネスリーダーは誰かと聞いたら、ダントツの一位は間違いなくＧＥの前会長兼ＣＥＯであるジャック・ウェルチだろう。

数年前、私はベストセラーになったジャックと妻スージーの共著『ウィニング 勝利の経営』のワーク・ライフ・バランス（仕事と家庭のバランス）に関する章で、彼らに協力した。ボストンにある彼らの自宅で二、三回開かれたフォローアップの会議で、私は本書の出版計画について話し、自分のメインテーマについてウェルチの意見を聞いてみた。経歴からして、彼が人選力の重要性を固く信じているだろうとは思っていた。意外だったのは、彼がこのテーマを想像していたよりはるかに重く受け止めていたということだ。彼は適材適所の重要性について、熱心に語った。「世界中のどんなに優れた戦略だって、適切な人材がいなければ価値がない」

文字どおり何千人もの経営幹部と仕事をした私の経験からすると、ウェルチの見方は例外ではなく、むしろ定説である。優れた人選力が違いを生むのだ。

このように、研究者や専門家だけでなく、ビジネスの最前線で活躍する人々も、優れた人選力は企業の成功にとっての最優先事項であるということでは、意見が一致している。

でも、もしかしたら、あなたはまだこの見解が本当にどれだけ重要なのか疑問に思っているかもしれない。いまのやり方はそんなに問題なのだろうか？　優れた人選をするだけでそんなに変わるのだろうか？

経営破綻への道

過去約一〇年にわたり、全世界が経営者の愚かさ、失敗、スキャンダルを伝える報道でもちきりだった。たとえば一九九九年の夏、フォーチュン誌はCEOの経営の失敗について、ある興味深い（そして情けない）特集記事を組んだ。企業のトップのお粗末な経営について、文字どおり何十もの事例を取り上げたのだ。その記事では、経営のプロであるべきCEOが経営に失敗する主な原因の一つは、彼らが幹部の人選に大きな間違いを犯したことだと言う。

「CEOたちはどうして失敗したのか?」と記事は問いかける。「なによりも、適材適所に失敗したうえに、その失敗のタイムリーな挽回に失敗した」

フォーチュン誌は正しい。多くのエグゼクティブ・サーチとマネジメント・アプレイザルを実施し、そして何万人ものマネジャーや経営幹部と仕事をしてきた私の経験からすると、経営破綻のもっとも重要な原因はトップの人選ミスにあることは間違いない。不適切な人材を重要な地位に起用することが経営破綻を招き、それがまたさらなる個人の失敗を招く。一つの判断ミスが、さらに多くの判断ミスを芋づる式に引き起こすのだ。

失敗への道をもっとも幅広い視点で捉えているのは、シドニー・フィンケルシュタインが著した『名経営者が、なぜ失敗するのか?』である。フィンケルシュタインは、経営破綻につながる四つの局面を示した。すなわち、新規事業への進出、イノベーションや変化への対応、M&Aへの対応、新たな競合への対応である。これらはすべてまるで違った局面にみえるかもしれない。だが、一皮むけば、どれも新しいスキルを要する状況であることがわかる。つまり、実行部隊の人選に細心の注意を払わなければならないのである。

言い換えれば、ほとんどの経営破綻は人材を適材適所に配置できない低い組織能力に直接の原因がある。何が組織の破綻につながるのか？　間違った人選である。何が組織のめざましい業績につながるのか？　優れた人選である。

トップの人選における低い打率

一九八五年のハーバード・ビジネス・レビュー誌に掲載された名論文「人選の秘訣――守るべき五つの手順」の冒頭で、故ピーター・ドラッカーは優れた人選力がきわめて重要なことを強調した。彼はこう書いている。「経営者は、ほかのなによりも人の管理と人選に時間を費やしている――というか、そうしなければならないのだ。これほどあとあとまで影響が残る、あるいはやり直しのきかない決定はほかにないからだ。それでも、経営者は昇進や人材の配置について間違った意思決定を下す。誰に聞いても、彼らの打率は三割三分三厘にすぎない。つまり、そうした決定のうち三分の一は成功、三分の一はどうにか成功、もう三分の一は完全な失敗である」。さらに、「これほどひどい成績」が許される経営分野はほかにあるだろうか、とも述べている。

この大きな影響力をもった記事の出版から二〇年たつが、たび重なる不祥事と多くの関連研究は、人選、とりわけトップの人選がきわめてお粗末であることを指摘したドラッカーの見解を裏づけるものである。二〇〇二年のハーバード・ビジネス・レビュー誌に掲載された論文「いたずらなトップ交替は業績を蝕む」において、マルガレーテ・ビアスマはこの傾向が近年ますます顕著になっていると指摘している。彼女の報告によると、ＣＥＯの更迭（計画された退任ではなく、業績不振や問題行動による引責辞任）は一九八〇年代には一三％から三六％のあいだで推移していたが、一九九七年から九八年のあいだに、その数字は七一％もの高さになった。

ここ数年にわたり、コンサルティング会社のブーズ・アレン・ハミルトンはＣＥＯの交代に関する優れた研究を発表し、入れ替わりの激しさと更迭の多さを実証した。大変興味深いことに、ブーズ・アレンの数字はドラッカーの二〇年の経験にもとづく打率の推測と実によく一致している。彼はＣＥＯ人事の三分の一は完全な失敗だと推測したが、これはブーズ・アレンがはじき出したＣＥＯ更迭の数字とまさしく一致している。

さらに悪いことに、在任期間の長すぎるＣＥＯは企業価値の破壊を招くという事実もわかった。ブーズ・アレンの調査では、任期後半のＣＥＯの実績は任期前半より大幅に低下するという結果が常に出ている（しかも、多くの場合、企業価値を破壊する）。

私とエゴンゼンダーの同僚は、ＣＥＯ、ＣＯＯ、ＣＦＯなどの〝ＣｘＯレベル〟のポストや副社長、本部長をはじめ、何万人にも及ぶ全世界のあらゆる主要産業の経営幹部を長年にわたって評価してきた。結果は残念なものだ。平均を上回る業績と評判をあげている企業ですら、不適切な人材が役員にまで上り詰めている。私たちが評価したこれら優良企業の経営幹部のおよそ三分の一は、同じ業界の他社の幹部と比べて、実際には劣っているのだ。

私たちが、職務遂行に必要な能力（コンピテンシー）が十分かどうかという観点からＣＥＯを評価したところ、標準的なＣＥＯは目標水準をわずかに下回っていた。一般的に、平均的な経営幹部と傑出した経営幹部との能力格差はあまりにも大きいため、どんなに個人の意欲が高くても、どんなに会社が幹部の育成に力を入れても、平均的な能力の経営幹部が、本来必要とされるコンピテンシーの水準に達する可能性はきわめて低い。また、たとえ格差を縮めることができたとしても、そのプロセスには数年かかる。ほとんどの組織ではそんな時間はとてもかけられない。

また、人選力を改善することが急務であるにもかかわらず、多くの企業にはいまだに効果的な後継者選任プログラムが十分でないか、まったくない。この嘆かわしい話は、ラム・チャランの最近の論文「ＣＥＯの〝発掘・育成・選抜〟のプロセス」に詳しく書かれている。「もしあなたの会社がこの点を改善しなかったり、またできない時期が少しでもあれば、会社の危機はおそらく終わらないだろう」

トップの人選のインパクト

ところが、まだこの話には先がある。不適切な人材が不適切なキャリアを歩む時間が長ければ長いほど、彼らが組織に実害を及ぼすおそれは高まるのだ。

複数の研究によると、仕事が複雑になればなるほど、業績が優れている人と平均的な人との格差は広がる。たとえば、図2－1では、平均値から＋1標準偏差（ＳＤ）の位置にいるブルーカラー労働者の生産性は平均的な労働者よりも二〇％高い。これは単純な仕事の遂行能力を典型的な釣り鐘型の正規分布で表したものである。

平均値から＋1ＳＤの位置にいるもっと複雑な仕事に従事している労働者（たとえば、生命保険の営業担当者）は、平均より一二〇％高い技量をもっていることになる。さらに複雑な仕事（たとえば、

図2−1　業績の分布、単純な仕事の場合

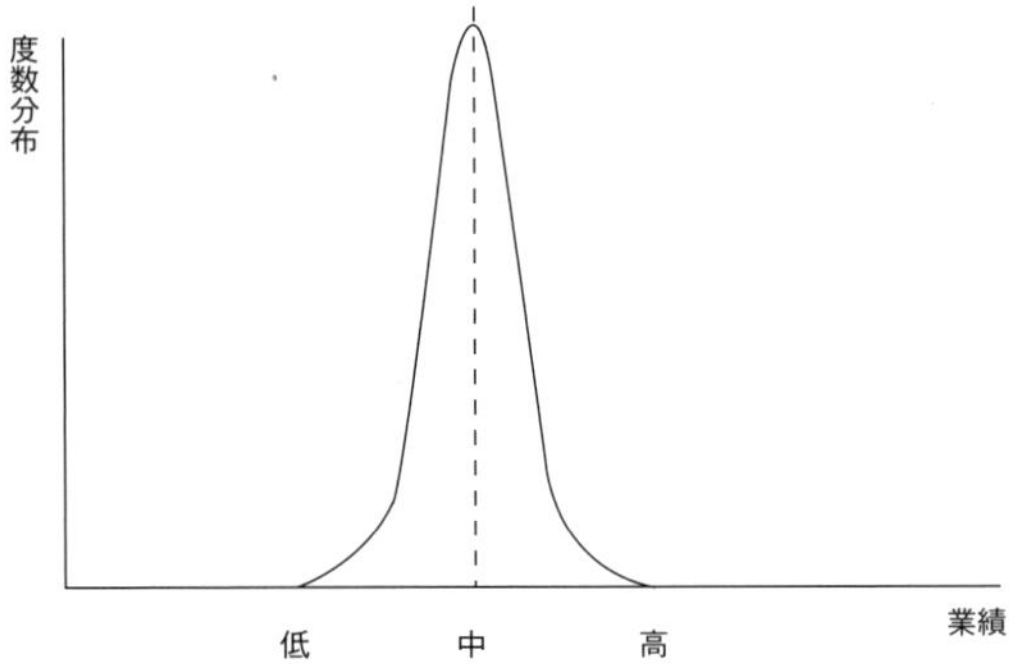

図2−2　仕事の複雑さと業績分布の相関関係

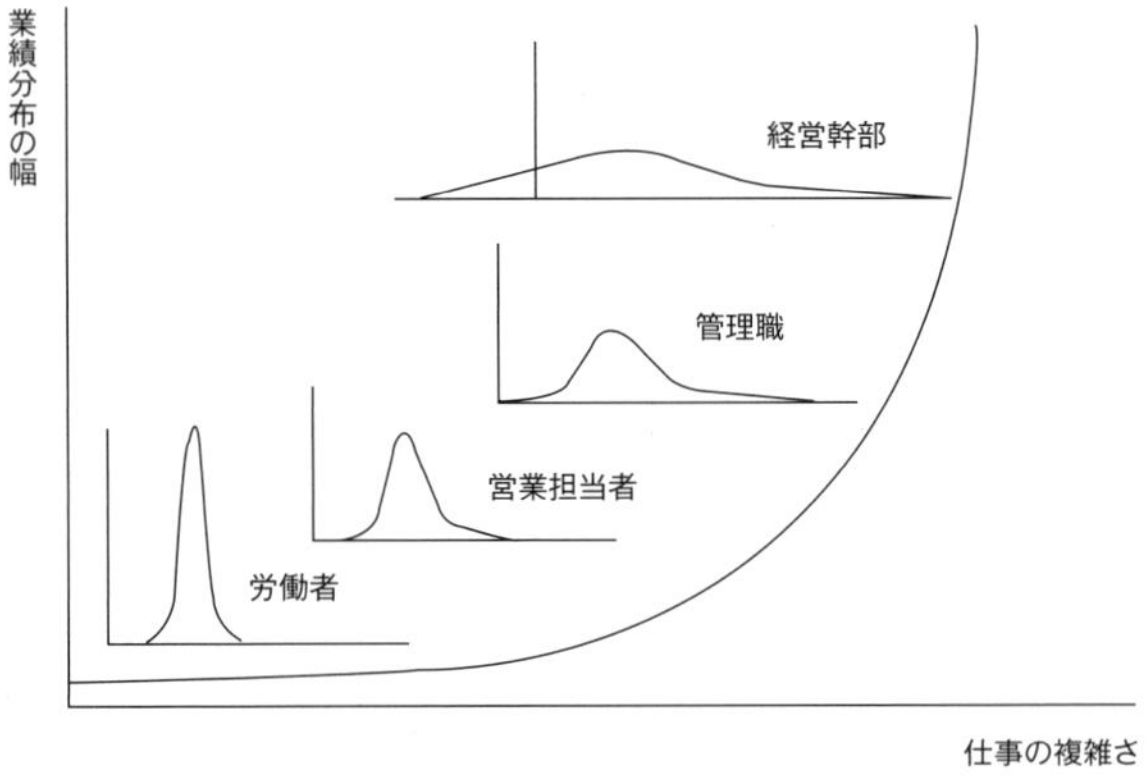

図2－3　優れた人選の潜在的価値

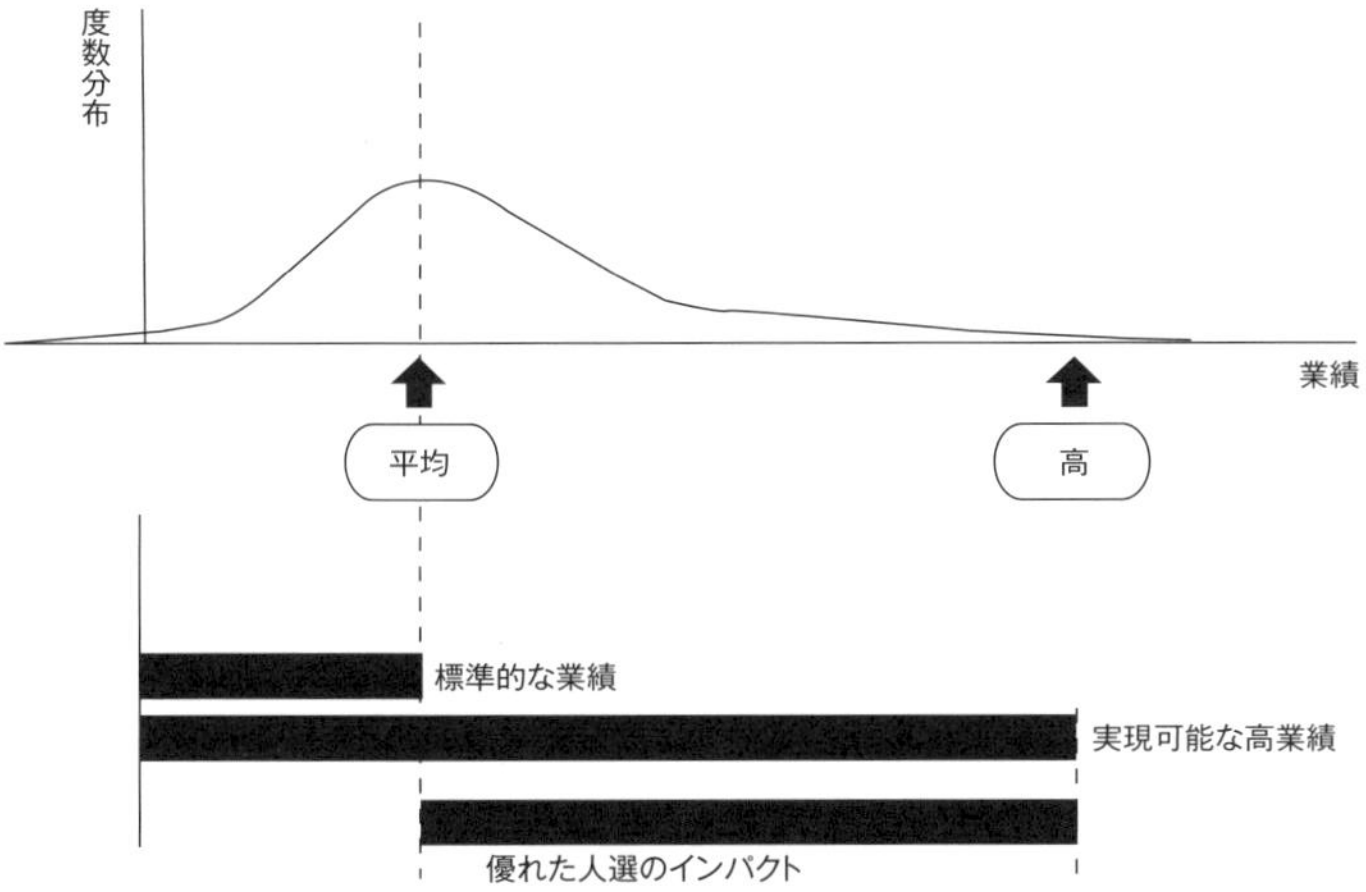

コンサルティング会社のアカウントマネジャー）の場合、＋１ＳＤは平均よりほぼ六〇〇％程度も高くなることがある。図２－２は、この業績分布の幅が仕事の複雑さにともなって急激に拡大する様子を示している。

業績分布の幅が大きいことは、企業にとって重要な意味をもっている。図２－３で示したように、優秀な人材を経営幹部のポストに起用できる企業は、単に平均的な幹部を昇進させる企業より数倍も高い業績を達成するだろう。別の言い方をすれば、平凡な幹部を採用したり昇進させたりする組織は、こうした比較的能力の低い人材により大きな損失をこうむるだろう。

つまり、優れたトップマネジメントの人選を実行できる組織は、この図に示したように、きわめて強力な競争優位性を生み出す源を手に入れることができるのだ。

要約すると、適切な人選は大きな価値を生む可能性を秘めているのに、企業はこの課題への対応がきわめて不十分である、ということだ。

それでは、その価値とはどれほどの大きさなのか？　優れた人選という投資に対し、期待される成果を数値化する方法はあるのだろうか？　ハーバード大学教授のワッサーマン、ノーリア、アナントが発表した、「適切なリーダー（CEO）の選択は企業の業績に劇的な影響を及ぼす」という研究は、この疑問に対する最高の答えである。この三人の学者の主張によると、〝リーダー効果〟が企業の業績や価値にもたらす差異は、ときとして最大四〇％にも達する。もちろん、時期や業界動向など、リーダー効果よりもさらに大きな影響を及ぼしうる要因はほかにもある。しかし、私たちはタイムマシンにのって都合のよい時期に移動することはできないし、ほとんどの企業は業態転換することもできない。したがって、リーダー効果は、自社がコントロールできる最大の業績改善要因である。

ゲスト講師としてハーバード大学に講演に訪れた際、私は論文の共著者の一人であるノーム・ワッサーマンと会い、研究結果を私が正しく理解しているか確認し、リーダー効果と称するものの経済的価値がいくらになるか聞き出そうとした。答えは驚くべきものだった。調査結果によれば、中規模の米国企業でもトップの人選の改善によって自社の価値を一〇〇〇億円も高めることができるのだ。

私も、人選がもたらす経済効果を計算した。ここではこれらの複雑なモデルと計算方式に詳しくは触れないが、私はこれを幹部候補者のサーチ、評価、採用に期待される投資効果をはじき出すのに利用した。結果は驚くべきものである。候補者の評価の妥当性と信頼性について控えめに考えても、そうした投資への収益率は一〇〇〇％を容易に超えるのだ。それが優れた人選力を習得することの金銭的価値である（詳細については、私の論文「Getting the Right People at the Top（ふさわしい人材をトップに）」、MIT Sloan Management Review 46(4), summer 2005: 67-72を参照）。

それでは、どんな状況にあっても人選が最重要であると言い切れるだろうか？　この質問に答えるため、人選が必要なさまざまな場面をみていこう。

起業から買収まで

人選力は、成熟した大組織にとってのみ重要な意味をもつのだろうか？　そんなことはない。優れた人選力は、事業の計画段階からすべての成長段階において重要である。ハーバード大学教授のウィリアム・サールマン（ベンチャー企業研究の第一人者）が述べるように、「事業計画を渡されたら、私はいつも経営陣の経歴を最初にみます。事業は人が一番大事だからというわけではなく、適切な経営メンバーがいなくては、ほかに何があろうとあまり意味をなさないからです」

同様に、優れた人選力は、買収においても大きな価値を生み出す源泉となる。最近のフィナンシャル・タイムズ紙のある記事では、マッキンゼーの調査結果を参考にして、M&Aを成功させる最大の要因は、経営陣を入れ替えるか、プライベート・エクイティ・ファンド自体がかかえる人材で経営陣を補強するかのいずれかによる積極的な経営への関与である、と結論づけている。企業買収における人選力の価値に比べれば、買収価格の安さ、業界の成長性、あるいは初期投資の大きささえも、些細な要素でしかないのだ。

役員室から現場まで

それでは、階層（ポジション）の高低によって人選力の重要度は違うだろうか？ 人選は一部の階層だけに重要なのか、それともすべての階層に重要なのか？

階層の最上位にいる取締役会について考えてみたい。取締役会に適切な人材をかかえることの重要性について述べた、一部の論評を以下に示す。

- 英国企業の財務報告と説明責任の分野における取締役会の責任に焦点をあてた、一九九二年の画期的な「キャドバリー・レポート」は、優れた企業統治には、優秀な取締役の存在が決定的に重要であることを強調している。
- ジェフリー・ソネンフェルドはハーバード・ビジネス・レビュー誌の論文「制度で取締役会は改革できない」において、「取締役会を優れたものにするのは規則や規定ではなく、むしろ取締役メンバーがいかに協働できるかにかかっている」と述べている。
- リチャード・ルブランとジェームズ・ギリーズは、最近の共著『*Inside the Boardroom*（役員室の内部）』のなかで、取締役会の有効性にとっては、取締役会の構造よりも運営プロセスとメンバー構成のほうが重要だと断言している。
- 多くの取締役会で顧問を務めるラム・チャランは、「企業業績の六〇％は適切なＣＥＯの人選と後継者の育成にかかっている」が、これはもちろん取締役会の主な義務であると述べている。

●コリン・カーターとジェイ・ロッシュは「取締役会の有効性を決めるもっとも重要な要因は、取締役の素質と能力である。優れた人材、そしてその仕事に適した人材は、たとえ組織構造があまり理想的ではなくともよい成果をあげるが、その逆は真というわけではない」。

これらの例から、人選は組織の上層部だけの問題だと結論を出してしまわないようにしてほしい。言うまでもなく、組織のトップにいる人たちはより多くの資源を管理し、より多くの権限を握っているが、末端の社員も組織に——よくも悪くも——大きな影響を与えることができる。したがって、あらゆる階層で適切な人材を選ぶことは重要である。

ベンチャー企業から大企業まで

組織の規模についてはどうだろうか？　この二〇年間、私は売上一億円をわずかに上回る企業から、数千億円に達する企業まで、さまざまな企業を相手に仕事をしてきた。私の経験では、人選力はこの大小すべての企業にとってきわめて重要である。

実のところ、絶対的なインパクトは大企業のほうが大きいが、相対的なインパクトは中小企業のほうが大きくなる可能性が高い。ゼネラル・エレクトリック（GE）なら、経営幹部のポストの一つや二つの人選に失敗しても、もちろん生き残れるだろう。だが、新興のベンチャー企業であれば、たった一つの重要ポスト、それも必ずしも経営トップとは限らないポストの人事を失敗しただけで大打撃をこうむるおそれがある。

私がスタンフォードにいた一九八一年から一九八三年までのあいだに、シリコンバレーはすでに新興のベンチャー企業で沸きかえっていた。当時の人気講座の一つは、新興ベンチャー企業と中小企業経営を取り上げたものもあった。その講座の必読書は、スタンフォードのスティーブン・ブラントが著したきわめて実践的な小読本で、本物の聖書に倣って中小企業が生き残るための「十戒」が書かれていた。第一の戒めは「最初に事業に参加するのは、誰のために、いつまでに、何を達成すべきかという会社の方針に同意し、それに直接貢献できる最小限の人数に限りなさい」である。第五の戒めは、「幹部には、必要な活動を、自社の価値体系に沿って首尾よく行なった実績をもつ人を雇いなさい」である。

効果的に協働できる人たちを探そう。自社の価値体系と調和するかたちで主要な任務を遂行できる成功者を探そう。言い換えれば、優れた人選を行なえ、と言っているのだ。

昔も今も、これからも

これまで述べたように、事業家も研究者も、人選力が組織の大小や新旧や地域を問わず、また組織内の階層を問わず重要だという点で一致していた。しかし、もしかしたら、現在だけに通用する一時的な仮説かもしれない。場合によっては、何年もたてば異論が出てきて、この説はすたれてしまうのだろうか？　実は、そうではない。過去を振り返ってみよう。

経営史学者に二〇世紀前半の最高の経営者は誰かと尋ねたら、多くの人は大恐慌と第二次世界大戦という経済的重圧にもかかわらず、ゼネラル・モーターズ（GM）を四〇年にもわたって順調に経営しつづけたアルフレッド・P・スローンの名前をあげるだろう。当時、スローンの顧問でありオブザーバーでもあった故ピーター・ドラッカーは、スローンが成功した主な理由として、彼が「製造部長から経理部長、技術部長、はては小さな部品部門のチーフメカニックにいたるまで、GMの幹部を一人ひとりみずから選んだ」ことをあげ、こう認めている。

「今日の基準からすると、スローンの視野と価値観は狭くみえるかもしれない。たしかにそうだ。彼はGM内部の、そしてGMのための業績しか気にしていなかった。それでも、長期にわたって人材を適材適所に配置した実績には非の打ちどころがなかった」

ビル・ゲイツはかつて、もしビジネス書を一冊だけ読むとしたらスローンの『GMとともに』を選ぶと言ったことがある。「経営の規律」を、それを実践した男の目を通して垣間みることができるこの本は、一九六三年に出版され、たちまちベストセラーになって以来、マネジャーのマニュアルとして利用されてきた。

新版の『GMとともに』の序文で、故ピーター・ドラッカーは、彼自身も最高の経営書と認めるこの本からの教訓について、経営に対するプロ意識とともにこう強調している。「プロの経営者の仕事は、社員を好きになることではない。社員を変えることでもない。彼らの強みを発揮させることである。そして、社員や彼らの仕事ぶりを認めるかどうかなのだ。重要なのは彼らのパフォーマンスだけである。実際、それだけがプロの経営者が注意を払うことが許されていることなのだ」。パフォーマンスとは、単に数字にとどまらない、とドラッカーは言う。「それはよき手本を示すことなのだ。そして、それには誠実さが求められる」。誠実さを組織に持ち込むにも、適切な人選が不可欠なのである。

GEの例

フォーチュン誌は毎年、世界でもっとも称賛を受けている企業のランキングを発表している。ゼネラル・エレクトリック（GE）は二〇〇六年度の第一位に選ばれた。過去一〇年間で六度目の第一位である。GEはフィナンシャル・タイムズ紙が行なっている「世界でもっとも尊敬される企業」調査でも過去八年のうち七年も第一位に選ばれており、バロンズ紙の最近の「世界でもっとも尊敬される企業」ランキングでも第一位に選ばれている。

GEはなぜそんなに幅広く称賛されているのだろうか？　もちろん、答えはたくさんある。だが、もっとも重要な理由は、GEは優れたリーダーを輩出する際だった企業ということである。GEのみならず、多くの企業が同社の優れたリーダー創出の恩恵を受けている。

GEについて多くの人が気づいていないのは、GEの一世紀以上にもわたる長い伝統、すなわち、ふさわしい人材に投資するという、自社のリーダー選びの伝統のなかで、ウェルチは最近の成功例にすぎないということだ。今日、チャールズ・コフィンという、一八九二年に靴業界の経営幹部からGEの社長になった人物の名前はほとんど知られていない。フォーチュン誌は彼についてこんなことを書いている。

ＧＥは、一八九二年から一九一二年まで同社を率いたチャールズ・コフィンのもとで、組織設計の指針として、会社のもっとも重要な生産物は電球でも変圧器でもなく、有能な経営者だという考え方を確立した。

私が身をおくエグゼクティブ・サーチ業界では、ほとんどの人が、優秀なＣＥＯを一回でも見つけられた会社は運がよく、二人続けて見つけられればそれこそ御の字だと考えている。そうした見方はリーダーシップや組織効率を研究する学者のあいだでも共有されている。「ウェルチほどのＣＥＯが一人でもいればすばらしいことだ」とコリンズとポラスは『ビジョナリー・カンパニー』で書いている。「ウェルチほどのＣＥＯを一世紀にもわたって社内から輩出していること――そう、それがＧＥがビジョナリー・カンパニーである主な理由の一つなのだ」

人選力はこれからさらに重要になる

ここまで、さまざまな状況における人選力を考察し、現時点ではそうした決定が重要でない場面など一つもないという結論に達した。では、将来はどうだろうか？

私は、近い将来、人選力は、組織の業績にとって間違いなくよりいっそう重要になると思う。左記をご覧いただきたい。

●最近の、たとえばバイオテクノロジー、生命科学、ソフトウェア、各種のプロフェッショナル・サービス、メディア、エンターテインメントなどの分野における急成長企業は、人的資源集約型の企業である。言い換えると、これらの企業（と産業）の成功は、実物資産よりも、協働能力をはじめとする人的資源、すなわち人材の力量にかかっている。

●私たちはいま、技術開発やイノベーションの爆発的な増加、あるいは遺伝学、デジタル、知識の相次ぐ革命によって促される、未曾有の変化の時代を生きている。また、ますます複雑化する（ときには危険な）地球のなかで、きわめて微妙な政治的、文化的な問題にも直面している。新しいスキルをすばやく、効果的に導入しなければならないいま、適切な人選は、企業の成功のみならず存続にとっても欠かせないものとなる。

●企業のなかで単一部門内だけで快適に仕事をしていた人にも、新商品の開発やプロセス再設計など、部門の枠を超えた活動を行なう必要性が高まっている。こうした活動にはさまざまなチームをたえず集めることが必要となる。ダグラス・スミスとジョン・カッツェンバックが『「高業績チーム」の知恵――企業を革新する自己実現型組織』で強く主張しているように、優秀なチームは優秀な個人にまさる。しかし、優秀なチームを見つけるのは、優秀なCEOを見つけるのと同じく、簡単ではない。『「高業績チーム」の知恵』によると、〝チームの基本〟の一つであるチームの構成員の選抜は、おろそかになることが多い。

●大企業では多くの伝統的なプロセスが崩壊し、業務のアウトソースを通じて社外のビジネスパートナーへの依存がますます強まっている。これはＩＢＭやメルクのような、技術志向の企業の革新過程でとりわけ顕著にみられる傾向だ。今日、企業は外部のアイデアを利用しなければならないことを知っている。同時に、自社の知識労働者の流動性が高まっていることも知っている。ベンチャーキャピタルの積極的な参加など、株主構成の変容も変化を促進している。その結果、多くの企業は、ヘンリー・チェズブロウが説明しているように、〝閉ざされた革新〟から〝開かれた革新〟へとパラダイムを移行しつつある。そして、もちろん、外部のビジネスパートナーを選ぶ際には、適切な人選が必要である。

●チェズブロウによると、サービス業は先進諸国全体の経済活動の八〇％を占めているにもかかわらず、サービス部門にはまだ革新はもたらされていない。サービス革新を行なううえで必要となる優秀な知識労働者について考えてほしい。ここでもやはり、勝者になりうる人材を選ぶことが鍵となるだろう。

●最後に、私自身が気づいた最近の健全な変化に、人選の分権化がある。（あなたのような）マネジャーには、優れたチームをつくり上げることがますます求められる。優れた人材を見いだし、採用するスキルを身につけることが求められるだろう。昔、戦略は本社の戦略立案グループによって決定された。その後、その機能は下の地位にまで広がり、すべてのマネジャーは「戦略的」マネジャーになることが求められた。人材マネジメントの機能も、同じ変化のルートをたどっている。もしあなたが仕事で成果をあげ成功したいのなら、ひたすら人選力を身につけなければならない。

私が学んだこと

二〇年以上にわたって、もっとも成功した個人や組織、そして最高のビジネス理論家たちに接してきた私は、スタンフォード・ビジネススクールの学生として苦労していた若い頃に初めて抱いた「何が成功を生むのか?」という疑問に、ようやく満足できる答えを得た。

優れた人選力、とくにトップマネジメントの人選力が成功を生むのだ。

そして、優れた人選を行なうには積極的な人材への関与が必要となる。人材は設備のような実物資産というよりも、むしろお金に似ている。有効な活用方法がわかって初めて、真の潜在能力を発揮するからだ。優れた人選力を身につける——自分のチームをつくり、維持し、必要に応じてつくり直す——ことは、あなた自身の成功にとってもっとも決定的なスキルというだけではない。組織にとっても優れた業績をあげる秘訣なのである。

優れた人選力は個人と組織の成功に欠かせないものだが、その発揮を妨げる要因がある。それが次章のテーマである。

第2章のまとめ

優れた人選力は、企業（およびあなた自身）の価値を高め、成功をもたらす。

1　経営幹部の人選の巧拙は、企業業績に大きな影響を与える

・多くの企業研究によると、経営幹部の人選は企業の業績に影響を与える最大の要因の一つ。

・とくにトップ（ＣＥＯ）の人選は業績に大きなインパクトを与える。優秀なトップは、企業価値を四割（中堅企業では一〇〇〇億円に相当）も増加させる。

2　しかし、人選はむずかしい。大きな失敗は企業（およびあなた自身）を破滅に追いやる

・大規模な企業研究によると、トップの人選の成功率はわずか三分の一。

・トップ辞任に占める更迭の割合は、近年七割にまで増加。

・複数の企業の失敗研究によると、企業破滅への最大の要因は、トップが犯した人選ミス。

3　人選力を磨くことが、企業（およびあなた自身）を成功に導く

・ジャック・ウェルチをはじめとして、多くのビジネスリーダーや専門家が、人選を最重要の成功要件としてあげている。

・企業規模、ポジションの高低や、時代環境にかかわらず、人選力は普遍的な成功の鍵である。

CASE STUDY

トップ交代により業績が好転、急成長した例

ジリ貧の経営状況

Ａ社は、従業員数数百名、売上高数百億円の中堅の日系通信資材メーカー。高い技術力を誇る名門企業で、近年までは堅実な事業展開をしてきた。しかし、二〇〇二年にインターネットの波にのるべく大きな設備投資をした直後、ＩＴバブルがはじけ一転して苦境に陥った。その後の二年間のたび重なる大幅なリストラにより、なんとか赤字は脱したものの、たび重なるリストラにより企業体力は落ち、従業員の意欲も低下していた。また、開発投資の切り詰めを続けているため、新製品の輩出も望み薄であった。

社長は、このままだと「ジリ貧」になると判断。投資会社に資本提供を仰ぎ、みずからは退職。その会社の指導のもと、出直しを図ることとなった。

二人のリーダーの投入

投資会社は、この会社をふたたび成長軌道にのせるためには、経営陣の抜本的強化が必要と判断。エゴンゼンダーを通じてトップ二名を外部採用した。一人は、業界経験豊富で、人間力あふれるＣＥＯ。もう一人は、数字に強く、全社的プロジェクトを引っ張っていくリーダーシップをもつＣＦＯである。

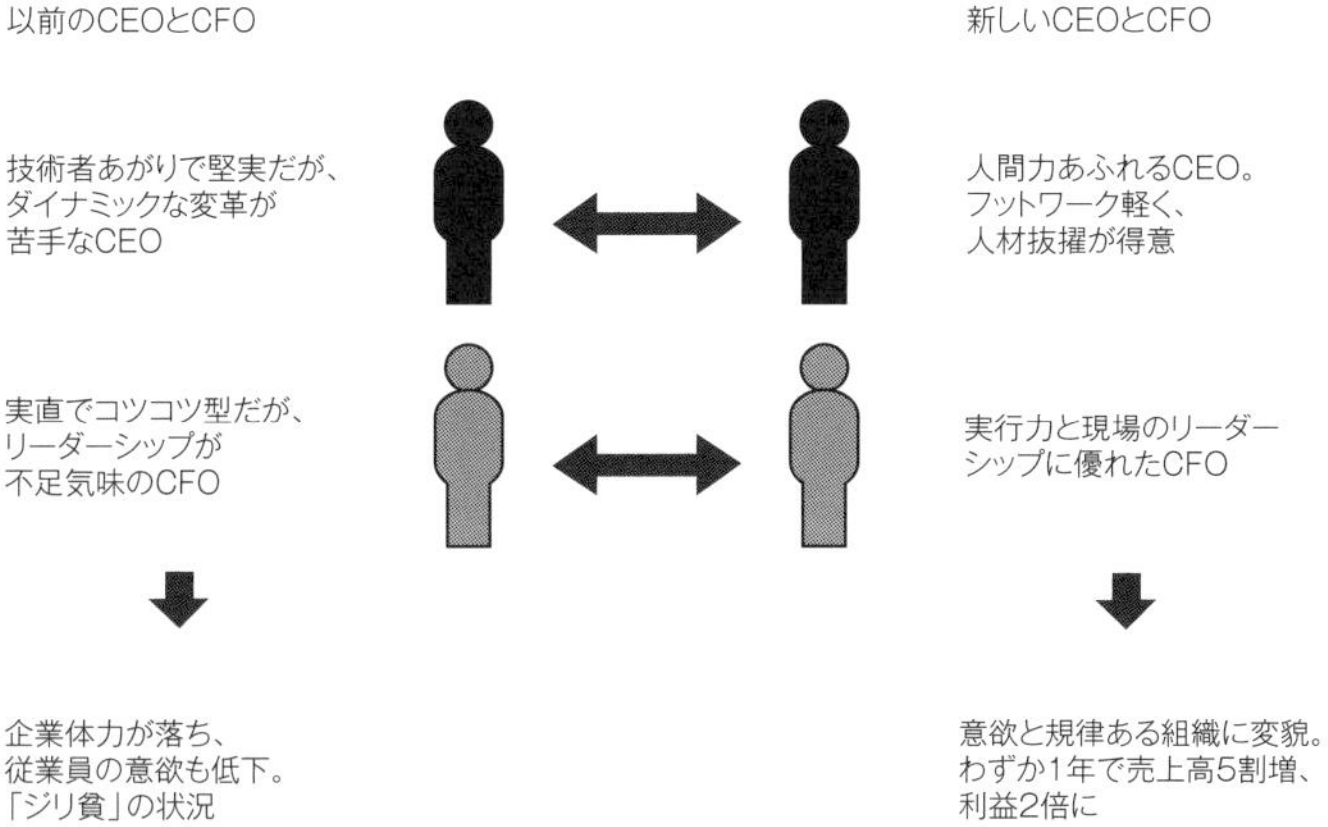

第2章　優れた人選力──企業（およびあなた）を成功に導く鍵

以前のCEOとCFO

技術者あがりで堅実だが、ダイナミックな変革が苦手なCEO

実直でコツコツ型だが、リーダーシップが不足気味のCFO

↓

企業体力が落ち、従業員の意欲も低下。「ジリ貧」の状況

新しいCEOとCFO

人間力あふれるCEO。フットワーク軽く、人材抜擢が得意

実行力と現場のリーダーシップに優れたCFO

↓

意欲と規律ある組織に変貌。わずか1年で売上高5割増、利益2倍に

ＣＥＯは入社後すぐに、業界でのネットワークを活用し、小さいが確実に利益につながる案件を複数受注。同時に、同社の製品を、未開拓であった中小企業向けの市場にも販売することを計画。ここでも、尻込みするその他の経営陣を尻目に成功事例を創出し、意気消沈していた従業員を元気づけた。また、プロジェクトを通じてやる気と能力ある若手を見極め、彼らを主要ポジションに抜擢した。

一方、ＣＦＯは、社内の主要業務プロセスを精査し、一〇を超える改善機会を見つけた。それには、コストダウンの機会だけでなく、将来の成長に向けた事業開発への投資も含まれていた。そして、社内の若手を中心とする一〇以上の部門横断型プロジェクトを立ち上げ、みずから進捗管理。これまでは、いったん始めても尻切れトンボに終わっていたプロジェクトを確実に遂行。同時に、報酬体系をこれまでの年功横並び型から業績・能力反映型に変えた。これら一連の施策により、社員改革に向けた行動力は目にみえて改善した。

これら二名のトップによって会社の状況は一変した。包容力がありフットワークの軽い社長が前向きで明るい社風に変える一方、実行力と現場のリーダーシップに優れたＣＦＯが現場に規律と成果志向を植えつけたのである（一年間で大幅な収益改善、企業価値が約三倍に）。

結果として、わずか一年で当初は損益分岐点すれすれであった売上高が五割増加、コスト削減も寄与し、利益額は約二倍に拡大した。Ａ社の業績の急激な改善を知った同業他社が統合を提案。成長基調であったこともあり、一年前の約三倍の価格にて買収が成立した。実に、一年間で数十億円の価値を創出したことになる。

もちろん、この成功の背景には現場社員の頑張りや幸運もあった。しかし、二人のトップの採用なくして、数十億円の価値は生まれなかったのは間違いない。

第3章 経営幹部の人選は、なぜそれほどむずかしいのか

前章では、優れた人選力が企業の成功にとっていかに重要かを述べた。では、どうすれば多数の候補者のなかからもっとも優秀な人材を見極められるのであろうか。実は、どうすれば人選力を高められるのかについては、これまで十分な研究がなされてこなかった。米国のもっとも有力なビジネス論文誌であるハーバード・ビジネス・レビュー誌（ＨＢＲ）やＭＩＴスローン・マネジメント・レビュー誌に私がこのテーマで論文を発表したのは、そのような問題意識からであった。さいわい、一九九九年と二〇〇五年に発表したこれらの論文は好評を博し、いくつかのビジネススクールや企業の必読テキストとして採用された。

私はこれらの論文の冒頭で、経営幹部の人選がむずかしい主な理由について分析した。本章ではそ

れを具体的に説明したい。

経営幹部の人選に関する研究の乏しさ

その前に、私の論文が一九九九年にＨＢＲに掲載されるにいたった経緯をご紹介しよう。

その時点で、私はエグゼクティブ・サーチ・コンサルタントとして一二年の経験を積んでいた。一コンサルタントとしての経験、そしてわが社のコンサルタントの能力開発を指揮した経験から、経営幹部の人選に関する意思決定がいかに普遍的な課題であるかに私は気づいていた。

さらに、私はこのテーマについて、何百もの本や調査、研究報告を読んだ。そして、これらの意思決定を飛躍的に改善する機会が存在することを確信し、ほかの人々がそうした機会を活用するための役に立ちたいと思うにいたった。そのために、米国でもっとも影響力の大きいビジネス論文誌ＨＢＲに論文を掲載させることを、最優先課題として選んだのだった。

そして、一九九八年の秋、ＨＢＲの編集長との会議をむかえたのだ。

「なぜ経営幹部の人選が重要なのか、また企業業績にどれほど大きな影響を及ぼすのかはよくわかりました。でも、ほとんどの企業はそうした決定をどう行なえばよいか、よくわかっていると思いますよ」。編集長はこう言って、私にやんわりと断わりを入れようとした。

私はその会議に賭けていた。経営幹部の人選について論文を書かせてほしいという私の提案は、その場で受け入れられるか、断わられるかの二つに一つであり、これを逃すとチャンスは二度とないだろうと思っていた。だから彼女にこう言われたときには、心底がっかりした。

もちろん、大変な難関であることはわかっていた。ＨＢＲが持ち込み企画を受ける割合はたったの二％にすぎなかったし、そのときの私には自分の本を出版した経験さえなかったからだ。

会話を丁重に終える道を探りはじめた編集長に対して、私は反論した。「いや、そうは思いませんね。私の経験では、世界でもっとも優れた組織でさえ、経営幹部の人選となるとあらゆる種類の誤りを犯しています」。編集長には通じなかった。私は自分の経験を引き合いに出して、また一般に知られている例もあげて訴えたが通じなかった。そこで、私は戦術を変えた。「あなた個人の経験はどうなんですか？　ここＨＢＲでの経験は？」

それは、まるで古きよき時代のハリウッド映画のワンシーンのようだった。空の雲が切れ、一筋の太陽の光が射し込むと、誰もが心を打たれる。私は核心を突いたのだ！

その編集長は、トップクラスのビジネススクールを優秀な成績で卒業し、一流の経営コンサルティング会社ですばらしい実績を重ねてからＨＢＲに加わった、才気あふれる女性だった。私の質問を受けて、彼女はコンサルティング会社でのクライアントとの経験、ＨＢＲで調査をしたときの経験、さらにはＨＢＲ自体の人事について振り返りはじめた。彼女が心のなかでページをめくっている様子が目に浮かぶようだったし、その表情の変化から、それらの状況で生じた多くの問題を思い出していることもわかった。そして彼女は、経営に関する世界最高の英知に触れられるはずのトップ企業でさえ、経営幹部の人選を改善する余地がこれほどあるなら、私の論文を載せるのも悪くない話だ、と気づいたのである。

こういうわけで、私の論文は掲載されることが決まった。私は五〇分の一の確率で大穴を当てた気分になって喜び勇んで会議をあとにした。

経営幹部の人選をむずかしくする要素

私は論文の冒頭で、経営幹部ポストで最高の人材を選ぶことをむずかしくしている、以下の主な原因について分析した。本章ではこれらを具体的に説明したい。

1　優秀な人材の少なさ
2　経営幹部ポストの独自性
3　ソフトスキルの評価のむずかしさ
4　社外候補者の評価における制約
5　候補者の思惑
6　社内の利害関係者の思惑
7　評価者の感情的なバイアス

優秀な人材の少なさ

図2－3（六九ページ）で示したように、経営幹部の人材の能力と彼らがもたらす成果の分布は、

きわめて広がりが大きい。このため、優秀な人材を登用できた場合の成果は、平均的な人材を登用した場合とは比較にならないほど大きくなる。したがって、企業はこの飛び抜けた成果を出せる人材に目標を絞って採用を行なわなければならない。

しかし、多くの場合、そのような高業績をあげられる優れた人材はごくわずかしかいない。このため、優れた人選力がなければ、優秀な人材ではなく平均的な人材を採用（あるいは登用）してしまう可能性のほうがはるかに高くなってしまうのだ。

経営幹部ポストの独自性

ブルーカラーの仕事や一部のホワイトカラーの仕事は、職務内容が厳密に定められているし、優れた業績をあげるためにはどんな資質が必要かについては明らかにされている。しかし、多くの知的労働者の仕事は一つひとつまったく異なり、とくに経営幹部ポストともなれば、いっそう独自性の高いものになる。

たとえば、最高執行責任者（ＣＯＯ）のポストを例にとってみよう。ＣＯＯのポストは、役割が明確かつ具体的で定義しやすいようにみえるが、実際にはその役割は、主にＣＥＯとの関係で決まる。ＣＯＯは場合によっては戦略の忠実な執行者かもしれないし、大胆な変革の推進者かもしれない。ＣＥＯを守るために、あえて悪役を演じることもあるだろう。

このように、経営幹部ポストは、たとえ名称が同じでも、そこで求められるものは企業によって異なるだけでなく、当該企業のそのときの状況によっても異なるのである。さらに厄介なことに、求められるスキルや優先課題は、マクロ経済や競合状況、技術革新を受けて大きく変わることがある。今日必要なことと明日必要なこととは大きく違うかもしれないのだ。

一つ例をあげよう。民営化された直後のテレコム・イタリアのＣＥＯに就任したフランコ・バーナービーである。同社はさまざまな事業を傘下にもつコングロマリットだったが、当時、株価は低迷し、経営の混乱が続いていた。当初、バーナービーは完璧な選択のようにみえた。一九九二年から一九九八年にかけて、やはり経営の大混乱による後遺症に苦しんでいた世界有数のエネルギー企業ＥＮＩのＣＥＯに就任し、その組織改革を陣頭指揮して、収益力の高い上場企業に変身させた実績があったからだ。バーナービーはこの新ポストに最適とみなされたため、テレコム・イタリアの株価は彼のＣＥＯ就任が発表された当日に五％もあがった。バーナービーの評判だけで時価総額にして数千億円も値上がりしたことになる。

ところが、それからわずか二カ月後、バーナービーの職務は激変した。テレコム・イタリアがオリベッティから敵対的買収を仕掛けられたのだ。その時点で、企業文化の変革におけるバーナービーの優れた手腕はなんら意味のないものとなった。オリベッティの攻勢をかわすには、短期間で企業業績を改善し、中核・非中核事業の価値とその組み合わせによるシナジーを評価し、財務および事業戦略を通じた複雑な買収防衛策を導入する必要があったからだ。

結局、バーナービーはそこまで万能ではなかった。テレコム・イタリアはオリベッティの敵対的買収に屈し、バーナービーは期待を担って就任した職をわずか半年で辞任した。

ソフトスキルの評価のむずかしさ

幹部人材の人選をむずかしくする第三の理由は、企業がどんな人材が必要かをたとえはっきり理解していたとしても、候補者のソフトスキルの評価は非常にむずかしいということである。たとえば経営トップのポストの場合、もっとも重要なのはＩＱや業界経験ではなく、もっと〝ソフトな〟領域に属するコンピテンシーであるが、これを評価するのはことのほかむずかしい。

まず、ソフトスキルが重要であることを示す事例を一つあげよう。ある米国の通信サービス企業の例である。同社は南米子会社のＣＥＯを探していた。その子会社は、もともと買収された南米の地元企業二社による合弁会社だった。それら二社の元ＣＥＯたちは同社の取締役および大株主として残っていた。競合状況が激化していたため、取締役会は、国際的なサーチを行ない外部から人材を招聘することを決めた。

その職務の成功に必要とされたのは、戦略立案やマーケティングのスキルに加えて、高度な交渉力と異文化対応力であった。交渉力に関して言えば、新ＣＥＯは異なる思惑をもつ三人の上司（米国の親会社と元ＣＥＯの株主二人）に仕えなければならなかった。また、米国と南米という異なる文化に挟まれたなかで、効果的なコミュニケーションをとる必要があった。

最終的に採用されたＣＥＯは、短期間で同社を再建し、業績を伸ばすことに成功した。彼は通信事業の経験は皆無だったが、同国の出身で、同国の指導者たちによく知られ、尊敬されていた。また米国で一〇年働いた経験もあったため、米国の親会社とのつきあい方を心得ていた。要するに必要とされたソフトスキルを十分に備えていたのだ。

企業が経営幹部に求めるもっとも一般的なコンピテンシーには、成果志向、協働能力、人材育成能力、部下へのリーダーシップ、変革のリーダーシップなどがある。しかし、これらのソフトスキルを正確に評価するには多くの障害がある。

まず、自分自身の能力を評価する場合でさえむずかしいということを示そう。デヴィッド・ダニング、チップ・ヒース、ジェリー・スルズの共同研究によると、パフォーマンスに関するフィードバックが継続的に、リアルタイムで、客観的に行なわれるスポーツのような領域であっても、私たちの自己評価と実際の実力との相関係数は約〇・五である（あなたの自己評価が一〇〇％正確だとしたら、その相関係数は一・〇になる）。統計学的には、ある評価の正しさを測る方法は、その相関係数を二乗すればよい。この場合、〇・二五になる。つまり、私たちのパフォーマンスのばらつきの二五％しか自己評価によって説明できないということだ。これは自己評価の大きな限界を意味する。

スポーツのような領域でさえこうなのだから、フィードバックが不定期に、時差をおいて、曖昧にしか行なわれないことが特徴の、複雑なソーシャルスキル（社会性）の領域ではなおさらである。ここでは相関係数が劇的に低下し、対人関係スキルで〇・一七、経営管理能力で〇・〇四（基本的にゼロ）という低い値になる。

自分自身の評価でさえこのようにむずかしいことを考えると、他人のソフトスキルを評価することがなぜそれほどむずかしいのか、容易に想像がつくだろう。

社外候補者の評価における制約

第四の理由は、社外から経営幹部を採用する場合、候補者を入念に評価するには現実的に多くの制約が生じることである。彼らは多忙な経営幹部であり時間を割くにも限度があるし、機密が守られるかどうかについても非常に気にする。そのため、評価の機会やかけられる時間は限定されてしまう。

実際、エグゼクティブ・サーチのほとんどのケースでは、経営幹部ポストでアプローチされる候補者は転職機会を探している状況ではない。このため、評価における制約という問題はいっそう深刻になる。

一般に、就職活動中の学生には、機密保持の問題はない。もろもろの試験に応じ、疲れる面接や徹底的なレファレンス・チェックも甘んじて受ける。ところが、経営幹部になると、採用プロセスにおける機密保持に懸念があるなどの理由で、同様の評価プロセスを甘んじて受けることは考えられない。万が一のことがあると、自分のキャリアだけでなく、現在勤める企業の評判をも傷つけるリスクがあるからだ。

候補者の思惑

第五の理由は、私が候補者の思惑と呼ぶものである。私はエグゼクティブ・サーチを行なう際にはいつも、候補者の状況を正確に理解しようと努めている。たとえば、失業中で仕事が必要な人は、特定の企業やポストが自分にとって最適だと、そしてもちろん自分こそが適任者だと、主張しがちである。対照的に、いまの仕事に満足している人は、こちらが紹介する転職の機会についてはるかに厳しく客観的に評価する。また、そのポストに自分が適任かどうかについても懐疑心をもちがちである。

言い換えれば、候補者の状況が彼らの思惑を左右し、ご都合主義の不正直者か、不当に自己批判的な正直者のどちらかに追いやるのだ。前者のほうが、言うまでもなく大きな問題である。就職や転職は人生の重大事であるため、驚くほど不正や不正直な行動につながりやすい。二〇〇二年に米国の身元調査会社が二六〇万通の履歴書を調べた調査では、四四%になんらかの嘘が含まれていることが明らかになった。インターネットの身元調査会社によるもう一つの大規模調査では、履歴書の八〇%は粉飾されていたことがわかった。

私たちは候補者の思惑を理解するために特別の努力を払うことが必須である。それによって候補者が自分の能力を誇大宣伝しているのを見抜いたり、逆に過度に自己批判的な評価をしている場合にも目を向けなければけなければならない。

社内の利害関係者の思惑

第六の理由は、もっぱら企業内部の利害関係に由来する社内政治である。社内政治とまでいかなくとも、社内の利害関係者による思惑の違いや期待値のズレなども含まれる。これらが人事に及ぼす害はあまりにも大きい。たとえば、合弁会社が経営幹部を選任する場合、出資元の一社は自分たちの味方を置いておきたいと考えて、自分たちの推す候補者が選ばれるように、その人の能力に関係なく、あらゆるタイプの裏工作を行なう。そのほかにも、自分が窓際族になるのを避けるために、あるいは「あの人は間違いなくつぶれるから、私に次の出番がくるだろう」という思惑で、わざと弱い候補者を支持する人たちも、私はみてきた。さらに別のケースでは、候補者からの便宜を受けるために採用することもある。たとえば、ある候補者は、自分が採用されたら、自分の採用を支持してくれた人の友人を雇うとか、彼らの会社のサービスを利用することを期待されて、採用されるのかもしれない。

そうした社内政治にもとづく経営幹部の人事は、企業業績のみならず社員の士気にも計り知れない悪影響を及ぼしかねない。縁故主義や社内政治が幅を利かせている組織で働きたい人などいないはずだ。

評価者の感情的なバイアス

最後の理由は、さまざまな感情的なバイアスによって、評価者の判断が歪められてしまうことである。感情的バイアスが合理的な判断に及ぼす影響は、経済学や財政学などいくつかの分野で十分に立証されてきた。同様に、感情的バイアスは経営幹部の評価にもマイナスに働く。こうしたバイアスの大半は、無意識のうちで私たちの判断に強い影響を及ぼす。とくにリスクやリターンが大きくなればなるほど、つまり役職が上がれば上がるほど、こうしたバイアスが強くなる傾向がある。

まず、こうしたバイアスが働いた実例をみてみよう。ある国際的なハイテク企業が、新しいサービス事業を統率する人材を必要としていた。その採用プロセスは、最近になって大手経営コンサルティング会社のパートナーから同社に転職したＣＥＯが陣頭指揮した。ＣＥＯは自社が必要とするコンピテンシーを徹底的に分析することなく、自分自身の経歴に近いという理由で、数人の経営コンサルタントを候補として検討した。学歴、職歴、外見、巧みな話術をもって、彼らは〝優秀〟とみなされた。

彼らがどんな状況でどんな行動をとり、どんな業績をあげたかを面接で十分に確認したり、レファレンス・チェックを徹底的に行なったりするなどの努力はなされなかった。また、ＣＥＯが候補者を比較する対象も間違っていた。優れたリーダーシップや協働能力、専門的な技術知識を要求される現場マネジャーとでなく、ＣＥＯが知っている経営コンサルタントと比較したのだ。

指名された候補者の顔ぶれを知り、取締役会が心配しはじめた頃には、すでにＣＥＯは採用を決定していた。取締役の面々には体面を保とうとする意識が働いた。決定をくつがえすことは、彼らが採用したＣＥＯと対峙する必要があり、自分たちがＣＥＯの採用にあたって判断を誤ったかもしれないことを認めなければならなくなる。集団心理が働き、誰も疑問の声をあげなかった。結局、チームは採用され、大失敗に終わった。最終的には同社は何百万ドルもかけた末に事業の打ち切りとチームの解散、ＣＥＯの解任を余儀なくされた。

このエピソードには、典型的な感情的なバイアスの例がいくつも含まれている。以下で、そのいくつかを詳しくみてみよう。

感情的なバイアスの例

典型例の一つが、人材を「ブランド」で評価してしまうことである。あるとき、ＧＥが人材の社内育成という伝統から離れて、経営幹部を社外から採用したケースについて、私はジャック・ウェルチと話をしたことがある。彼の説明によると、ＧＥはプラスチック事業などいくつかのケースにおいて、自社が未経験の分野で新事業を始めるとき社外から人材を採用したことがある。しかし、この方法は危険をともなう。彼はそう強調し、実例として、GEが、デュポンの社員というだけの理由で、大した評価もせずに同社から数人を引き抜いたときのエピソードをあげた。「少なくとも一部のケースでは、デュポンは彼らを引き抜かれて喜んだと思うよ。われわれはブランドで評価するという間違いを犯した」と彼は残念そうに振り返った。言い換えれば、GEが買ったのはブランドであり、そのブランドを体現する個人ではなかったのだ。

第二のよくあるバイアスは、候補者の評価にあたって、どんな状況で仕事をした結果、どのような実績につながったのかを確認せずに、表面的な業績だけで絶対評価してしまうことだ。候補者の業績を、そのときの状況を十分に理解しないで、どうやって評価できるというのか？　優れた業績もお粗末な業績も、そのときどきの状況とは切り離して考えられないことが多い。

それなのに、個々の状況にはお構いなしに、事前に用意した質問しかしない面接官をよくみかける。「あなたの強みと弱みは何ですか？」とか「いまから五年後にはどんな部署にいたいと思いますか？」といった質問は、これらの文脈の一切を切り捨てているため悪い質問である。返ってくるのは、経験や事実不在の空疎な答えだけだ。

面接の仕方と質問についてはあとの章でもっと詳しく述べる。いまのところは、人材の評価に関していえば、絶対的なものはほとんどなく、ほとんどすべては相対的なものだということを指摘するだけにとどめておきたい。

第三のバイアスは、自分の抱いた第一印象に合う情報だけを求めてしまうという落とし穴だ。私たちは自分が評価している人物について、履歴書を見たり会ったりした瞬間に、無意識のうちに、第一印象を形成する。そして、その後の面接のなかで、第一印象に合致する都合のよい情報だけに目がいきがちで、結果、それに反する情報を見落としてしまう。

第四のバイアスは、体面にこだわることである。私たちはみんな失敗を嫌う。そして、実際に失敗すると、精いっぱい体面を保とうとする。自分の失敗を隠そうとする衝動は、どんなに理不尽であっても、危険なほど強くなる。経営幹部人事の誤りはこの衝動から生まれる。

さきほど述べた国際的なハイテク企業のケースのように、私たちは、みずからが行なったお粗末な人事について、他人がまだ気づいていないのに、自分から気づかせるようなことはしたくないと思っている。さらに悪いことには、ミスを認めて行動すればさらなる損失を回避し、手遅れにならないうちにすばやく問題解決できるのに、体面を保つために、自分の行なったお粗末な人事を正当化しようとさえするかもしれない。

第五のバイアスは、同質性へのこだわりである。一般に、人間は同質性にとらわれやすい。そのほうが安心感や相性のよさが期待できるからだ。その結果、さきほどの例のように、元コンサルタントはコンサルタントを、しかもたいてい自分と同じ学校や会社の出身者を採用する。たしかに、同質性は組織の安定をもたらすことがある。しかし、近視眼的で自己陶酔的なものの見方を招くこともある。これは、まったく異なるコンピテンシーと変革が求められるときには、とくに危険なものになりうる。

第六のバイアスは、感情的固着と呼ばれるもので、候補者の評価において、自分が知っている誰かと比べてしまうことである。さきほどの例では、ＣＥＯが候補者を自分の知っている他のコンサルタントと比べて評価してしまったことがこれにあたる。

第七のバイアスは、集団心理である。シカの群れを想像してみよう。あなたがそのなかの一頭だったら、もっとも安全な場所は群れの真ん中だ。一番端にいるシカは獲物にされる可能性が高い。群れれば、単独行動をとるよりも、集団に従いがちである。高い地位にいる企業幹部（恐れるものはほとんどなく、人の上に立つことが仕事で、エネルギッシュな人）でさえ、自分だけ違う候補者を推すのをためらうこともある。

感情的なバイアスを排除する

最後に、これらの感情的なバイアスを排除し、成功を収めたケースを紹介しよう。ある大手小売企業の例である。同社はスーパーマーケットから百貨店にいたる多数の事業を展開しており、ブランドの乱立により大きな混乱と市場シェアの低下に苦しんでいた。そこで、取締役会長の決断の下、新たなＣＥＯを社外から採用することになった。

同社は自社に必要な変革、経営の優先課題、主要なコンピテンシーを見極めるため、徹底的な分析を行なった。その結論をふまえてエグゼクティブ・サーチを行なった結果、ＣＥＯに最適なのは、小売部門の経験が皆無の候補者Ｘであることがわかった。

その結論は社内で強力な抵抗にあった。同質性へのこだわりは、社内の人材か少なくとも小売部門を熟知した人間を起用すべきだという主張をもたらした。その人事を支持した会長は、取締役や幹部から強い反対にあった。彼らの体面へのこだわりや集団心理は、この人事案に疑問を投げかけるメディアの過熱報道によって増幅された。

しかし、最終的にこの候補者は採用され、経営再建に大成功を収めた。彼は自分の役割を小売業グループの経営であると考え、各部門の経営はトップクラスの小売のスペシャリストにあたらせた。一〇年にわたる停滞に陥っていたにもかかわらず、同社はいま活況を呈している。徹底的な事前分析を行ない、感情的なバイアスを排除することで、会長は自社の選択の幅を大きく広げた。その結果、新たな環境と役割にもかかわらず迅速に成果を出せる有能な経営トップを採用できたのである。

本章では、経営幹部ポストで最高の人材を選ぶことをむずかしくする主な理由について述べてきた。これらの理由は、大きく次の三つのグループにまとめられる。

- 経営幹部ポスト特有の事情
- 候補者と社内の利害関係者の思惑
- 評価者の感情的なバイアス

これらの落とし穴から身を守るには、まずそれらをきちんと認識することだ。しかし、本章で述べたことは最初の一歩にすぎない。常に最高の人材を選ぶには、まずは、どのような状況において経営幹部の刷新が必要なのかを理解しなければならない。それが次章のテーマである。

第３章のまとめ

経営幹部の人選は非常にむずかしい。正しい人選を行なうためには、それを阻害する要因を十分に認識しておく必要がある。

１　経営幹部の人選には、ポジションの独自性や複雑性に起因する固有のむずかしさがある

・優秀な候補者と平均的な候補者とでは、経営幹部ポストで出せる成果にきわめて大きな差がつく。一方で、このような高業績者はきわめて限られる。

・経営幹部ポストは独自性が高く、その役割は企業や状況によって異なるため、画一的な評価になじまない。

・戦略的思考や変革のリーダーシップなど、経営幹部ポストにおいてとくに重要となるソフト・コンピテンシーは、評価がむずかしい。

・経営幹部の場合、機密保持や時間的制約などの理由により、候補者を入念に評価するための機会が限られる。

２　候補者や社内の利害関係者の思惑にも影響される

・求職中の候補者は、自分を誇大宣伝し、場合によっては嘘さえつく。逆に、転職を考えていない候補者は、呈示されたポストは自分にはふさわしくないと、厳しく考えすぎる傾向がある。

・社内の利害関係者の思惑、さらには社内政治の存在は、適切な人材の採用を妨げ、あるいは不適切な人材の採用を助長することさえある。

3 評価者自身がもつ「感情的バイアス」も適切な判断を妨げる

・候補者の「ブランド」や表面的な業績にもとづく評価、確証情報の罠、同質性へのこだわり、感情的固着、集団心理などは典型的バイアス。このようなバイアスがあることをしっかり認識しておく。

CASE STUDY

役員選抜のむずかしさ――ある日系大手メーカーの例

経営幹部の人選のむずかしさを象徴的に示すケースを紹介したい。クライアントは数年前に合併によって誕生した日系大手メーカーで、売上高は五〇〇〇億円を超す上場企業である。

同社は合併企業という背景もあり、取締役選任における透明性、公正さをどのように担保するかということに悩んでいた。たすきがけ人事は排除したいという強い思いの一方で、最終的な取締役選任が、新任候補者を含め社員の目にどう映るかを懸念していた。また、従来の選考プロセスで選ばれた現任の取締役が、本当に社内の最高の人材なのかどうかについても確信がもてないでいた。エゴンゼンダーは、同社の会長、社長からの依頼を受け、新任の取締役候補のアセスメントを行ない、その後毎年、新任候補と現任の取締役のアセスメントを行なっている。

次ページに掲載した図は初めて新任候補のアセスメントを実施した年のもので、候補者一二名のデータを抽出したものである。候補者は、会長、社長を含む一部の現任取締役からの推薦で選ばれていた。それぞれの点は、各候補者のコンピテンシー平均値（七点満点、縦軸）と年齢（横軸）を表している。

このアセスメント結果は、会長、社長に驚きをもって迎えられた。最初の驚きは、一二名中四名が、部長職にありながら、取締役はおろか、そもそも部長としての能力基準にも達していなかったことである。このなかには、会長や社長によって推薦された部長が含まれていた。彼は会長や社長の昔の部

経営幹部の人選のむずかしさ
ある大手メーカーの取締役候補の評価結果

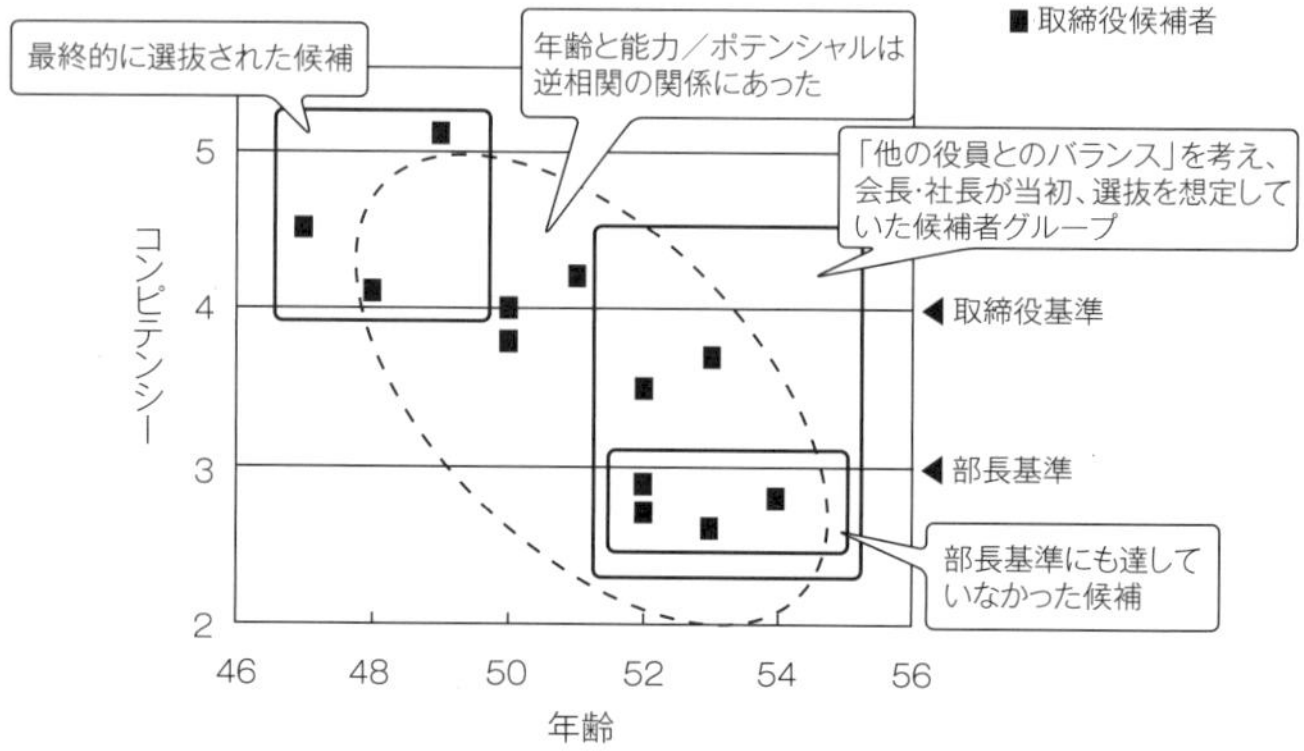

下で、当時の活躍の印象や記憶にもとづいて選ばれていた。そのほかには、経営トップからは優秀な部長にみえていたが、実際に関連部門や直属の部下からリファレンスをとってみると、部長としての適性に大きな疑問符をつけざるを得なかった部長もいる。また、現任の取締役が自分の子飼いとして「使いやすい」部長を推薦したとしか思えないケースもあった。

会長、社長は、アセスメント実施前には、役員に昇格させるのは少なくとも五二歳以上の部長を想定していた。これには、彼らの長年の貢献に報いたい、既存役員とのバランスを考えたいとの思いがあった。しかし、五〇歳以下の「若手」に非常に優秀な候補者がいること、また候補者の年齢が上がるほど能力水準が下がる傾向があることを知った結果、取締役会の若返りを決断した。具体的には、図の左上の候補者を取締役候補として株主総会に提案し、承認された。

日本企業においては、役員の能力要件を明確に定義せずに選抜する、年功的要素を加味しながら選ぶ、自分がよく知っている候補や自分にとって使いやすい候補を推薦してしまうなどの事例は、いまだ広く存在すると考えられる。このケースは、グローバルに展開する大手上場企業といえども、役員や役員候補の能力評価が十分にできていないことを示唆している。

しかしこのケースでは、旧弊を打破し、経営陣を強化することに成功した。このケースで示したような経営トップの決断と候補者の客観的評価は、最強の経営陣をつくるうえで不可欠のものである。第７章のケーススタディでは、本ケースの企業がその後、人材選抜の仕組みを中堅幹部や海外の人材向けにどのように展開し、経営陣の継続的な革新を促すプロセスへと発展させたかについて紹介したい。

第4章 いつ経営幹部の交代が必要となるのか

どのようなときに経営幹部の交代を考えるべきか――このむずかしいテーマを考察するうえで、初めに、現実に起きた二つの事例を紹介したい。

事例1：私のオフィスを訪ねてきた人物は浮かない顔をし、いかにも途方に暮れた様子だった。彼は大成功した食品会社の創業者の息子で、ＣＥＯとして父のあとを継いでいた。彼は事業の技術的側面に強く、設備投資や新商品開発にかかわる重要な意思決定をリードしてきた。そのおかげで会社はめざましい成長と利益を記録し、市場三位の大手企業の座を固めた。

しかし、ここ数年間で経営環境は様変わりした。Ｍ＆Ａの増加、国際競争力をもつ新たな企業の出現、販売チャネルの変化によって業界再編が進み、同社の競争力は驚くほど短期間で低下していた。

一方、成長のための必要資金は銀行からの短期貸付で調達してきたのだが、その金利が急上昇していた。営業損失の拡大と利払いの急増により、同社は、金融機関からの追加の資金調達がむずかしくなり、倒産の瀬戸際に立たされていた。

解決策が見いだせずにいた彼が企業法務の弁護士に悩みを打ち明けたところ、わが社を紹介されたのである。彼はつらそうに、「新しいＣＥＯを招聘すれば会社を救うことができるのでしょうか？」と私に聞いてきた。

それは正しい質問で、答えは結果的に「イエス」となった。すばらしいことに、彼はすばやく果断に行動した。私たちから適任と思われる候補者を紹介されると、彼は即座に経営の全権をその人物に委ね、自分は身を引いたのだ。厳しい状況にもかかわらず、この新ＣＥＯのおかげでなんとか安全な方向に軟着陸できた同社は、以来一〇年近くにわたって順調な成長を遂げている。

事例２：ほとんど同時期に、成功した農産物輸出企業の株主である二人の兄弟が私に会いにきた。彼らは同社の大株主であるだけでなく、経営者としてもトップの地位にあった。事業はまだそこそこ順調だったものの、借入金への過度な依存と杜撰《ずさん》な財務管理が原因で、厳しい状況に陥りはじめていた。

私たちからみると、もっと強力な経営陣が必要なことは明らかだったので、率直にそう伝えた。兄弟は私たちの意見に感謝はしたものの、自力経営を続けることを決めた。二年もたたないうちに、同社は下降スパイラルに陥り、借入金がどんどん膨らんでいった結果、倒産した。

これら二つの事例をまとめると、本章のキーポイントが明らかになる。

第一に、人材の招聘に関する決断を下すことは決して容易ではないということである。とくに幹部レベルにおいてはなおさらである。ときには、その必要性を理解することさえなかなかできない。事例１の人物は、新たな挑戦には新たな才能が必要であり、それを見つけるには候補者を広く探さなければならないことを理解できた。事例２の兄弟は、経営者の交代の必要性自体がわからなかった（または、認めようとしなかった）ため、悲しい末路を迎えた。

第二に、このような経営者の交代はたとえ決定されても、実行に移すのは困難なものだ。現職の経営者の感情が傷つけられたり、評判が損なわれたりするからだ。しかし〝困難〟は言い訳にはならない。

第三の教訓として、経営者の交代が必要なことがはっきりしたら、誰かが歯を食いしばってがんばらなければならないのだ。目標にすべきことを正しく実行するということだ。

本章では、ＣＥＯ、役員、上級管理職などの経営幹部を交代させるべきかどうかを見極める方法について述べる。本章の議論のほとんどは、いかに問題をあぶり出すかという点に重点を置いている。また、経営幹部の交代を適切かつ公正に実施する方法についても説明する。

経営幹部の交代は、いつどのような理由で行なわれるべきか

経営幹部交代の必要性は、予期せぬ恐ろしい出来事から生じることがある。

一九九五年五月、ホセ・エステンソロの自家用ジェット機がアンデス山中に墜落した。亡くなった当時、エステンソロはアルゼンチン最大の国有石油ガス会社ＹＰＦのリストラと民営化においてめざましい業績をあげ、産業界で大きな尊敬を集めていた。独特のリーダーシップで見事に経営を再建し（九〇％の人員削減を含む）、続いて海外展開にも成功していた。ハーバード・ビジネススクールは、世界企業への道を歩んだＹＰＦの変貌について、五つのシリーズもののケーススタディを作成したほどである。

このまさに成功の絶頂期に、エステンソロの飛行機は墜落した。同社はふたたび勢いを取り戻すことはなく、結局はスペイン最大の石油会社レプソルに買収された。打撃はＹＰＦだけにとどまらなかった。ほとんどのアナリストは、エステンソロの死後に生じたリーダーシップの不在が、アルゼンチンにおける石油探査の大幅な減少と新たな油田・天然ガス田の開発の失敗を招いたと考えている。

端的に言えば、私たちはこのような不可抗力を防ぐことはおろか、予想することさえできない。せいぜいできることと言えば、もし自社組織がこうした出来事に襲われた場合は、甚大な影響をこうむることを理解することである。

しかし、不可抗力はまれな例外であり、ビジネスで私たちが心配しなくてはならないのは人為的なシナリオである。では、経営幹部の交代が要求されるような人為的なシナリオとは何だろうか？　そして、私たちが予想し、対応できるものはどれだろうか？

シナリオのなかでも、とくに社外に端を発するものは、かなりわかりやすい。経営幹部の交代は、グローバリゼーションや技術の急速な進歩といったマクロレベルの変化に対応するため、ますます頻繁に行なわれるようになっている。また、あらゆるビジネスにおいて、顧客や投資家からの高まる一方のプレッシャーと闘わなければならず、優秀な人材をひきつけ、維持することがさらに重要なテーマとなっている。

リーダーシップが企業価値に及ぼす影響の測定を試みた、ワッサーマンとノーリア、アナントの研究によると、経営幹部のリーダーシップが企業価値に及ぼす影響がより大きくなるケースは、経営資源（財務面、人材面を含む）が豊富であるとき、いまのままでは成長機会が乏しいとき、である。もしあなたの会社がこの二つの条件を満たすのであれば、経営幹部の交代をはじめ、適切な人選を行なうことで将来的に得られる利益はきわめて高くなる。

また、新規事業を立ち上げる、Ｍ＆Ａを行なう、新たな戦略を実施する、業績の悪化に対処する、急成長に対応する、といった不連続な変化に対応するために経営幹部の交代が行なわれることも多い。

では、これら五つの不連続な局面を、経営幹部の交代の必要性の観点から順にみてみよう。

新規事業の立ち上げ

一般に、企業は成長しなければ消滅する。そして、大半の企業にとって重要な成長戦略の一つは、新規事業の開拓である。しかし、新規事業立ち上げ時の経営幹部の人選は、社内の昇進者と社外からの採用者のいずれの場合も、失敗する確率がきわめて高い。

リーダー人材の育成が得意な会社でも、新規事業に参入する際には人材を社外から採用することがある。たとえばＧＥメディカルシステムは超音波事業に参入したとき、同市場の主力企業のナンバーツーである優秀な候補者を採用した。なぜならば、ジャック・ウェルチいわく、その人物は「この一〇年間で一〇〇〇億円のビジネスをゼロから築き上げた」のに対し、「それまでGEは同事業に少なくとも三回失敗していた」からだ。

業界の知識は大きな力となる。他社のCEOに就任した〝GE卒業生〟の分析では、彼らは似たような業界で経営を任された場合のほうが、はるかに能力を発揮していることが確認されている。したがって、業界特有の技術、規制、顧客、サプライヤーの知識は成果をあげるための貴重な財産であり、新規事業を立ち上げる際にはとくに貴重なものとなる。こうした人材が社内にいなければ、社外に求めなければならない。

一方、新規事業を立ち上げる際に社外の人材を選ぶという考えは、必ずしもよいことばかりではない。なぜなら、新規事業を成功裡に立ち上げるためには、リーダーは社内の政治的、文化的な問題に効果的に対応する必要があり、これはどちらかといえば社内の候補者にしかできない仕事だからだ。要するに、新規事業の立ち上げに際して経営幹部の選抜が必要な場合は、社内と社外の両方の候補者を検討すべき、ということになる。

新規事業の立ち上げにおいて企業がたびたび犯す人選上の誤りは、新規事業は当初は小さな規模から始まるため、意識的か無意識的に、能力が不十分な人を選んだり、単なる社内の序列にもとづいて責任者を配置することである。ジャック・ウェルチが前述の会話で示唆したように、本来はもっとも可能性のあるところに最高の人材を配置すべきなのだ。

新規事業の成功率は一般的にそもそも低く、自社にも経験の蓄積がない。不慣れな事業分野での業績管理はむずかしく、警告灯が点滅しはじめたときにはすでに手遅れの場合もある。以上を考えれば、新規事業に参入する際に正しい人選をすることがいかに重要かがわかるだろう。

M&A

一九九〇年代はじめのアルゼンチンでは、政府が電気通信、電力、水道、石油ガス、航空をはじめ、いくつかの主要産業における国有企業の民営化を推進していた。これらの産業は同国の国民総生産と雇用の大部分を占めていた。

これらの業界の企業リーダーは、規制が撤廃された市場で、新たなニーズ、競争の激化、民営化後の新しい株主への利益還元というさまざまな課題に直面していた。生産性の大幅な向上が重要であることは、最初から明らかだった。

変革にあたっての重要な一歩は、新しい環境で成功するために欠かせないスキルを見極め、それらのスキルを習得できる既存の経営幹部を見わけ、また社外の人材でしか埋められないポストはどれかについて合意することだった。

もっと厄介だったのは、〝一つのポストに二人の候補者がいる〟という、M&Aに起こりがちな課題だった。ハーバード・ビジネス・レビュー誌に掲載されたあるケーススタディは、これらの課題の本質を見事に捉えている。それは二つの製薬会社の架空のM&Aについてのケースである。統合後の新会社のCEOは、株価が低迷し、合併による不安が両社の従業員のあいだで広がり、一部の優秀な経営幹部が流出するなかで、誰を残し、誰に去ってもらうかを決めなければならなかった。

このような場合、とりわけ重要なのが政治的に動いたり、好き嫌いで判断することを避けることだ。また、組織間の駆け引きを図ったり、バランスをとろうとすることも避けるべきである。これらはすべて、お粗末な人選に直結する。

こういうときこそ、誰が去り、誰が残るかを決めるためには、主要な経営幹部を対象にした専門的かつ中立的な評価プロセスが非常に役立つ。

私が初めて参加したこの種のケースの一つは、大手の公共サービス企業の民営化にかかわるものだった。同社にとって、限られた時間内に投資・サービス目標を達成するのは、きわめて困難な問題だった。同時に、この組織には結果重視の文化が欠落しており、しかも社内は寄り合い所帯の経営陣によって完全に分裂していた。民営化の実施母体であるその合弁会社は、元の国有会社出身の役員、国内の新株主から派遣された役員、二つの異なる国籍の外国人役員という、さまざまな出資企業を代表する混成チームが経営にあたっていたからだ。

重要ポストを手に入れようとする株主の政治的駆け引きによって、経営は混迷の度を深めた。この難局にあたって、同社の出資企業は、重要ポストの人選が妥当かどうかを確かめるため、経営陣の客観的かつ中立的な評価を実施することにした。

その結果、最重要ポストのおよそ半分が、能力あるいは経験という点で、きわめて問題のある人物で占められていることがわかった。ＣＥＯはこれらの評価結果を踏まえた行動に出ることを決断した。言うまでもなく、この経営刷新は生やさしいものではなかった。しかし、それを我慢強く短期間にやり通そうとするＣＥＯの意欲の結果、同社はすばやく収益力を向上することに成功し、めざましい成長を遂げた。事実、同社はここ数年間、二人のプロの経営者と三つの国籍を代表する数人のパートナーをかかえる合弁企業の複雑さをまったく感じさせることなく、競合他社をしのぐ業績をあげている。

新しい戦略

ここ数十年間で組織における変化のスピードはきわめて早くなり、組織の規模はきわめて大きくなった。コストを削減し、ビジネスプロセスを変え、商品とサービスの質を高め、新たな成長機会を見つけ、生産性を高めることを促す株主などからのプレッシャーが企業に及ぼす影響については、すでに触れた。変化の範囲が経営戦略の根幹に及ぶこともしばしばある。

私はエグゼクティブ・サーチの仕事を始めた直後に、異なる戦略には異なる経営幹部が必要であるという考えに注目するようになった。いかなる環境にあっても、何事にも対処できるという〝万能マネジャー〟というのは、ただの神話にすぎない。戦略を変えるときは、経営幹部も変えなければならないことが多いのだ。

私の最初のクライアントの一つは、事業ポートフォリオにあらゆる種類の事業が入っている大手コングロマリットだった。同社の中堅幹部に、一人の印象的な若手マネジャーがいた。彼は最近、多くのベテラン経営幹部が尻込みするような、成功がほとんど見込めない状況で、大きな事業再建をやってのけた。

この卓越したマネジャーは、多くの負債をかかえ、売上の三〇％を超える損失を計上していた事業を引き受けたのだ。また、労働組合が強く解雇は不可能に思える状況であったが、この若手スターは困難にめげず、売上を伸ばしてコストを大幅に削減し、同社の収益力を回復した。最終的には、当初の大方の予想を裏切って、その事業を売却し利益を得ることができた。

この成功を受けて、彼は同社の花形事業の一つを任された。急成長する市場できわめて競争の激しい消費者向け商品を扱う企業のトップに抜擢されたのである。この抜擢人事から一年後、彼は解雇された。業績があまりにも振るわなかったため、ヒーローは一転、スケープゴートにされてしまったのだ。彼はコストを削減し、生産性を引き出すうえで卓越した能力をもっていたのだが、彼の容赦ない非情なまでの経営スタイルは、競合分析と市場の声を聞いてすばやく対応する能力が要求される新しい経営環境に適さなかった。言い換えれば、新しい環境にはまったく異なるリーダーシップが必要だったのだ。

一九八三年、MITスローン・マネジメント・レビュー誌にマーク・ガースタインとヘザー・レイズマンによる「Strategic Selection: Matching Executive to Business Conditions（戦略的選抜——経営幹部と経営状況のマッチング）」というタイトルの興味深い記事が掲載された。著者らは一般的な戦略的状況を七つ（新規事業、経営再建、既存ビジネスのダイナミックな成長、買収など）にまとめ、それぞれのリーダーシップに必要な条件と〝理想的な候補者〟の特徴を述べている。

たとえば、新規事業には、明確なビジネス展望、技術とマーケティングの専門知識、経営陣を束ねる能力をもつリーダーが必要である。対照的に、不採算事業の整理や売却には、赤字削減や人員整理などを実行しなければならず、残された人材の士気を低下させないスキルなど、まったく異なる能力が必要である。ここでもやはり、状況によってそれぞれ異なるリーダーシップが必要なのだ。

それだけではない。戦略を首尾よく実行するためには、適切なリーダーを選択するのみならず、それらのリーダーを組織の異なる階層にまたがって配置する必要がある。カリフォルニアのある研究グループが米国の大手医療機関における戦略事業の実施について包括的な研究を行なった結果、組織のあらゆる階層でリーダーを配置することがきわめて重要だと結論づけた。たとえば、この医療機関の業績は、実際にはCEOや病院長、あるいは診療科医長の力で決まっていたのではないという。それよりむしろ、さまざまな階層での効果的なリーダーシップから生まれていたのである。これら個々のレベルでのリーダーシップがすべて向上すると同時に、組織全体の業績は大幅に向上した。

この話の教訓は、戦略の変更は組織の異なる全階層に波及しなければならないということだ。経営陣を変えるだけでなく、組織の他の階層での変更も検討しなければならないのだ。

第二の、やや逆説的な教訓は、状況によって対応は異なるということだ。私は戦略的状況を踏まえて経営幹部の交代を行なうよう提言しているが、戦略と経営幹部のマッチング・モデルを厳格に適用することを支持してはいない。いかにもふさわしくみえる人選が、実際には能力をもてあまし生産的でない状況にもなりうるからだ。たとえば、キャリアの最終段階に入った経営幹部を商品寿命が末期の商品と組み合わせるのは筋が通っているようにみえるかもしれないが、実際にはそのポストに積極的で意欲的な若い経営幹部、つまり落ち目の商品を少しでも若返らせてくれそうなリーダーに任せたほうがずっと賢明かもしれない。戦略は重要だが、戦略を意味のあるものにするのは状況なのだ。

戦略とスタッフィング（人材と職務とをマッチングさせること）が関係する興味深いかたちがもう

一つある。ニール・シュミット、ウォルター・C・ボーマンら数人の共著者は、スタッフィングの決定が戦略の実行だけでなく、戦略の策定そのものにも影響しうることを議論してきた。一部の組織は、さまざまな能力に優れ、まったく新たな企業戦略が構築でき、ビジョンをもつ逸材を選抜している。ジム・コリンズの『ビジョナリーカンパニー2　飛躍の法則』には「最初に人を選ぶ」という原則、すなわち「まずはじめに適切な人をバスに乗せ、不適切な人をバスから降ろし、適切な人を適切な座席に座らせ、そのあとに行き先を決める」ことが明確に示されている。

業績の悪化

私の仕事上の経験からすると、業績不振は経営幹部の交代を行なう理由の大部分を占めている。前述したとおり、常に高業績を求めるアナリストやメディアからのプレッシャーと監視の目にさらされている株式会社においては、とくにそうだ。

業績が期待より低ければ経営幹部の交代が行なわれるのが通例となっている。また、そうした状況では、社内の人材を昇進させるのでなく、社外の人材を採用する傾向が強くみられる。ある研究によると、取締役会が社外の人材を採用する可能性が高いのは、五カ年の予想EPS（一株当たり利益）成長率が低い場合、および会社の長期業績予想を疑問視するアナリストが多い場合である。

これは平均的にみて業績不振に対する賢明な対応である。平均的にという意味は、多くの場合、この戦略は大失敗する可能性があるという事実を強調したいからだ。このテーマについて、ハーバード・ビジネススクールのラケシュ・クラナとニティン・ノーリアはすばらしい分析を行なっている。

その研究では、前任者が業績不振で解雇された場合、社外の人材の採用は会社の業績を著しく向上させる傾向があることが確認されている。しかし、退陣するCEOが解雇されたわけではなく、会社の業績も好調なときに経営が〝自然なかたちで〟引き継がれた場合、社内の人材を起用するのが最高の戦略となる傾向がある。

急成長への対応

このシナリオが、経営幹部の交代が必要になるかもしれない理由のリストに含まれていることに驚く人もいるかもしれない。しかし、誰でも成功を簡単に手に入れることなどできるわけではない。

私は最近、あるベンチャーキャピタルの会合で会社を成功させる方法について講演するよう依頼された。当時、このベンチャーキャピタルのグループは主に欧米のバイオテクノロジー企業に投資していた。私はその講演で、この業界では、成功した会社が成功を持続させるためだけでなく、生存するためにも、ゆくゆくは創業者（業界の特性上、彼らは科学者であることが多い）は新しい経営者と交代してもらわなければならないことが多い、と述べた。なぜなら、一般に科学者とは、科学の力を過度に信じ、経営技術の力を信じないからだ。いままで会社に成功をもたらしてきた科学の力だけでは、もはや会社をこれ以上先に進めることができなくなる。

この現象はバイオテクノロジー企業だけでなく、創業期の発展に技術系の人間が重要な役割を果たしてきたテクノロジー企業など、さまざまな状況において発生する。成長すれば、やがては、経営が複雑になりすぎて、要求されるスキルセットが大幅に変わってしまう。二〇〇社以上のインターネット企業の歴史を調査したハーバード大学のノーム・ワッサーマンは、創業者がまさに成功の絶頂期に取締役を解任されるというごく一般的な現象について説明している。商品開発の完了は交代のタイミングかもしれないし、投資家からの資金調達成功は交代のタイミングかもしれないのだ。

もし、経営陣の交代が必要だと意見が一致した場合は、それを実行するべきである。創業者に取締役会への影響力を残すというような、体面を保つための妥協をはじめ、不本意な後任の人選は、次期CEOから経営の余地を奪うことになる。ベンチャー投資家が重要な融資案件にかかわる場合に、経営陣の刷新を実質的な権限まで含めて強く求めるのは、ここに理由がある。

将来予測される不連続な局面への対応

前述した例はすべてビジネス環境が大幅に変化する不連続な局面にかかわるものである。それより格段にむずかしいのは、変化が顕在化していない場合である。そのような場合、経営陣は迫りくる脅威やチャンスを予測し、それに備える必要があるのだ。

つまるところ、企業のリーダーの仕事は二つに収斂される。現在に対応すると同時に、未来に備えることである。すでに成功を収めている事業の経営には、明確な戦略とその巧みな実行が必要である。しかし、将来を見すえ、事業を変革するには、異なるタイプの人材とスキルが求められる。

二、三年前、新興成長市場の大手小売チェーンに投資してきたプライベート・エクイティ・ファンドが私たちのところへ相談にきた。最初に投資が行なわれたとき、その小売企業は国の経済破綻（外的要因）と致命的な経営の失敗（内的要因）が原因で、倒産の瀬戸際にあった。岐路に立たされたその時点で新しいCEOが雇われ、経営の改善と国内消費の回復が相まって、同社は一年足らずで赤字解消にこぎつけた。業務目標はすべて達成され、同社は負債の削減に成功した。

しかし、このファンドは現状に満足などしていなかったので、次に将来の課題に対する同社のリーダーシップを評価することにした。そうするなかで、同社を次のレベルにまで引き上げるには、新たな商品カテゴリーや市場セグメントを開拓し、新たな提携を進められる高度な戦略的方向づけが重要となってきたことに気がついた。言い換えれば、当初の厳しい経営再建が成功裡に完了したことを受けて、まったく異なるリーダーシップが必要となったのだった。

さいわい、同社の企業イメージが大きく改善されたおかげで、この再定義されたリーダーシップの役割に適した優秀な候補者をひきつけることができ、経営陣の大幅な強化につながった。以来、同社は当初の生き残りをかけた目標をはるかに上回るレベルの成長と収益を達成している。

新たな課題に正面から立ち向かい、受け入れるには、たとえすべてが順調で、組織が成功していても、勇気と先見の明が必要となる。経営幹部の交代はもっとも厳しい状況で行なわれるわけだが、適切な判断が下されたときには最大の成果をもたらす。

要するに、変化の激しい世界にあって、組織は定期的に将来を見すえ、それがどのようなものになりそうかを見極め、その将来に対応するため適切な人材が配置されているかどうかを判断しなければならない。

あなたの組織の状態をいかに知るか

あなたの組織が、前述のようなビジネス環境の大幅な変化を経験している、あるいは新たな経営課題に直面していると想像してみよう。

その際に最優先すべきなのは、あなたの組織がどのような状態におかれているかを知ることだ。このあとの章では、人選を行なう場合に何を求めるべきか、どこで候補者を探すべきか、いかに人材を評価すべきかについて、より詳しく分析する。ただし、あなたが自社の経営を客観的に判断することに十分な時間と労力を注ぎ込まなければ、そうした対策を講じることはできない。

私が最初に行なった大規模なマネジメント・アプレイザル（経営幹部の評価）は、ある石油化学会社を対象にしたものだった。同社は大きな成功を収めてきたが、長年にわたる独占状態は新規参入者の挑戦を受けようとしていた。言い換えれば、マクロ的な変化によって新たな戦略が必要となっていた。図4－1は同社の経営陣のデータを簡単な分布図で示したものである。図上の点は、経営幹部それぞれの経営への期待される貢献度と彼らの将来性からみた相対的な位置を表す。

この分布図を作成するための第一歩は、経営への期待される貢献度の決定要素は何かについて、また〝将来性〟を測る方法について、組織内で合意に達することである。これについて組織内で話し合うだけでも有益である。それが、主観的な評価とはまったく異なる幹部評価の枠組みづくりを推進するからである。さらに、経営への期待される貢献度と将来性という二つの異なる次元での評価が、現

図４－１　戦略的分類――個人評価の分布

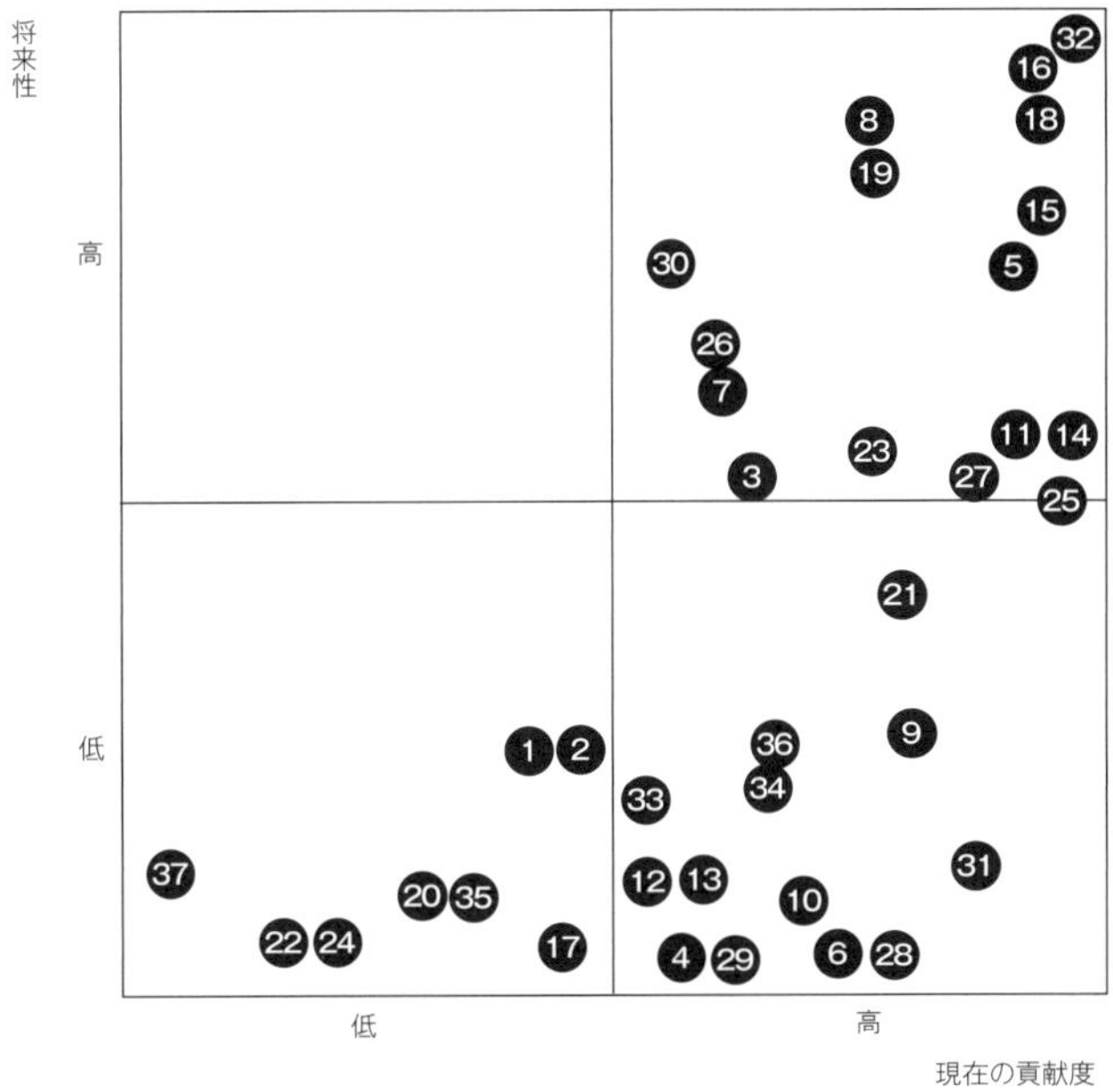

在と未来の両面をどう評価しているかに注目してほしい。

この例では、経営への貢献度にも将来性にも大きな差があった。

現在の貢献度が高いと評価された人材が約八割を占めている一方で、将来性の高い人材は四割程度しかいなかった。この調査から浮かびあがったもっとも急務の教訓は、もし同社がその意欲的な成長計画を実現したいと思っているのなら、将来性の高い人材の採用と育成に全力をあげなければならないということだった。

組織の実態を把握する方法はほかにもたくさんある。たとえば、図４－２は石油化学会社の職能部門を同じ評価でふるいにかけたも

図4－2　戦略的分類——部門別の平均

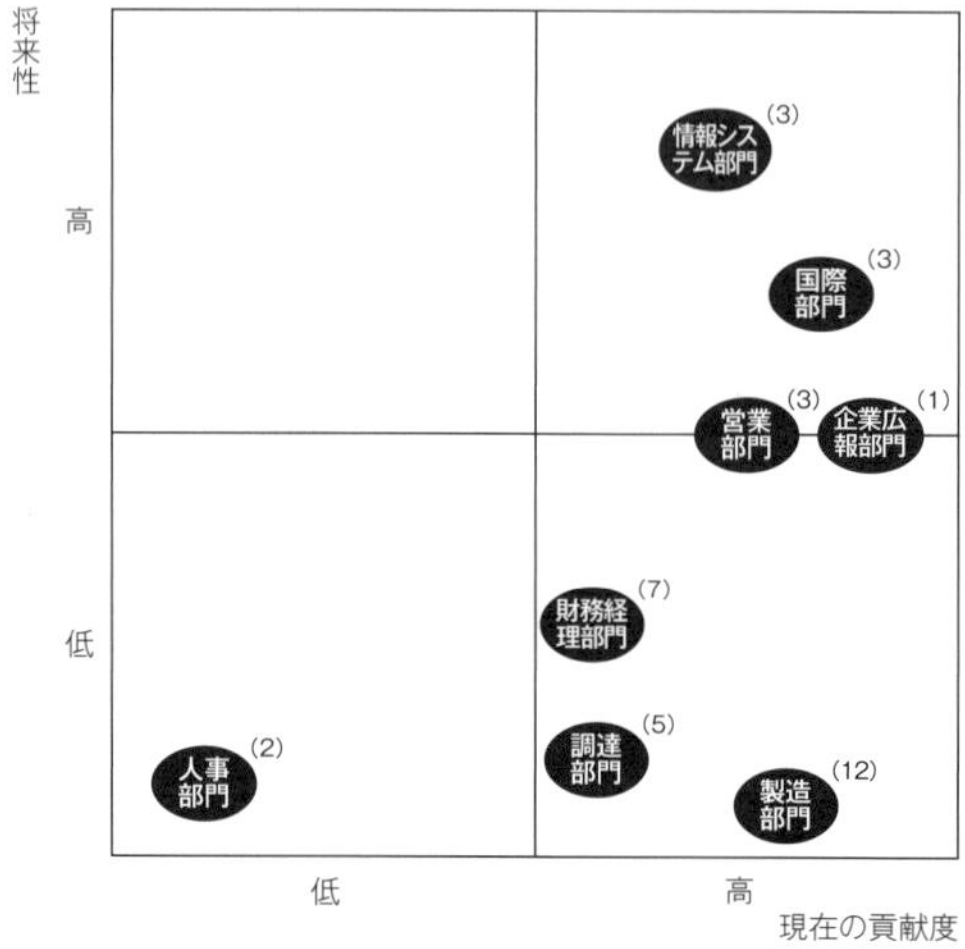

のだ。この図を分析した結果、同社の経営幹部は、人事部が将来の課題に対応できていないと判断した。将来は、現職者をはるかに上回るレベルの専門家や経営幹部マネジャーを採用、育成する能力が要求されるはずだからだ。経営幹部の交代が必要な状況であった。

知ったあとにどうする?

　現実を直視しよう。たとえ経営幹部交代の必要性を納得させることができても、それを実行するのは通常きわめてむずかしい。とくに、私たち自身が採用した人材やあるいは長いあいだ一緒に働いた仲間に会社を辞めてもらわざるを得ない状況ではなおさらだ。

　このような状況でのあなたが取るべきアクションは、自分の意思決定プロセスができるだけ規律ある客観的なものとなるように、あらかじめ明らかにすることである。もちろん、あなたは不適切な動機に駆られているわけではないし、組織のために最善の結果を出したいと心から思っていることだろう。さて、本当にそうなら、あなたの真の課題は、自分のプロセスを公明正大で潔白なものにする。言い換えれば、あなたの誠実かつ高潔な意図をプロセスに反映させることだ。人は、たとえ歓迎できない結果でも、そこにいたるプロセスが公正だと思えば、結果を受け入れることができるのだ。

数年前、私は大成功を収めている電気通信会社の経営陣の評価にかかわった。同社は業績、評判、収益力、財務状態が良好であるにもかかわらず、今後何年かで新たな課題が生じそうなことは明白だった。そのなかには、同社がいかに国際事業を積極的に展開していくかという課題の一方で、地元市場で進む規制緩和や競争の激化にいかに対応するかという課題も含まれていた。積極戦略を推進するには、いまよりはるかに効果的に事業統合を進めるほかに、営業部隊のサービス力やソリューション力を高めるため、企業文化の変革も必要だった。また最後に、規制緩和の進む環境では、自社に競争優位をもたらす優秀な経営幹部を育て、維持するための人材マネジメントが重要であった。新規参入する数社がこれら優秀な人材の引き抜きを企てるのはほとんど確実であったからだ。

経営幹部交代への抵抗が多いことを見越して、私たちはクライアントと一緒にマネジメント・アプレイザルの予想結果にもとづき、意思決定を助けるためのディシジョンツリーを作成することにした。そして、どの人材は維持・育成すべき戦略的人材で、どの人材は少ないコストで別の人間に交代できる、問題のあるマネジャーなのかを、すべてカバーした。個々のケースについて議論しはじめるのは、従うべきプロセスについて合意し、各マネジャーが評価されてからのことだ。

その結果いくつかの経営幹部の交代が行なわれ、同社はその後数年にわたって新たな課題に直面したにもかかわらず大幅に業績をあげた。

経営幹部交代に反対する力

あなたがみずからの置かれた状態をはっきりと知り、それを踏まえて、組織が前進するために何をしなければならないかを知っているとしても、残念ながら、それではまだ十分とは言えない。知っていることと、その知識にもとづいて行動することとは、まったく別物だからだ。身近な部下や長年の同僚がリストラの対象になった場合、決断を下すことがいかにむずかしいかについてはすでに触れた。ここでは、経営幹部交代の障壁になりやすい三つの強い圧力について、深く掘り下げて考えてみる。

一つめは、見通しの立たない将来よりも現状の心地よさを好む、人間の普遍的な性向である。真の問題とは、適切な戦略を策定することではない。むしろ選ばれた戦略を規律正しく実施することにある。私たち人間が改善する必要があるとわかっている分野に取り組まない主な理由は、そのために必要な混乱、不安を避けたくなるためである。規律はいますぐ求められるのに、報われるのは将来になるからだ。

経営幹部の交代もまったく同じだ。あなたや同僚の変革推進者は中長期的に利益が得られる可能性については、まったく異存がないかもしれない。しかし、直近の利益については、先行きが読めないままだ。ほかの候補者を探し、採用するコストは高いものになりかねない。言うまでもなく、人を泣く泣く組織から別れさせ、彼らへの長年の愛着を断ち切ることが、残る一部の現職者の動揺を招くかもしれないという感情的な障壁もある。

こうした状況のもとでは、そんなに急ぐ必要はないじゃないか、なぜいまなんだ、という声が一斉にあがることになる。

二つめのよくある問題は、価値観と文化の相違にかかわるものだ。私の経験からすると、アングロサクソン系のマネジャーは、個人的な関係が優先しがちな他の人種系のマネジャーよりも、求められた経営幹部の交代を客観的な姿勢で遂行できる可能性がはるかに高い。

最後に、もっとも利他的な人々でさえも、ビジネスが平常であるように思われる状況のもとでは意思決定を最適化することはむずかしい。事態が一見平穏なときには反応が鈍く、危機に見舞われると過剰に反応するのだ。

常に自分に正直であるために

これら経営幹部交代の障壁となる強い圧力を踏まえて、あなたは〝常に自分に正直である〟ために特別の努力をする必要がある。言い換えれば、たとえそれが一般的に受け入れられ難いものであったとしても、自分が知っている真実にもとづいて行動しなければならない。

私は、起業家精神の分野の伝説的な人物であるハーバード・ビジネススクール教授のハワード・スティーブンソンとの会議のなかで、人選にあたって彼が経験したもっとも一般的な誤りは何かという質問をしたことがある。彼は何の躊躇もなく「解雇を十分早い時期に行なわないことだ」と言った。言い換えれば、私たちは正直に振る舞うどころか、むしろ行動を引き延ばし、本心を隠し、自分に嘘をついているのだ。

研究者のフレデリック・ライヒヘルドは、米国の従業員を対象にした大規模な調査の結果によると、従業員が進んで忠誠心を示すのは、きわめて誠実なリーダーや組織に対してだけである、と言っている。言い換えれば、もしあなたが上司として無能な従業員に誠意を尽くせば、あなたはあまり誠実にはみえず、得るものより失うもののほうが大きい。

ハワード・スティーブンソン自身も従業員の忠誠心を得るうえでの「予測可能性の力」について書いている。そして、マネジャーの主な責務は、組織が設定した目標をできるだけ効率よく達成できるようにすることだと断言する。

ジム・コーゼスとバリー・ポスナーは、人々が高く評価するリーダーの価値について二〇年以上にわたり調査を行なってきた。コーゼスとボスナーは世界の七万五〇〇〇人以上の人を対象に質問票によるアンケートを実施し、そのデータを継続的に更新してきた。回答者に対し、自分が喜んで指示に従うリーダーに「もっとも求め、すばらしいと思う」資質を選ぶよう求めると、常にあげられるのは次の四つの特性である。

1　正直である
2　前向きである

3　有能である
4　周囲を鼓舞する

調査結果が初めて発表された一九八七年以来、これら四つの特性は、この順序で上位を占めてきた。人々はリーダーに本当に正直であることを求めているのだ。あなたが正直に決断を下したと思えば、人はその決断を尊重するのである。だとしたら、むずかしい経営幹部の交代に際して賢く迅速に行動することは、組織が業績をあげるためにも、あなた自身が成功するためにも必須の条件なのだ。

経営幹部の交代を行なう

経営幹部の交代を適切に行なうには、実際に彼らを異動させる決定をまず下す必要がある。前述したように、これは決して容易なことではない。理由は、人的側面や社会的関係にあるだけでなく、自身の失敗を否定したがる気持ちにもある。

この現象は、たとえば企業がプロジェクトから、事業から、業界自体から撤退するという決断のむずかしさにおいて十分に立証されている。そのいかなる場合でも、多くの経営幹部は、もう手を引く潮時だという明らかなサインがあるにもかかわらず、しがみつこうとする。マッキンゼー・クォータリー誌は最近、事業撤退の決断をよりよく下す方法についての論文を発表した。マッキンゼーによると、その第一段階は、誰か新しい人にプロジェクトの評価を任せることである。私に言わせれば、これは中立的な立場のコンサルタントがマネジメント・アプレイザルを実施する意義につながる。

第二段階は、条件つきのロードマップを利用することだ。これはプロジェクトやビジネスの全期間にわたって、あらかじめ定めたチェックポイントでの選択肢を通じて意思決定者の道しるべを配置したもので、前述の幹部の評価が終了した時点でのディシジョンツリーの作成に相当するものである。

経営幹部の交代を決めたら、新しい経営幹部に何を求めるべきかをきちんと見極めるため、入念な下調べを行ない、系統だったプロセスに従う必要がある。

それが次章のテーマである。

第４章のまとめ

経営幹部の交代は、組織のおかれている局面を正しく診断し、強い意志と規律をもって実行することが重要である。

1　求められる経営幹部のタイプやスキルは、局面ごとに異なる

・経営環境の大幅かつ不連続な変化に対応するために、経営幹部の交代が行なわれる場合が多い。このような変化には、新規事業の立ち上げ、M&A、新しい戦略の策定、事業拡大、業績不振などが含まれる。

・一方で、変化は顕在化していないが、将来予測される脅威や機会に備えるために、経営幹部の交代が行なわれる場合もある。

2　経営幹部の交代に関する決断もその実行も容易ではない

・幹部交代の必要性を診断するためには、社内の人材の能力と将来性を正しく評価するだけでなく、交代に関する意思決定プロセスを事前に明確にしておくことが必要である。

・経営幹部の交代が必要だと判断したあとには、それに抵抗する力に屈することなく、強い意志と規律をもって実行する。

CASE STUDY

タイムリーなCEO交代で成長の踊り場を乗り越えた例

「業績が好調であったあのときに、現CEOに入社してもらい、バトンタッチしてもらってよかった」。前CEOがしみじみと語った。業界で認知度がダントツに高い大手小売業における、社長交代のケースである。

前CEOは、この会社の立ち上げ期から事業にかかわり、ある意味、自分の子供のように大切に、そしてときには厳しく育ててきた方であった。前CEOには、商売に関する鋭い感性、人を見る目、人をひきつける力があり、異業種での成功体験をもつ、大変魅力的な経営者であった。温かい心をもち、社員に愛され、また一方で、事業経営の厳しさを感覚的に熟知している方であった。

社長交代にいたるまで、この前CEOと複数の取締役が共有していた課題は三つあった。①グローバルなビジネス展開の必要性。海外パートナー企業の経営陣との綿密なコミュニケーションと信頼確立。②次期成長戦略における新規事業の立ち上げ。チャネルの多様化。③既存ビジネスにおける競争激化。異業種からの新規参入への対応。どれ一つをとっても生半可なものではない。リーダーシップ体制はいまのままで果たしていいのだろうか。

一方、CEO交代の決断をするまでには、いくつかの壁を乗り越える必要があった。まずは、タイミング。なぜ、いまなのか。この企業は一つの社会現象と呼べるほどのブームとなったものの、その後、

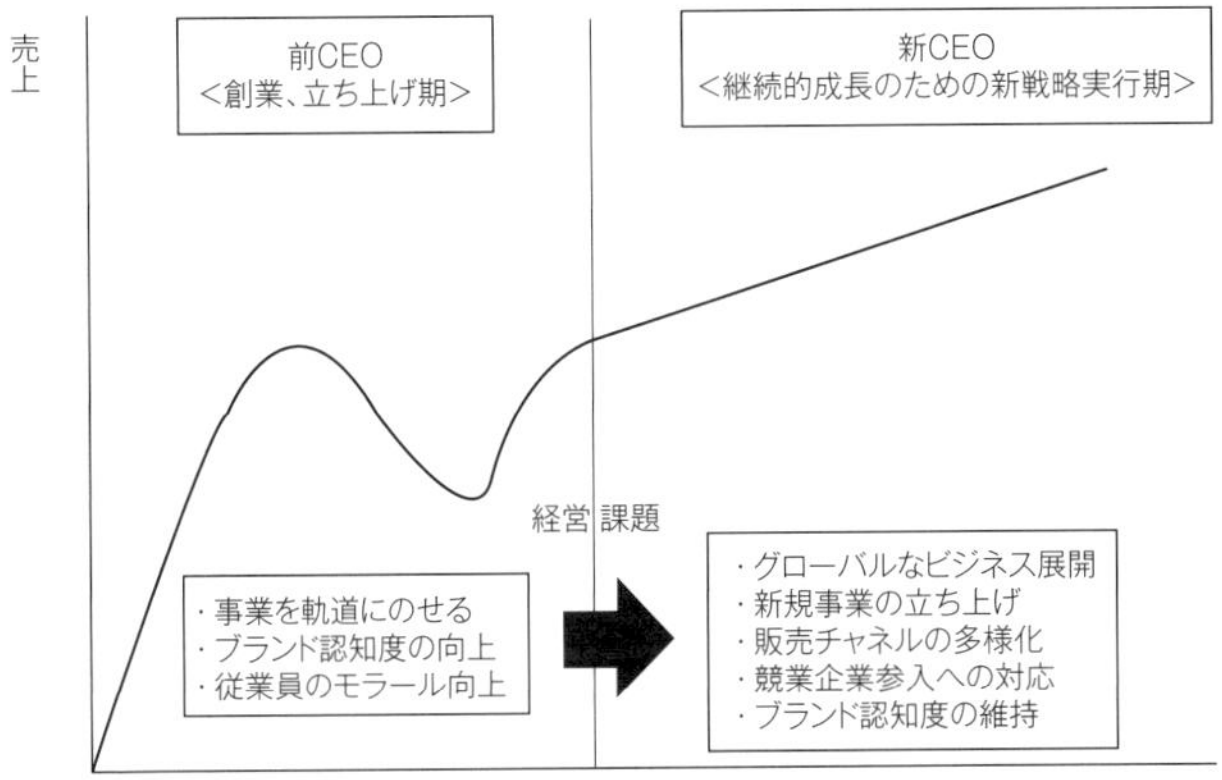
売上
前CEO
＜創業、立ち上げ期＞
新CEO
＜継続的成長のための新戦略実行期＞
経営課題
・事業を軌道にのせる
・ブランド認知度の向上
・従業員のモラール向上
・グローバルなビジネス展開
・新規事業の立ち上げ
・販売チャネルの多様化
・競業企業参入への対応
・ブランド認知度の維持

拡大路線に走りすぎたため、事業が低迷。軌道修正するまでの期間、苦渋の決断でコスト削減を図ってきた経緯がある。その厳しい時期を乗り越え、やっと軌道に乗りつつあるこの時期になぜCEO交代を行なうのか。二つめの課題としては、現取締役や社内で育ちつつある後継者候補に対し、いかにモチベーションを下げないかたちでメッセージを伝えるかであった。

前CEOは果断に決断をした。既存顧客から絶大な信頼を得て、安定軌道に乗りつつあるいまだからこそ、顧客からの信頼を継続し、新しい経営課題に立ち向かうのにふさわしい新しいタイプのCEOにバトンタッチをするべきだと。また、社内の後継者候補については、前述した三つの課題と向き合い持続的成長をめざすのは、時期尚早であり、双方にとってリスクが高すぎた。社内の後継者については、数年、次期CEOの元でOJTを経るか、もしくは、別事業、海外等の体験をさらに積んだうえで、次期後継者とすることが望ましい、と最終決断された。前CEOはみずから全取締役や社内後継候補者に説明をし、社内ではなく社外から新CEOを招聘することで意見をまとめたのである。

　こうした壁を乗り越えて、グローバル感覚に優れ、この業界と類似性が非常に高い業界において、過去同じような戦略の転換期にあった他社を成功に導いた実績のある人物が新しいCEOとして就任した。新CEO就任後、組織はより成熟し、この三年間で売上高は一・五倍に、純利益は三倍に伸びている。

「あのタイミングで、現CEOに来てもらってよかった。企業としてここまで来られたのは、あのときの決断です」。前CEOはデザートを食べながら、しんみりと、いまだから言えるというように、語りかけてきた。そして、この企業は、いま、さらに持続的成長を継続するために、次のチャレンジのフェーズに入ろうとしている。

第5章 何を候補者に求めるべきか

新たな人選の必要性を確認したら、あなたの前には新たな道が開ける。最初にすべきことは、何を候補者に求めるかを把握することだ。

自分が何を求めているのかを明確にすることは、言うまでもなく重要な一歩である。ただし、私の長年の経験から言えば、これは決して単純な話ではない。

最初の課題は、新ポジションでの力量を予測し、人選を行なうためには、候補者のどのような要素をもっとも重視するかを決めることである。たとえばヨーロッパでは、職務経歴のほかに学歴も重視される。北米では、成果や実績のほうがはるかに重要である。なかには知能指数が重んじられるケースもあれば、職務経験が重要だというケースもある。さらに〝パーソナリティ〟が重視されたり、価値観にポイントをおかれたりするケースもある。

次の課題は、候補者を評価する場合、評価する時間が十分でなかったり、現実的にはさまざまな制限があったりするということである。そのためにも、優先順位を決め、焦点を絞る必要がある。もっとも重要な要素に的を絞ることにより、必要最小限の時間でよりよい評価が実施でき、作業が効果的かつ効率的に行なえるようになる。

さらに現実の問題として、完璧な候補者など存在しないということもよく理解しなければならない。つまり現実の世界では、なんらかの〝譲歩〟をしなければならない。

ここまでですでによくおわかりのとおり、新たな人選を成功裡に行なうためには、どのような要素がもっとも重要なのか、相対的に重要ではない要素は何なのかを理解しなくてはならないのである。

CEOの後継者選び――むずかしい選択肢

数年前、私は大手金融機関の経営陣の刷新を決断したクライアントを担当していた。

一年目、同社はCEO直属の六人の主要な部下を全員入れ替えた。それから二年後、このCEO(すでに六人の新しい部下が就任していた)は同じグループ内の社外役員のポストに異動した。その結果、六人の部下から一人を、退陣したCEOの後継者に抜擢することになったが、六人ともに経営幹部としての才能も意欲も甲乙つけがたかった。さて、同社は誰を選ぶべきだろうか? もっとも重視すべき要素は何であろうか?

図5―1は六人の社内候補者のプロファイルである。各候補者のランキングを三つの異なる評価軸

図5－1　CEOの後継者選び　6人の社内候補者のプロファイル

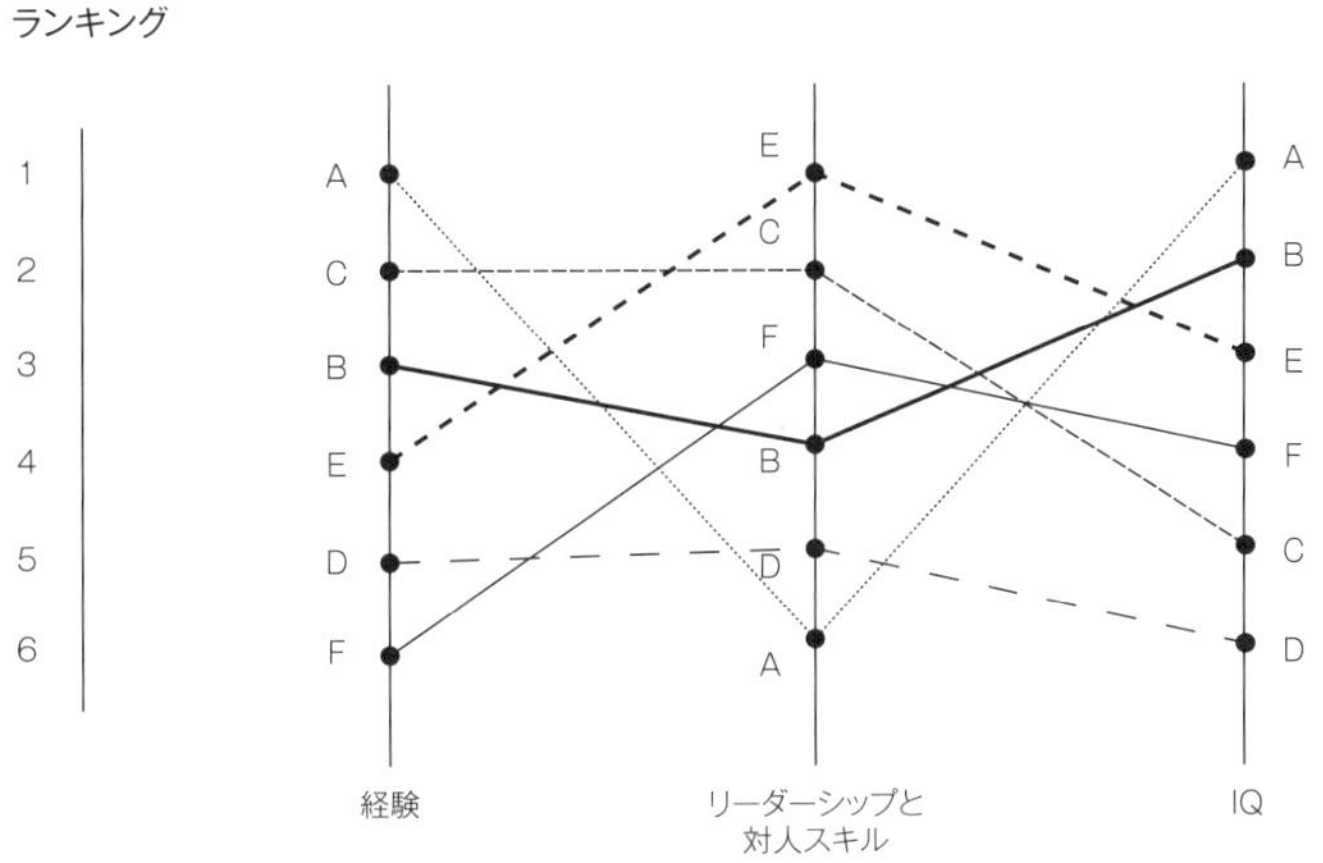

に沿ってまとめたものだ。第一の評価軸は、業界知識、専門性、類似の事業環境の経験など、関連する経験の度合いについてである。たとえば、候補者Ａは関連する経験が一番豊富であったが、候補者Ｆはそうした経験が非常に限られていた。第二の評価軸は、リーダーシップと対人スキルである。興味深いことに、候補者Ａ（もっとも経験が豊富）は、この第二の評価軸の順位が一番低い。第三の評価軸は知能指数（ＩＱ）である。

図５－１は、いかにこの選択が困難なものかを示している。あなたなら、このグループ内でＩＱ、経験値が一番高いが、リーダーシップと対人スキルがもっとも低い候補者Ａを選ぶのか、それとも、経験と〝ソフトな〟スキルという点ではいずれも二位で高めだが、ＩＱではかなり劣る候補者Ｃ？　あるいは、リーダーシップと対人スキルは一番だが、関連する経験に劣る候補者Ｅを選ぶのか？

あとでこの実例に触れ、どんな決定がなぜ行なわれたのかを説明するが、ここではこうした類の選択は決して容易ではないという点だけを強調しておく。ただし、自分が何を求めているのかを明確に理解し、さまざまな評価軸の優先順位を整理すれば、それははるかに容易になる。

もっとも重要な評価要素とは何か？

IQは重要か？

では、職務遂行能力を予測するための要素として考えられる、従来のIQの検討から始めよう。端的に言うと、IQテストは個人の一般的な知能の測定を目的としている。これらのテストは標準化されているため、平均値は常に一〇〇である。つまり、被験者の半分は数値が一〇〇以上、半分は一〇〇以下になる。これらは学業成績や職務遂行能力、さらには社会経済的な成功を予測するために広く活用されている。しかし、これらは本当に有効なのだろうか？　社会科学者が言うところの「予測的妥当性」はあるのだろうか？

心理学者のフランク・L・シュミットとジョン・E・ハンターは、何年にもわたって異なる選抜方法の妥当性を検証してきた。職務遂行能力を予測するための一九の異なる選抜手順を用いて、膨大な数の研究から結論をまとめ、またこれらの手順の組み合わせをいくつか分析した。

シュミットとハンターの研究では、IQはきわめて重要であることが確認されている。事実、その職務の経験がまったくない従業員を採用した場合、将来の職務遂行能力と学習能力を予測するもっとも有効な手法は、市販のＩＱテストを用いて測定できる一般的知能（ＧＭＡ）だと、二人は述べている。

経験は重要か？

それほど昔のことではないが、私はジャック・ウェルチと、ＧＥから転身して他企業でＣＥＯとして大成功した〝ＧＥ卒業生〟の例について話し合ったことがある。私はウェルチに、新天地において彼らには社内事情に疎いというハンディがあるにもかかわらず、なぜ成功できたのか、一般化できる要因はないかどうか尋ねた。

それに応えて、ウェルチは過去の経験の重要性を裏づける例を話してくれた。その一人が、スリーエム（３Ｍ）に転身したジム・マクナーニだった。３Ｍのチーム志向の社風は、革新的変化よりも漸進的変化のほうを求めたため、同様の環境特性で経験を積み、強い意志を内に秘めつつも、外見は柔和な男であるマクナーニが適任者とされ、社内の支持を得て成功したのだった。

過去の経験と新たな環境、個人のパーソナリティは、相互に強い関係がある。最近のハーバード・ビジネス・レビュー誌において、「ＧＥ出身者でも失敗する時」という、他企業で経営幹部に上り詰めた二〇人の元ＧＥ幹部の事例を検証した論文が発表された。それによると、二〇人はいずれもＧＥで成功を収めていたし、一般的な経営能力という点で非常に優れていた。しかし、新しい職での成功の度合いを決めるうえできわめて重要になったのが、類似の状況での経験および専門性だった。たとえば、二〇人のＧＥ卒業生を特定の状況への適性（著者らの言う「戦略的な人的資本」というもので、コストの削減、成長の促進、商品ライフサイクルへの対応など、特殊な戦略スキルが必要な状況を経験して得られる専門的能力をさす）という点で分析すると、二〇人のうち九人は適性があったが、残りの一一人はミスマッチだった。自社のニーズが元ＧＥ幹部の経験とピッタリ合った企業の場合は、平均一四％というきわめて高い収益率を享受した。一方、ミスマッチの場合は収益率が四〇％近くもマイナスになった。

では〝パーソナリティ〟は？

ＩＱや経験は、実際に確認しやすく、用語や解釈についても意見の一致が容易であるという意味では、比較的わかりやすい要素である。パーソナリティはもっと曖昧で大まかである。しかし、私たちはみな、それが重要な要素であることはわかっている。私が約二〇年前にエグゼクティブ・サーチ・コンサルタントになったとき初めて聞かされた、いまでも印象深い言葉の一つは「人は経験で採用され、パーソナリティで解雇される」だった。

パーソナリティとはいったい何なのか？　それは突き詰めれば、周囲との相互作用のパターンを決める個別の特性である。これらの特性には思考、感情、行動が含まれる。言うまでもなく、これらはかなり変動しにくい特性である。つまり、個人がおかれる状況が変わっても、どこでも一貫して現れる可能性が高いということである。

しかし、パーソナリティの概念をさらに分解し、人の評価に活かそうとするのは、容易なことではない。たとえば、英語には、性格特性を表す単語が約一万八〇〇〇語もある――マトリックスにして分析するには、あまりにも多すぎる！　となると、必要なのは、パーソナリティの基本要素を捉え、単純化したモデルである。

パーソナリティを考察するために一連のツールが開発されてきたが、これらのツールは基本的に二つのカテゴリーに分類できる。第一のカテゴリーには、主要五因子性格検査（ビッグファイブ）やカリフォルニア人格検査（CPI）、マイヤーズ・ブリッグス・タイプ・インディケーター（MBTI）などの自己記入式のツールである。第二のカテゴリーは、主題統覚検査（TAT）やマイナー文章完成法テスト（MSCS）などの投影法を使ったツールである。

企業においては、新卒の学生など、若手の採用の際に、パーソナリティ・テストがよく用いられる。ただし、これは経営幹部の評価には必ずしも適切ではない。パーソナリティ・テストがある程度職務経験を積んだ人材の評価にあまり役に立たない主な理由の一つは、その結果を特定の職務ごとに落し込んだ場合、よし悪しが評価しにくいからだ。ビッグファイブの次元の一つである「外向性」は、言うまでもなく一部の職業ではより重要である。だが他の職業でも程度の差はあれ、重要であるし、一方で外向性が強すぎることが問題になる場合もある。ビッグファイブの検査結果からの推定を採用の意思決定にそのまま活用するのは、依然として課題が残る。もし〝強迫型〟と判明した人がいたとしたら、それはよいことなのか、悪いことなのか。もしトップクラスの会計士を雇おうというのなら、それは悪くない選択かもしれない。もし、管理職のマネジャーを雇うのなら、ほとんど間違いなく悪いことだ。

Coffee Break

チームの視点 ❶

チームにも焦点を当てることが重要である。チームが成功するために注意すべきことがいくつかある。まず、個人の採用のみにあまり大きな期待をかけすぎないことだ。2004年5月、グロイスバーグとナンダ、ノーリアは1000人以上の「スター」証券アナリストのキャリアを追跡した調査結果を発表した。多くの場合、スターの新しい職場での業績は期待はずれのものだった。一体なぜか？　スターは第2の職場に移るとき、第1の職場での実績づくりに必要だった多くの資源を自分と一緒に持ち出せないからだ。相互依存のきわめて強い仕事の業績は、個人のスキルだけでなく、組織の資源と能力、システムとプロセス、リーダーシップ、社内ネットワーク、教育研修からも生まれる――それらはすべて「チーム」という言葉にまとめられる。

次に、オールスターチームの価値を過大評価しないことだ。何年か前に、メレディス・ベルビンはヘンリー・マネジメントカレッジで実施した調査結果を報告した。ここは欧州最古のマネジメント教育専門の大学である。同調査は、8つの経営幹部チームが経営実習ゲームを行なうのを観察するものだった。これらの実験の1つとして、研究者たちは秀才だけを集めたチーム「アポロチーム」をつくり、ゲームに参加させた。ゲームに勝つには優秀な頭脳を必要としたので、研究者たちは秀才チームが勝つはずだという仮説を立てた。ところが、この実験を初めて行なうと、アポロチームは最下位に終わった。この結果はチームのお粗末な戦い方の典型のようである。アポロチームのメンバーは、いざ集まると、自分の考えを採用するようチームメイトを説得するために多くの時間をかけていたからだ。誰もが、ほかの誰の考えも変えることはできなかった。実際、アポロチームを含む25回の実験で、実際にアポロが1位になったのは3回しかなかった。彼らの平均順位は8チームのなかで6位だった。

スターをチームに加えたときの「曲線的」特徴（つまり、優秀選手が多いことが必ずしもよいとは限らない）を確認した研究者もいる。「料理人が多すぎるとスープの味がだめになる（船頭多くして船、山にのぼる）」という最近の論文で著者らは、高業績の個人を入れると最初はグループの能力が高まるものの、すぐに逓減のプロセスをたどるようになることを実証した。　（144ページに続く）

EQの力

一九九五年、私は二人の同僚からダニエル・ゴールマンの書いた『EQ――こころの知能指数』を読むよう勧められ大きな感銘を受けた。ゴールマンはEQを感情の知的な活用、あるいは自己と対人関係をコントロールする能力と定義している。ゴールマンの理論についてはこのあと詳しく説明するが、一九九五年当時の私がとくに関心をもったのは、ゴールマンが「心の知能指数（EQ）」あるいは感情的コンピテンシーと呼んだこの特性が、個人の成功にとってはIQより重要になる可能性があると主張していることだった。これはIQが関係ないという意味ではない。それどころか、とくに組織の上層部では、学生時代からふるいにかけられ、選別されてきた人たちから構成されるため、結果として、ほとんどはIQレベルが高い。しかし人の感情的能力は、たとえ組織のトップであっても大きくばらつきがあり、ゴールマンはこの現象に十分な注意が払われてこなかったと主張したのだ。私はそれが組織にとってどんな意味をもつのか、ゴールマンに会って話し合ってみたいと思った。

一九九六年一〇月、私はメイン州のゴールマンの自宅で彼と情報交換をすることができた。何が組織の業績をあげ、個人を成功させるのかについて、またEQにもとづくコンピテンシーとビジネスとの関連性について、私たちは何時間も語り合った。ゴールマンが蓄積してきた知識の深さと客観性、知的な誠実さに驚くとともに、私は初めて、人生や社会、仕事で成功するために重要なソフトスキルを評価、開発するための強力なフレームワークがあることが納得できた。

Coffee Break

チームの視点 ❷

要するに、チームの力はばかにできないということだ。優秀なチームは個人のスターをたやすくしのぐ。しかし、チームが成果をあげるには、優れた計画とプロセスが不可欠である。たとえば、人材の多様性はチーム力を高めるうえで実証済みの方法である。ジャック・ウェルチはかつて私にこう言ったことがある。私たちには、特定の仕事に「もっと人手をかける」ために、つまり自分自身の仕事のやり方を変えないで仕事を成し遂げるために、人材を選ぶ傾向がある、と。しかし、チームの意味合いは1人の個人の活用にあるのではない。人々は自分のアイデアやスキルを互いに補完する必要があり、それはまた周りと協調するためのスキルを身につけなければならないということにもなる。

ときには、個人ではなく、チームそのものを採用したい場合もあるだろう。本章の前のほうで、GEから転出して他社のCEOになった、20人のGE卒業生を対象にしたハーバード・ビジネス・レビュー誌の研究について触れた。著者らの結論によると、会社にとって価値を生む重要な要素の1つは、彼らが「人間関係の人的資本」と呼ぶものである。これは言い換えると、マネジャーの能力はほかのチームメンバーや同僚との安定した人間関係から大きく影響を受けるということである。第1の職場から第2の職場へ同僚とともに移るマネジャーは、第2の職場で一貫して優れた業績をあげる。効果的な人間関係のネットワークと社会資本を自分と一緒に持っていくからだ。

自分が何を求めているのかをチームという視点を念頭において決めることがなぜきわめて重要なのか。その最後の理由は、1人の人間がスーパーマンであり、バットマンであり、スパイダーマンでもあるということは現実にはあり得ないということである。チームの考察は、1人のキーとなる個人がいかにすばらしくても、その人だけでは解決できない重要なリーダーシップや経営課題が、チームによって解決できることがある。

私たちはその後も対話を続け、たとえば経営業績の拡大、職務遂行能力を予測するための判断材料、評価手法の研究、ＥＱの異文化間の相違、組織におけるＥＱの向上方法などのテーマについて多くを議論してきた。その結果、私はゴールマンのＥＱに関連する研究が、組織のなかの個人にとっても深い意味があることを確信するにいたった。

ＥＱについての新たな発見

一九九〇年代後半にダニエル・ゴールマンと交流を深めた私は、彼が共同議長を務める「組織におけるＥＱ研究協会（ＣＲＥＩＯ）」への入会を勧められた。そして数年間、この非凡な集団と一緒に活動させてもらった。彼らのほとんどは組織心理学の博士号を取得しており、その多くは故デイビッド・マクレランドの元教え子だった。

ゴールマンとＣＲＥＩＯに接したことから、私はＥＱにもとづくコンピテンシーが（ゴールマンの言うように）成功に不可欠かどうかを確かめるため、自分自身の職業経験を分析することにした。

エグゼクティブ・サーチ・コンサルタントとして、私はその時点までに約一一年の経験を積んでおり、約一万一〇〇〇人にみずから面接していた。その非常に大きなサンプル集団のなかから、自分がよく知っている人たちの小集団を選んだ。私、または私の親しい同僚に採用され、採用前から採用後までずっと様子を見守ってきた人たちである。

このサンプル集団には南米人を主体に二五〇人が含まれ、うち二二七人（つまり、九〇％強）がかなりの成功を収めていた。一方、仕事に失敗した二三人も含まれていた。〝失敗〟は必ずしも解雇されたという意味ではない。もっと幅広く、実績か対人関係、あるいはどちらにおいても、期待に応えなかったという意味である。

もっと詳しく知りたい人のために、私はこの分析をダニエル・ゴールマンとケアリー・チャーニスの共編著『*The Emotionally Intelligent Workplace*（ＥＱの高い職場）』の一章にまとめた。要するに、採用された候補者にもっとも顕著な一つか二つの特性は何だったのかを把握し、それらの特性と新しい仕事での成功（または失敗）とのあいだに相関があるかどうかを確認しようとしたのだ。実際には、ＩＱ、経験、ＥＱという三つの広いカテゴリーを検証した。採用された各候補者を該当ポストのほかの候補者と比較しているという意味で、これらは相対評価だった。

その分析結果は私の考え方を一変させた。第一に、図５－２に示したように、もっとも多い組み合わせは、経験＋ＥＱだったことがわかった。これは事例の四〇％にのぼった。これらの候補者は大成功を収めており、失敗率は三％にすぎなかった。別の言い方をすれば、ＥＱの高い、関連する経験が豊富な候補者を求めた場合は、新しい経営幹部を選ぶというむずかしい課題にもかかわらず、事例の九七％が成功したのだ。

また、同じく図５－２に示したように、他の二通りの代表的な組み合わせ（経験＋ＩＱか、ＥＱ＋ＩＱ）は、どれも私の人材サーチの四件に一件の割合で見受けられた。しかし、注目すべきことに、候補者がＩＱと経験という点で優れていても、ＥＱのレベルが高くない場合には、二五％の確率で失敗していた！

図5－2　特性の組み合わせによる失敗率

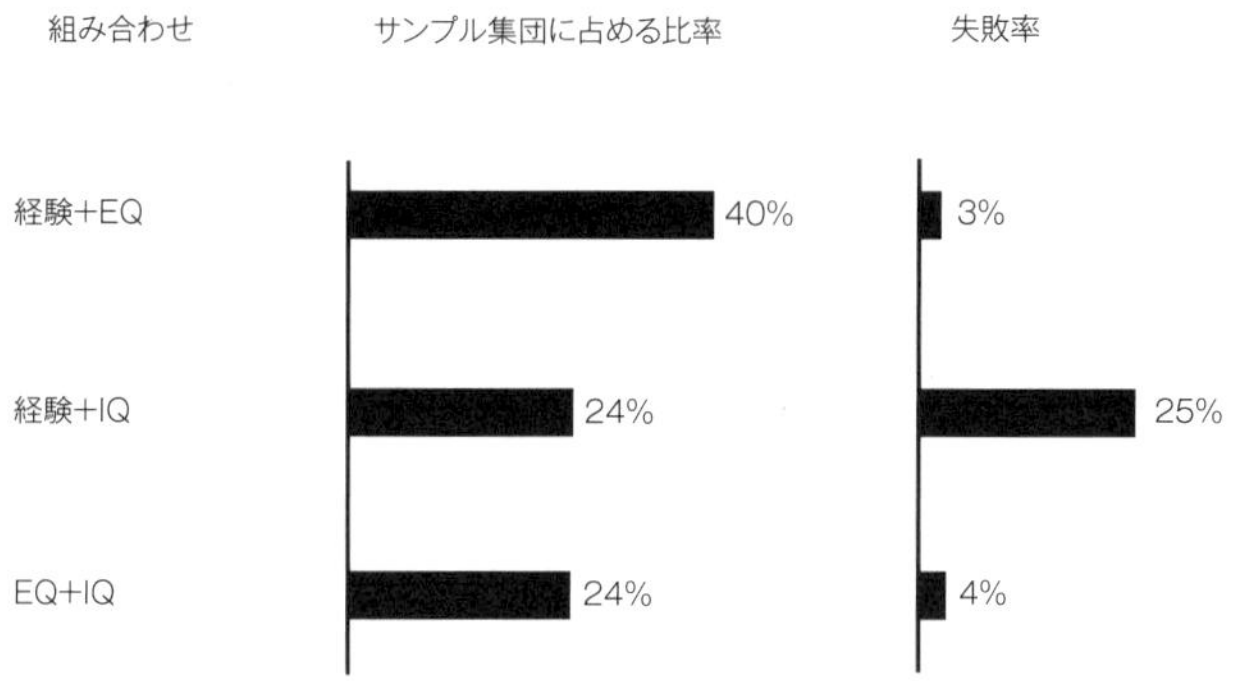

これは私にとって驚きであり、新しい発見だった。その結果、私はさらにこのデータについて、図５－３に示したような分析を行なった。これは、失敗者と成功したマネジャーのプロファイルを、これら三つのカテゴリーがそれぞれ二つの特性の一つとしてみられた頻度で比較したものだ。

以下は、図５－３から得られた明白な結論の一部である。

- 経験はものを言う。成功したマネジャーのゆうに七〇％が、新たな職務を遂行するにふさわしい経験をすでにもっていた。
- しかし、成功を予測するには、経験だけでは十分でない。事実、失敗者の八三％もふさわしい経験をもっていた。
- ＩＱは成功を予測する判断材料として十分ではない。ＩＱは失敗者の三分の二で二つの特性の一つであったが、成功したマネジャーでそのカテゴ

図5−3　失敗者と成功者の顕著な特性の比較

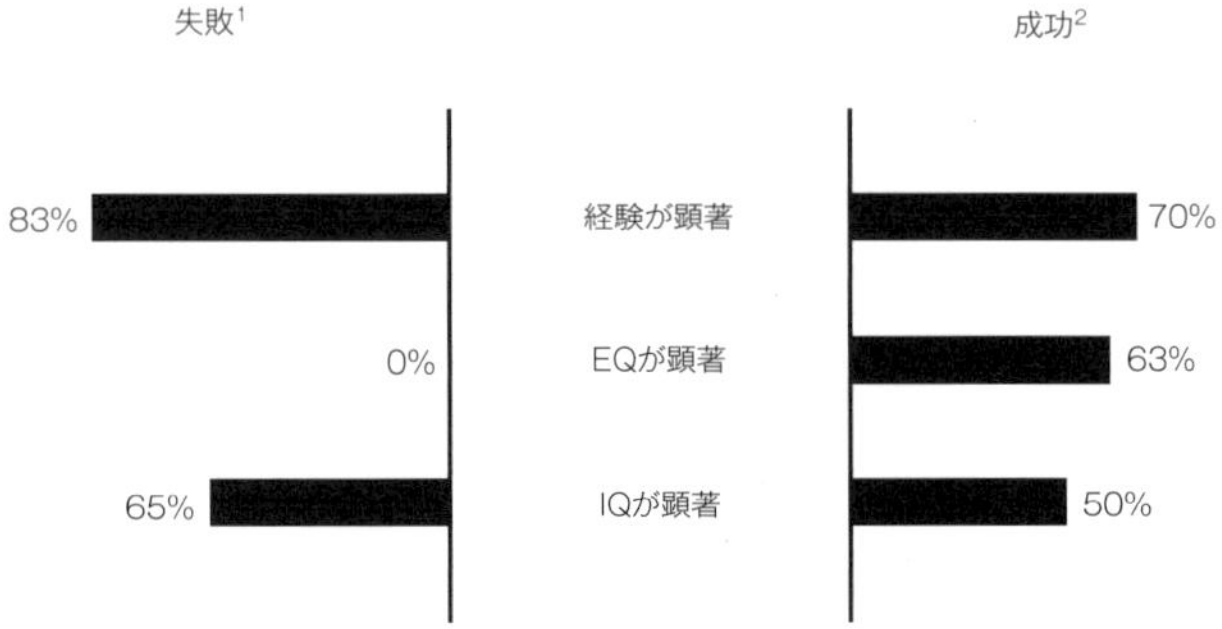

1. 南米から23例
2. 南米から227例

リーに入った人は五〇％にすぎなかった。

- 成功したマネジャーには、二つの特性の一つとしてＥＱがＩＱより高い頻度でみられた（六三％対五〇％）。成功するマネジャーにとって、ＥＱはＩＱより重要である。
- 最後に、ＥＱは成功したマネジャーの三分の二で二つの特性の一つだったが、失敗者のなかには該当する人がいなかった。言い換えれば、ＥＱの欠如は失敗ときわめて相関が高い。

いかに取捨選択をするか

この事実に興味をもった私は、このデータをさらに別の方法で処理した。成功したマネジャーと失敗者の、二つの特性の組み合わせを調べたのである。これは図５－４に示した。前述した三つのカテゴリーの範囲内で考えられる二つの組み合わせ（経験＋ＥＱ、経験＋ＩＱ、ＥＱ＋ＩＱ）が、

図5－4　失敗者と成功者の顕著な特性の組み合わせの比較

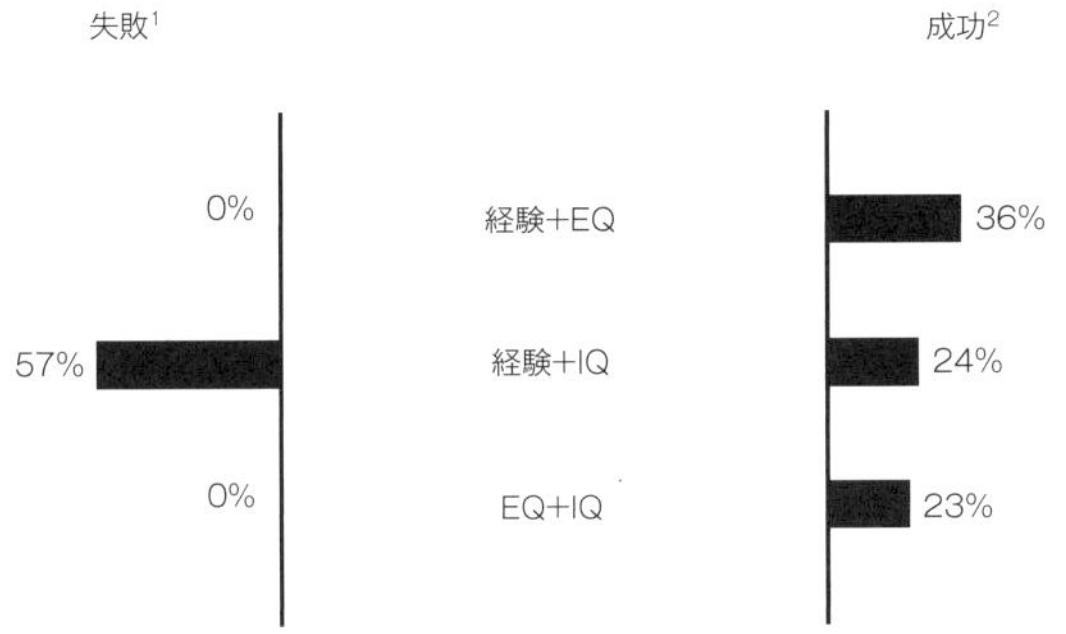

1. 南米から23例
2. 南米から227例

成功者と失敗者それぞれにどれだけ多くみられるか、その相対的な頻度をまとめたものだ。たとえば、成功したマネジャーの三六％は、ふさわしい経験を有しており、ＥＱも高かった。

以下は図５－４の分析から得られた結論である。

- 一般的な人材サーチのために二つのカテゴリーしか組み合わせられないとしたら、成功を予測するための最強の組み合わせはふさわしい経験と高いＥＱになるはずだ。
- ふさわしい経験を求めることがむずかしい場合、ＩＱはＥＱによってうまく補完されうる。言い換えれば、ＥＱ＋ＩＱと経験＋ＩＱは成功したマネジャーに等しくみられた。
- おそらく、この分析の結果、新たにわかったもっとも重要なことは、ＥＱが低い場合、ふさわしい経験と高いＩＱという従来の組み合わせは、成功よりも失敗する可能性のほうが

図5－5　CEOの後継者選び　6人の社内候補者のプロファイル

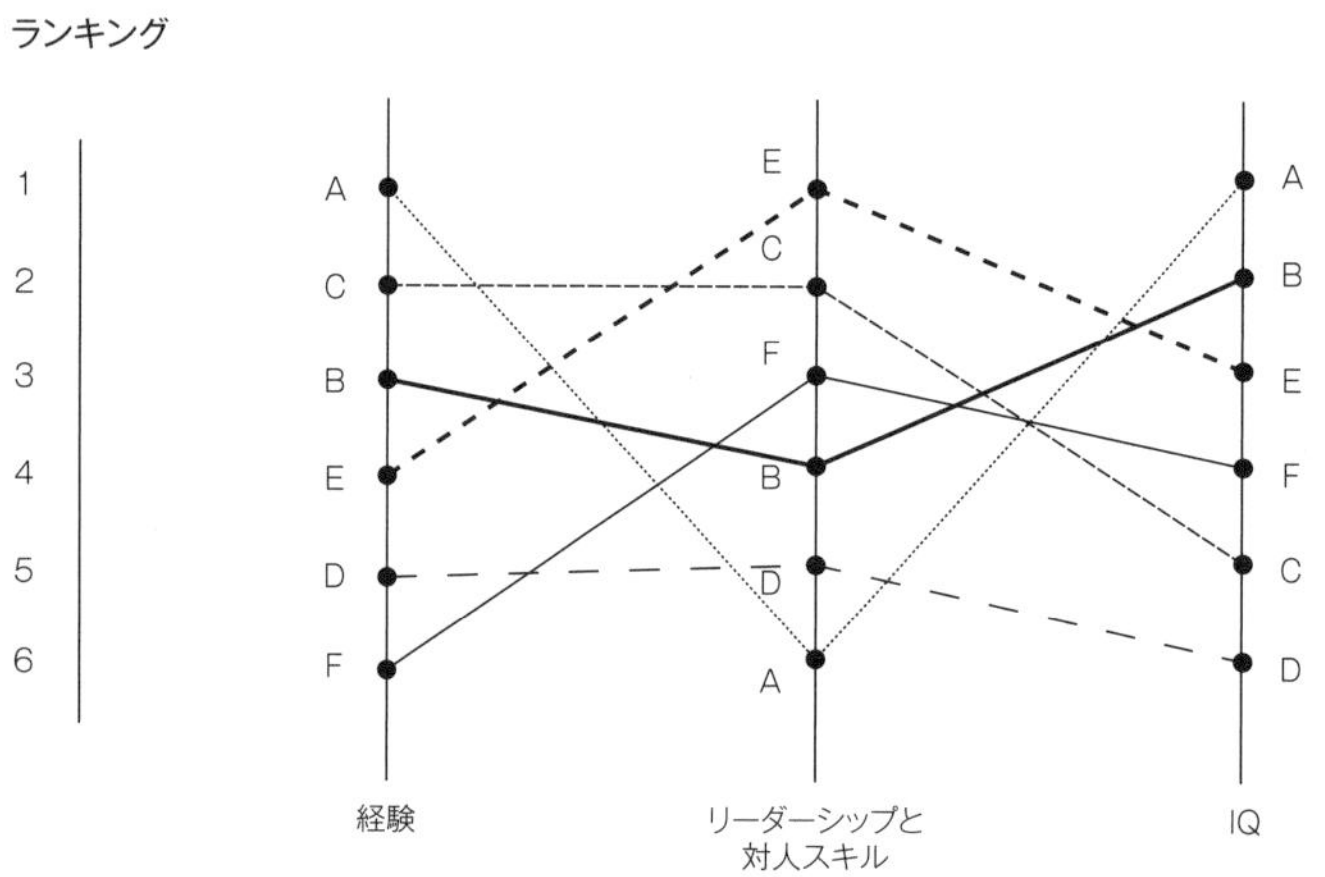

はるかに高いと予測する判断材料になるようだ（失敗者の五七％はこの従来の組み合わせが際だっていたが、成功者では四分の一以下にとどまる）。

この調査と前に述べた発見は、あらためて私に大きな影響を与えた。実際、これらの予想外の結論に達したことで、以後の私の、人の評価に対する考え方は大きく変わった。

では、ここで本章の冒頭で述べたむずかしい選択肢の問題に戻ろう。ある金融機関の新CEOポストに昇格する予定の、六人の内部候補者のプロファイルをめぐる問題である。その状況は図5－5にあらためて示した。

二つの特性の組み合わせからなる三つのカテゴリー別に検討すると、内部昇格人事の候補者は次のようにまとめることができるだろう。

- マネジャーA、〝切れ者型〟の候補者――経験とＩＱでトップ
- マネジャーC、〝経験型〟の候補者――経験とＥＱでは際だっているが、相対的にＩＱは低め
- マネジャーB、〝バランス型〟の候補者――ＩＱが高く、満足のいく経験があり、ＥＱは平均的
- マネジャーE、〝ＥＱ型〟の候補者――リーダーシップと対人関係スキルがトップで、ＩＱが平均以上だが、経験は限られている

選ばれたのは、〝ＥＱ型〟の候補者のマネジャーEだった。マネジャーAは経験とＩＱでまさっていたが、ＥＱがきわめて低いために失敗はまぬがれなかっただろう。マネジャーCはEよりも経験が豊富だったが、経験は変動性のあるコンピテンシーであり、マネジャーEは時間の経過とともにその評価をあげていくものと期待された。ただし、マネジャーEは変動性の低い二つのコンピテンシー（ＥＱとＩＱ）において、Cより構造的に安定していると評価された。最後に、マネジャーBはEと同じように全カテゴリーで平均的だったし、実際には経験、ＩＱともにEよりまさっていたが、ＥＱ面では平均以下だった。

私がもし自分の過去の失敗を分析し、反省していなかったら、言うまでもなくこの件での自分の提案にそれほど確信はもてなかっただろう。

実際、マネジャーEはこの金融機関のＣＥＯに就任後、わずか二年で同社の企業価値をまさしく倍増させるほどの成功を収めた。また二次的な恩恵として、新ＣＥＯの非常に強いリーダーシップと対人スキルによって、ほかの五人のマネジャーもその就任を難なく受け入れたのである。それはまさに、

人の心に通じた賢明な決定だった！

異なる文化圏におけるEQの検証

自分自身の経験の分析内容に驚いた私は、その結果をダニエル・ゴールマンに話した。すると、ほかのきわめて異なる文化圏、とくにドイツと日本で同様の分析を行なったらどんな結果になるか興味があるという。いかにも彼らしい反応が返ってきた。そこで私は、同僚であるドイツのホルスト・ブレッカーと東京のケン・ホイットニーに同様の分析を依頼した。

この分析結果は、非常に興味深いものだった。図5－6は、対象となった三つの異なる文化圏の失敗者と成功したマネジャーのプロファイルである。失敗者と成功者において、三つの特性のうち対象者をよく現す特性を二つあげた場合、出現した相対的な頻度を示したものである。たとえば、ドイツで採用され、成功したマネジャーの七一％には、二つの特性の一つとして、「経験」があった。

図5－6からわかるように、成功プロファイルはこれら三つのきわめて異なる文化すべてでほとんど変わらなかった。これは南米で得られた結論の正しさを立証する有意義な結果だと思う。

異文化における成功と失敗、およびEQの関連性についての研究結果の有意性は国際的に認められた。とくに、対象となったすべての文化圏で、以下の明らかな結論が出ている。

●成功にとってEQはIQよりも重要であり、EQの欠如は経営幹部の失敗と大いに関係している。

図5－6　3つの異なる文化圏における、失敗者と成功者の顕著な特性の比較

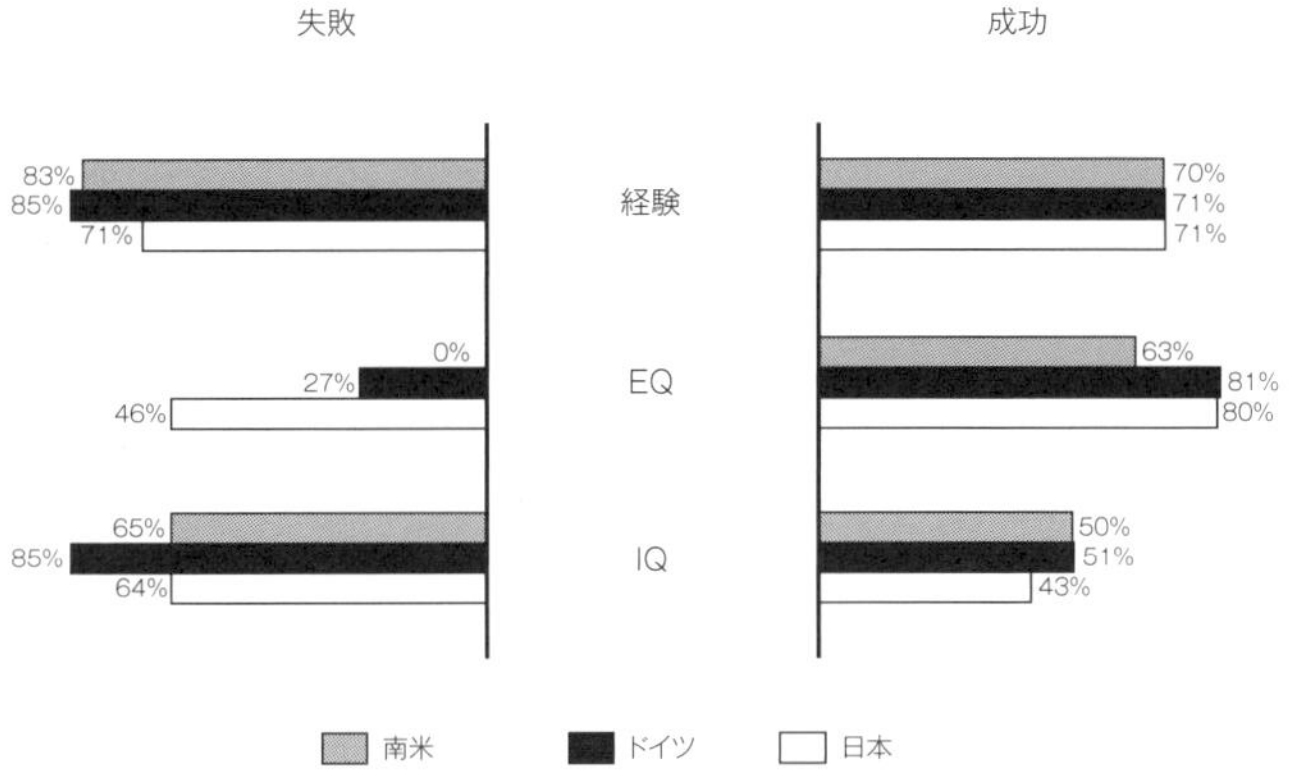

注: 3地域から抽出した515人のマネジャーのサンプル
出所: Egon Zehnder International

●経営幹部のサーチで三つのカテゴリーのうち二つだけ可能な場合は、経験＋ＥＱが成功するためのもっとも強力な組み合わせである。

●経験＋ＩＱという従来よく好まれがちであった組み合わせ（ＥＱは低い）は、勝者より敗者を生む可能性がはるかに高い。

つけ加えれば、このクラスの集団の、ＩＱの高低の差は高いレベルでの微妙な差であることが多く、実際はさほど問題とならないことが多い。ＥＱが大きくものを言うのだ。

すべての礎――コンピテンシー

一方、私はゴールマンの強力なモデルの本質をさらに掘り下げていった。経営幹部の職務遂行能力を予測するという、むずかしい分野にもっとも大きな影響を与えた人物は、紛れもなく故デイビッド・マクレランドであろう。

二〇世紀を代表する心理学者の一人であるマクレランドは、一九七三年に「Testing for Competence Rather than for "Intelligence"（知能ではなくコンピテンシーを評価する）」という画期的な論文を発表した。そのなかで彼は、米国では知能検査や適性検査がいたるところで行なわれていると指摘した。これらの検査はさまざまな機関で使用され、成功を収めていた。しかし、マクレランドはこれらの成功は怪しいものだと主張した。知能検査だけでは職務、とりわけハイレベルな経営幹部ポストにおける職務遂行能力を説明することはできないというのだ。

この影響力の大きい論文のなかで、マクレランドは特定の職務における標準的な業績と優れた業績とを区別する特性を説明するため、コンピテンシーという概念を提唱した。その特性に含められるのは、モチベーション、性格特性、自己認識、知識、スキル、そして、そうＩＱである。マクレランドは、たとえば過去の行動は将来の行動を占う最適な指標である、といった一部のごく単純な仮定から始めて、実際の職務上の行動は将来の成功を占う最適な指標であると主張した。

「もし、誰がよい警察官かということを判断したいのなら、よい警察官がやることを自分の目で確かめてみることだ。そのあとをついて行き、活動の一つひとつをリストアップし、そのリストから導き出したお手本をベースにして対象者を評価するのである。しかし、誰がよりよい警察官かについては上司の判断に頼ってはいけない。なぜなら、それは職務分析ではなく、よりよい成果をもたらすために必要と思われていることの分析だからだ」

マクレランドの研究では、明確な業績評価法で特定された上位五％から一〇％の高業績者と〝標準〟業績者という、二つの異なるグループを比較し、標準業績者よりも高業績者に一貫してよくみられる行動〝コンピテンシー〟を明らかにした。

一九七三年以来、マクレランドの研究は真の職場革命の火つけ役となってきた。コンピテンシーにもとづく評価は、離職率を低下させ、職務遂行能力を高め、〝昇進可能な〟人材層を厚くしたのである。またコンピテンシーは、教育研修などの有意義な組織活動を支援し、その効果を高め、持続させるために活用されてきた。

コンピテンシー論の進展におけるマクレランドの先駆的な研究は、多くの教え子に取り上げられている。たとえば一九八〇年、リチャード・ボヤツィスは、初期の研究成果をまとめ、新たな発見を加えた『*The Competent Manager*（有能なマネジャー）』を出版した。これは一二の企業に所属する二〇〇〇人の社員を対象に調査し、マネジャーとしての成功に欠かせない、キーとなる一連のコンピテンシーを明らかにしたものだ。一九九三年には、ライル・スペンサーとシグネ・スペンサーが『コンピテンシー・マネジメントの展開――導入・構築・活用』を出版し、コンピテンシー論の進展をさらに加速させた。

経営幹部に不可欠なコンピテンシーとは？

ここで、コンピテンシーについていくつか意見を述べておきたい。第一に、成果をあげるために必要なコンピテンシーは、職務と組織の組み合わせごとに異なる。第二に、経営幹部に共通して求められるコア・コンピテンシーの数は多くはない。第三に、コンピテンシーと業績との関連性は、特定の職位ごとに異なる傾向がある。

エゴンゼンダーでは、ここ数年にわたって、世界六三のオフィスにおけるエグゼクティブ・サーチとマネジメント・アプレイザルの実績を徹底的に分析し、経営幹部のコア・コンピテンシーを明らかにした。まず一つは、成功する経営幹部には強い〝成果志向〟（すなわち、より高い成果を達成する能力）が必要である。成果志向が弱いと、仕事をそつなくこなせばよいと思うだけである。中レベルだと、与えられた目標の達成ができる。その上になると、より高い成果をみずから求め、最高レベルはビジネスそのものの変革にいたる。

第二のコア・コンピテンシーは、競争力のある集団をつくり、方向性を示す力、〝チーム・リーダーシップ〟である。このコンピテンシーが低レベルの人は、チームの目標設定に重点をおくにとどまる。中レベルの人は生産的なチームづくりができ、高レベルの人は高業績のチームづくりができる。

第三のコア・コンピテンシーは、私たちが〝協働能力〟と呼ぶものである。このコンピテンシーが高い人は、職場の同僚や取引先、あるいはみずからの職務に直接影響のない人たちとの仕事のしかたが上手である。

そして最後のコア・コンピテンシーは、〝戦略的思考〟である。これは日々の差し迫った問題の域を超えて、またみずからの責任範囲を超えてより広い対極的な視野で考えることを求める力である。

さらに、これら四つの核となるコア・コンピテンシーの次に、五つのコンピテンシーからなる第二

図5－7　有能なリーダーによく求められるコンピテンシー

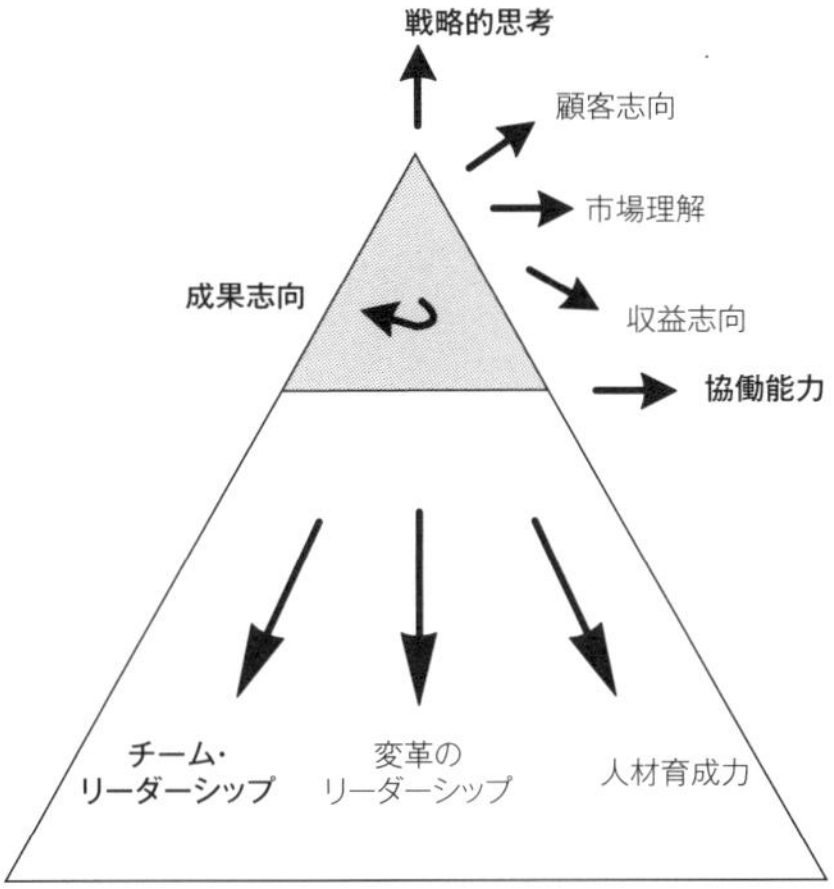

出所: Egon Zehnder International

グループがある。これは、利益追求を図る〝収益志向〟、組織の変革や再編をリードする〝変革のリーダーシップ〟、組織の長期的な人材育成を目的とした〝人材育成力〟、〝顧客志向〟、〝市場理解〟からなる。

図５－７は有能なリーダーによく求められるコンピテンシーの概要である。

もちろん、ほかにも特定の状況であてはまるコンピテンシーはある。しかし、ほとんどの場合に該当するのは、これらの九つ（核となる四つと二次的な五つ）である。

コンピテンシー・リスト

優先順位を決める

経営課題を洗い出すなかで、そのポストに要求されるコンピテンシー・リストがみえてくる。このとき、あまりに多くを詰め込みすぎた非現実的なリストを作成することは避けるべきだ。すべての要件を完璧に備えている候補者をなんとしても探し出そうと考えてしまうワナに陥らないこと。代わりに、チームに不足しているコンピテンシーを念頭において、それを補完することができる候補者を探し求めることに注力すべきである。

私が経験した非常に成功したサーチ・プロジェクトの一つは、このアプローチの重要性を示している。一九九〇年代、あるフランス人が、赤字を出しつづけているヨーロッパの多国籍企業を経営再建するために雇われた。同社には競争力に欠ける九つの大きな事業部があった。新CEOは事業部のトップ全員をただちに取り替える決断をした。いずれのポストも、要件を正確に示し、それらのコンピテンシーを社内に求めた。それらが一人の人物にあることがわかると、彼はその人を一事業部のトップに据えた。それ以外の事業部では、必要なコンピテンシーの一部をもつ人たちを各事業部の次席ポストに異動させ、それぞれのトップにはその次席が不足するものを有する外部の人材を採用した。

いずれのポストでも、このCEOは異例の人選を行なった。業界のスターは一人もいなかったが、どの人材も必要とされるスキルを確実に発揮した。戦略は功を奏した。同社はその後一〇年間にわたって株主に莫大な価値をもたらした。

明確に定義する

コンピテンシーのリストを作成しているときは、それらをできるだけ明確に定義することにとくに注力すべきである。

コンピテンシーは行動を表す言葉で説明されないかぎり、役に立たない。「チームプレーヤー」という言葉を考えてみよう。これはよく職務記述書にコンピテンシーとして記載されている。ところが、「チームプレーヤー」の意味を三人の人に聞いてみると、それぞれ違う答えが返ってくるだろう。あるいは、「戦略的思考」を考えてみよう。これもコンピテンシーとしてよく提示される特性である。ある人にとっては、これは業界に働いている力を分析する能力のことである。別の人にとっては、人々を鼓舞して新しい方向へ導く能力のことだ。

解決策は明確さにある。部門責任者を求めていた大手製造業企業の例を考えてみよう。採用チームは、このポストは「マーケッター」でなければならないということで一致していた。通常はここで思考が止まりがちだが、さいわい、このチームは、職務記述書を利用して「マーケッター」を次のように解釈し、さらに進めることができた。

〝当該ポストは、国際的なビジネスチャンスを捉え、必要とされるすべての事業部が全力を尽くすことができる環境をつくることができなければならない。必要に応じて商談をまとめることができなければならないが、一方で一歩身を引いて、より適任の人材にその商談を任せることができなければならない〟。

あえて繰り返したい。コンピテンシーは、行動を表す言葉で明確に定義することが重要である。

図5－8　求められるものが何かを理解する①
例：研究者からマネジャーへ

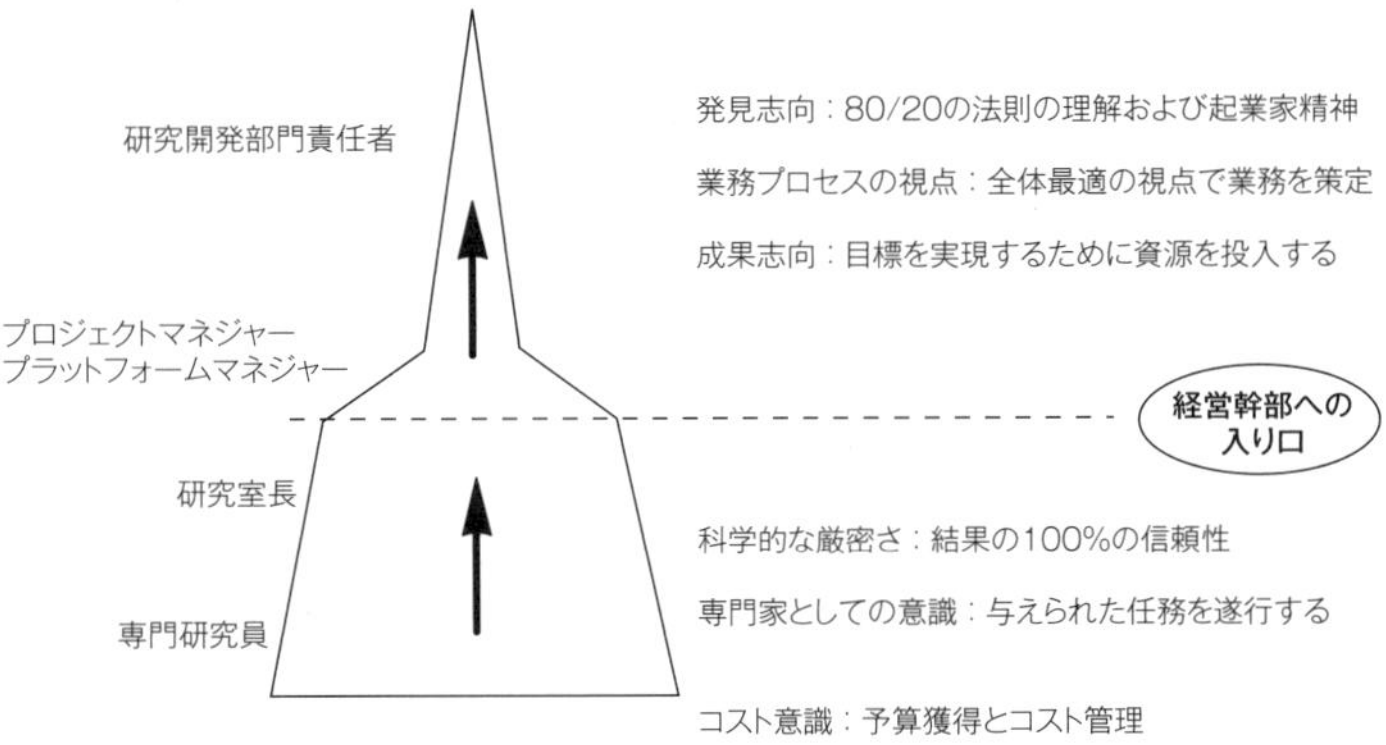

ターゲット・レベルを設定する

職務に合致したコンピテンシーを選ぶことに加えて、職位ごとに必要なコンピテンシーのレベルを決めることも重要である。スケール・コンピテンシーの詳細は本書の扱い範囲を超えるが、理想を言えば、優れた成果をあげるための職務に即したコンピテンシーのターゲット・レベルを特定することに努めるべきである。

たとえば、図5－8と図5－9は、研究開発系の要職であるプロジェクトマネジャーの適任者がなかなか見つからないライフサイエンス関連企業の状況を描いたものだ。図5－8に概略を示したように、研究室長からプロジェクトマネジャーに昇進できる人はあまり多くない。研究開発部門責任者ともなればなおさらである。これらのポストの要件を分析すると、プロジェクトマネジャーのプロファイルは研究室長のものと比べ、とくにチーム・リーダーシップ、顧客志向、変革

図5－9　求められるものが何かを理解する②
例：研究者からマネジャーへ（続き）

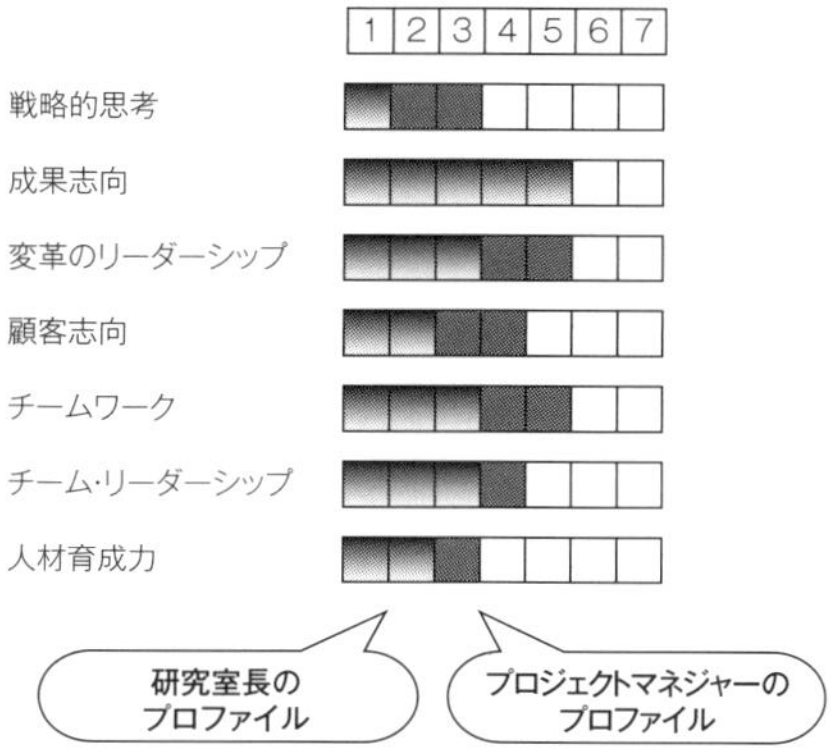

のリーダーシップ、戦略的思考の分野で、著しく異なることが確認された。研究室長がプロジェクトマネジャーとして成功するには、これらのコンピテンシーのそれぞれにおいて、より高いレベルが必要である。

なぜコンピテンシーの理解が重要か？

　コンピテンシーについての理解を深めると、ＥＱについてより正しく理解ができるようになる。ここで、私がＥＱというものをどう捉えているのかまとめてみたい。

　一つの重要な点は、ＥＱはＩＱと違って単一指標ではなく、コンピテンシーのセットであるということだ。違いは何か？　ＩＱは、一つの指数である。知能指数という一つの指標に関連する能力の平均値を算出することにより求められる。対照的に、ＥＱは一連の異なるコンピテンシーの集合体である。このＥＱセットという考え方はどういう意味合いをもつのであろうか？

●EQを形づくる四つの主要なクラスター（自己認識、自己管理、社会的認識、対人関係の管理）それぞれに対応する、必要なコンピテンシーセットがある。

●高業績をあげるために必要な、最低限のコンピテンシーセットというものがある。ただし、必ずしもすべてのコンピテンシーで優れている必要はない。

●コンピテンシーのプロファイルは要求される業務内容に適合していなければならない。前述のように、ほとんどの〝パーソナリティ・テスト〟の問題の一つは、それらが職務特定的なものではないということだ。どの職務にも異なるレベルの異なるコンピテンシーが必要である。

EQのコンピテンシーはどう測定されるのだろうか？　もっとも有用なツール、〝EQインベントリー〟は、ゴールマンとボヤツィスによって開発された。単純化しすぎると言われるかもしれないが、これらのコンピテンシーを測定する一番いい方法は、自己評価によるものではなく、客観的観察、とくに多面評価（三六〇度評価）によるものである。

なぜ人を評価するうえでこのようなことが重要なのだろうか？　なぜなら、EQにもとづいたコンピテンシーはどんな仕事にも不可欠で、優れた業績をあげる鍵となるからだ。第2章で論じたように、重要な仕事における業績には大きな差がある。もしEQにもとづいたコンピテンシーを評価することができれば、優れた業績を予測する精度を高め、大きな経済価値を生み出すことができる。

コンピテンシーによる評価手法の展望

今日、多くの組織は、ソフトなコンピテンシーが経営トップの成功の鍵を握ることをよくわかっている。その結果、いまやコンピテンシーセットを明確にし、適切なＥＱにもとづくコンピテンシーを踏まえて人材の採用や昇進を行なうよう努めている。また、後述するとおり、ＥＱを経営幹部の育成を目的として活用している組織もある。

その結果、よりよい評価が行なわれるようになった。ダニエル・ゴールマンらは途方もなく大きな影響を与えてきたのだ。次の一〇年をみると、この影響は大きくなる一方のように思える。これからあらゆる種類の組織の人選にますます活用されるようになるだろう。

さらに、ＥＱの概念により、資本主義と自由な企業社会が守られることになるだろう。これはこじつけに聞こえるかもしれない。しかし、エンロンやワールドコム、アデルフィア・コミュニケーションズといった会社も一皮むけば、その不祥事の根本原因は、結局はＩＱや経験の不足ではなく透明性とセルフコントロールの欠如にあることがわかる。ビジネスとリーダーの信頼を取り戻すのに、ＥＱを組織に組み込むことにまさる方法はない。

最後に、グローバル化の進む世界は、変動の激しい世界である。そのため、適応性、共感力、異文化適応能力、リーダーシップの面で、はるかに高いレベルのコンピテンシーが必要になるだろう。その意味で、ＥＱに焦点をあてたコンピテンシーモデルは今後ますます意義のある存在になっていくだろう。

リーダー育成についての考察

本書の第1章で論じたように、資質はたしかに大きな役割を果たしている。たぶん私たちという存在の半分は、遺伝的に条件づけられているといえよう。たとえばＩＱは、主としてあなたが生まれもった賢さで決まる。しかし、残り半分は育成によって決まり、しかも少なくとも仕事面では、組織がその育成をある程度、担っている。

重要なことは、ＥＱはＩＱと異なり、育成できるということである。リチャード・ボヤツィスは成人の自主学習に関する重要な調査を数多く実施したのみならず、これらのコンピテンシーの育成に焦点をあてたＭＢＡプログラムも他に先駆けて実施した。一九六六年には、ＥＱにもとづいたコンピテンシー育成プログラムの設計分野の研究を論文にまとめ、発表した。彼の結論によると、人は自分のコンピテンシー、とりわけ経営能力に直接関連のあるコンピテンシーを高めることができるが、これは従来の育成プログラムでは実現できない。

ダニエル・ゴールマン、アニー・マッキーとの共著『ＥＱリーダーシップ――成功する人の「こころの知能指数」の活かし方』で、ボヤツィスは変化に向けた五つの基本ステップを含む自主学習論を提示している。

第一ステップは、変わりたいと思って理想の自己――なりたいと思う自分の姿――を定義づける。

第二ステップは〝現実の自己〟を発見することだ。私たちの自己認識能力の限度を考えると、これには他者からのフィードバックが必要である。

第三ステップは、やはり他者の助けを借りて、自分の弱みを補うとともに強みを活かす現実的な学習課題をつくることである。

第四ステップは、新しいコンピテンシーが身につくまで新しい行動や思考、感情を実践して試すことである。これは重要なポイントで、従来の学習との大きな違いとなる。そう、これらのコンピテンシーは学習できるが、新しい行動が習慣となって身につくまで、長い年月にわたるひたむきな努力を必要とする。

第五のステップ、そしてこれまでの各ステップにあてはまる最終条件は、プロセスにおける各ステップを助け、支援し、励ますことのできる信頼関係を育てることである。

ここにおけるジレンマは、育成には時間がかかるということだ。それはかなりの個人的努力を必要とし、また組織によって適切に支援されなければならない。

経営幹部の将来性をどう考えるか

これまでの話は、評価を行なう際に将来性も十分考慮すべきだ、という話につながる。なぜなら育成資金は元をとる確率がもっとも高いところに賭けたほうがいいからだ。

将来性は三つの主要要素からなる。第一に、上昇志向が必要だ。長期的に何をめざしているのか？

デイビッド・マクレランドは達成欲求、親和欲求、権力欲求という三つの大きなモチベーション要素を指摘している。あなたはこれらの欲求を満たすために相当の犠牲を覚悟しているか？

第二に、経験から学ぶ能力が必要だ。モーガン・マコールらは説得力のある主張をしている。あなたは学習の機会を追求しているか？　フィードバックを求めて活かし、自分の失敗から学び、批判を率直に受けとめるといったことをしているか？

最後に、数年間にわたる数千人の経営幹部の評価をベースとした、わが社のデータベースの分析によると、コンピテンシーのうち、「戦略的思考」「成果志向」「変革のリーダーシップ」は将来性を示す強力な指標となっており、かなりの確率で経営幹部の将来性を予測できることがわかった。

すべては実行力次第

ここまで進むと、いかに徹底して実行できるかが重要となる。それぞれの状況で鍵となるコンピテンシーを確認し、内部と外部の候補者の、評価のベースとなるコンピテンシー間の相対的な重みを決める必要がある。

この点を、数年前に新しいＣＥＯを求めていた世界的な大手乳製品企業の例で説明してみよう。そのポストには市場知識、顧客志向、専門性という点できわめて特殊なニーズがあった。また、成果志向、戦略的思考、チーム・リーダーシップといった典型的なリーダーシップ・コンピテンシーが要求された。

サーチを始める前に、役員会が数回開かれ、会社の戦略的な方向性が徹底的に話し合われた。このプロセスによって、役員会は七つの構成要素をもつ戦略を策定することができた。

役員会は、次に、合意した戦略を効果的に実施するのにどんなコンピテンシーが必要になるかを確認するため、エグゼクティブ・サーチ会社と話し合った。これらのコンピテンシーには、それぞれの相対的な重要性を反映したウェイトが加えられた。組織的リーダーシップに四〇％、別の四つのコンピテンシーにそれぞれ一五％ずつである。役員会はさらに、さまざまな意味のある組織的リーダーシップのコンピテンシーを具体的な行動に落とし込んでいった（たとえば、ＣＥＯは、同社を共同所有する地元の一〇〇〇戸の酪農家と良好な関係を築くことができなければならない、など）。

今度はクライアントとサーチ会社のメンバーで構成されるプロジェクトチームが、組織を短・中期的に業績を向上させることにもっとも関係のあるリーダーシップ能力を確認した。これによってサーチコンサルタントが、候補者に対して具体的なスクリーニングのためのインタビューを行なうことができるようになった。たとえば、既存の組織文化をつくり変えた実績とか、Ｍ＆Ａの統合後に大きな成長を成し遂げた実績などである。

このサーチは、一つには当時の業界がかかえていた数々の問題や政治的障害が原因で、さほど期待されずに始まった。しかし、組織が何を求めているかを正確に捉えたことで、非常に規律あるサーチプロセスが可能になり、会社と経営陣にとってきわめて貴重な経験となった。

いったん、自分が何を求めるべきかを明確に決めたら、次のステップは候補者を探すために、社内と社外のいずれをみるべきかを把握することだ。これは次章のテーマである。

第5章のまとめ

経営幹部評価の最適な手法である、コンピテンシー・モデルを使って候補者像をしっかりと定めるべきである。

1　コンピテンシー・モデル（とくにEQにかかわるもの）が経営幹部の評価手法として最適である

・コンピテンシーによる評価とは、対象者の過去の職務上の行動を知ることにより、将来を予測することである。

・経営幹部の評価においてＥＱはＩＱよりも重要であり、ＥＱの欠如は経営の失敗と大いに関係している。

2　人選を行なうたびに、求めるコンピテンシーのプロファイルを設定する必要がある

・すべてのコンピテンシーが最高という、完璧な候補者は期待できない。

・ポジションの特性・求められる課題・会社の状況などに応じて、重要なコンピテンシーを選び出し、それぞれにおいて求めるレベルを決めなければならない。

3　将来性（ポテンシャル）を評価することが、経営幹部の評価にとって重要なだけでなく、組織のダイナミズムを確保するうえでも大切となる

・経営幹部の将来性は、高い精度で予測できる。
・将来性の予測指標は、上昇志向、学習能力、および三つのコンピテンシー（戦略的思考・成果志向・変革のリーダーシップ）である。

CASE STUDY

日本人エグゼクティブのコンピテンシーについての考察

第5章では、コンピテンシー・モデルにもとづく経営幹部の評価の有効性について述べた。エゴンゼンダーでは前述のように年間約五〇〇社において経営陣の評価を行なっており、世界共通のコンピテンシー・モデルおよびコンピテンシー・スケールを用い、経営幹部の膨大な能力評価データが蓄積されている。日本においても、昨今M&Aの増加を背景にマネジメント・アプレイザルのニーズが高まっており、過去数年間では五〇〇人以上にのぼる日本人エグゼクティブの評価を実施している。実施した企業の業種はほぼ全業種にわたるため、このデータを活用して日本人エグゼクティブを総体としてみた場合の、世界水準とのベンチマーキング（比較分析）を行なった。

まず、各コンピテンシーの総合平均点で比較すると、総合平均点が7段階中レベル「4」を上回ったエグゼクティブの比率は、グローバルではほぼ五〇％に達するが、日本人の場合は三六％。レベル「5」を上回った数は、実に一七％対八％と、二倍近い差があることがわかった。エゴンゼンダーの各コンピテンシー・スケールにおいては、レベル「4」を上回るかどうかは、与えられたことをこなすだけなのか、みずから積極的に旗を振って実行するのかという、取り組み姿勢における大きな違いがあり、エグゼクティブとして物事を自発的に推進する力に大きな差があることが読みとれる。

さらに、主要コンピテンシー別に比較した分析結果が図1である。

図1　日本人エグゼクティブと世界のエグゼクティブの比較

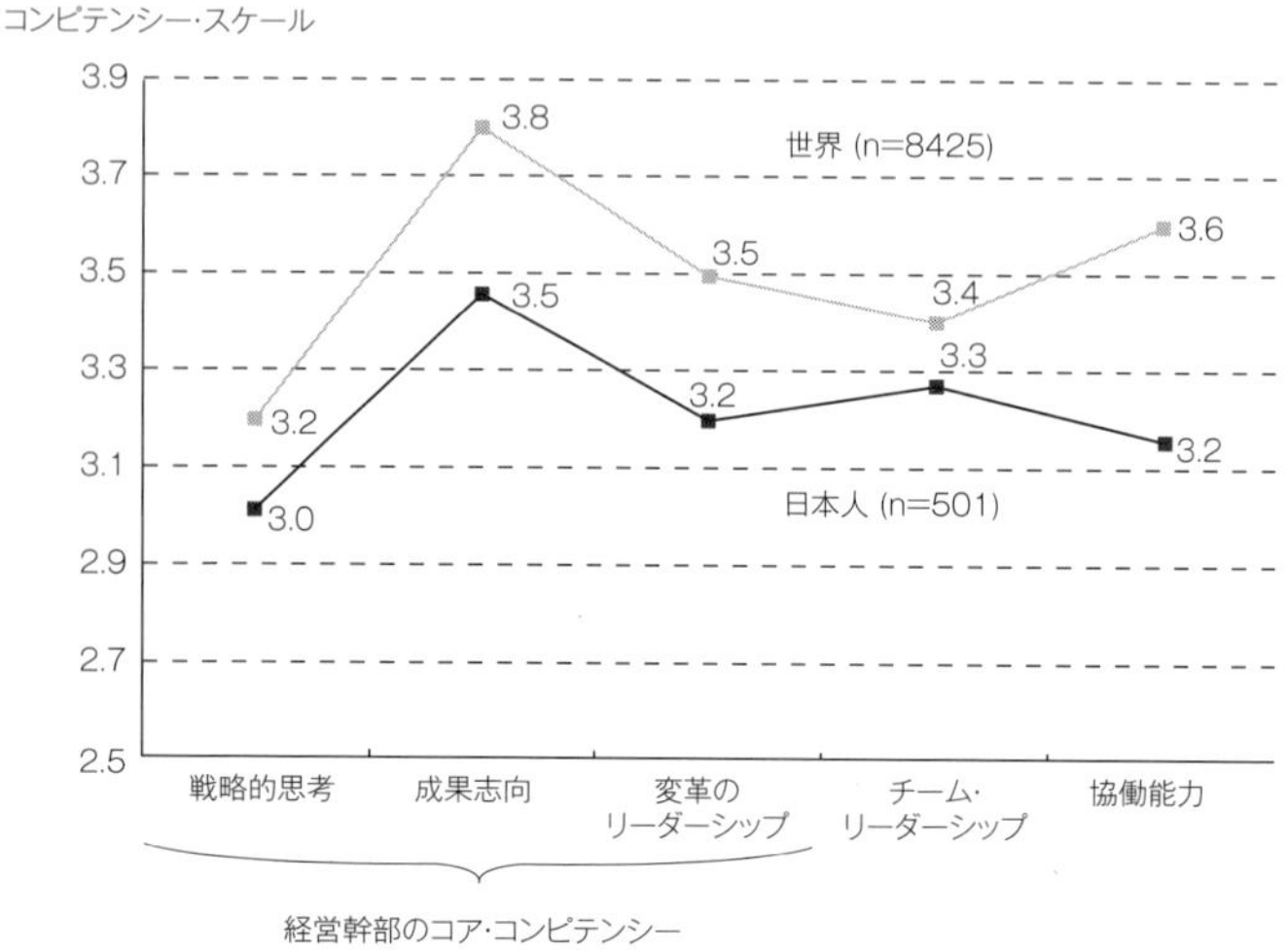

図2　将来性（ポテンシャル）の評価

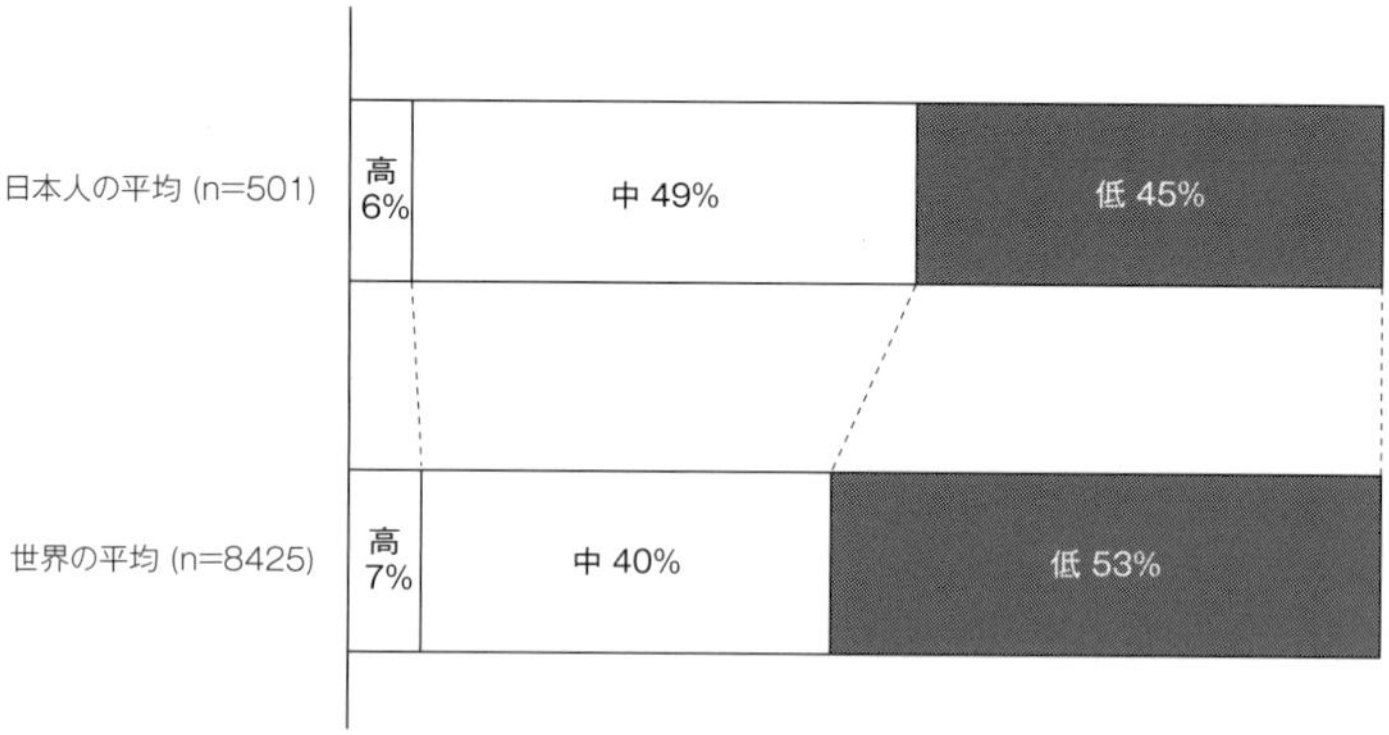

コンピテンシー別にみても日本人エグゼクティブのコンピテンシーは世界に比べ（残念ながら）ほぼすべての分野でギャップがみられることがわかるが、ここでもっとも強く認識しなければならない点は、経営幹部の能力評価においてとくに大きな意味をもつ、図1の左から三つのコア・コンピテンシー（戦略的思考、成果志向、変革のリーダーシップ）のいずれにおいても日本人エグゼクティブは評価が低いという事実である。

ここまでは現状の能力についての分析であるが、一方で、将来性（対象者の昇進可能性に関するポテンシャル）の評価ではどうだろうか。

図2からわかるように、ポテンシャルが低い、と評価された人材の割合は、実は日本人のほうが少ないということになる（世界の平均五三％に対して、日本人平均四五％）。ポテンシャルが低い人材が少ない、ということは、それだけ能力開発する余地があるということが言えるだろう。

よって、日本人エグゼクティブを登用し、経営陣の組成を検討する際には、現状の能力評価だけでなく、三年後、五年後の姿も視野に入れて、組織のダイナミズムをデザインすることが重要であるという仮説が成り立つ。言い換えれば、将来性を正しく見極めた「人選力」の発揮こそが、日本企業の経営革新の鍵となると言えるのではないだろうか。

第6章 どこを探すべきか——社内と社外

マドリッド支社で新人研修を受けたあと、私はエゴンゼンダーが活動を始めたばかりのブエノスアイレスに戻った。まだ三〇歳だった。母国を五年前に離れていた私には、この時点で、ビジネス上の人脈はほとんどなかった。オフィスはできたばかりで、調査部門もなかった。データベースも、そしてもちろん当時はオンラインのデータベースや検索エンジンなど、インターネットを利用した情報源もなかった。

さて、それがキルメスのマーケティング・営業責任者を探すという私の初仕事の背景だった。キルメスとは現在は大成功している飲料会社キルメス・インドゥストリアル（Ｑｕｉｎｓａ）の中核ビール子会社である。

当時、同社はそれほど成功してはいなかった。実際は、辛うじて収支がトントンで、それが社内で多くの論議をもたらした。その結果、Ｑｕｉｎｓａの経営陣は子会社キルメスのマーケティング力と営業力の立て直しを決断した。そのためには、主要なマーケットのより効果的なセグメント化とターゲットの絞り込み、新商品の開発、広告の改良、より優れた営業管理が必要だった。それはつまり、新しい責任者はこれまでよりずっと優秀なチームをつくる必要があったということだ。

このプロジェクトが正式に決まると、私は机の前に座って次の二つの問題と格闘していたことを覚えている。

1　どこで候補者を探すか考える

2　いつ探すのをやめるか考える

もちろん、私はできるかぎり最高の仕事をしようとやる気満々だった。しかし、大きな不安を感じていた。外にはまったく未知の世界が広がっていることは痛いほどわかっていたからだ。どうすれば自分が見つけた候補者がその職務のコンピテンシーという面で最高の人材であり、それ以上の人はいないとわかるのか？　もし、能力があるとしても、どうしたら彼らのモチベーションと報酬への期待がクライアントに適しているかどうかわかるのか？　彼らを探す一番いい方法は何だろうか？　企業を調査する、企業要覧を活用する、それとも職を探している人材を知っていそうな人にあたるべきか？　クライアントに提案する人材が絶対に最高だと確認するまで、どれだけ調べなければならないのだろうか？

本章ではこうした課題について触れてみたい。ところで、これらの課題は、コーヒーブレイクの「結婚相手の見つけ方」（一七八ページ）に書いたように、私たちの人生におけるもっとも重大な決断にもあてはまる。

より多くのふさわしい候補者を発掘することはきわめて重要である。なぜなら、それが人選の範囲を限定するからだ。あなたは自分の知らない人を選ぶことはできないし、紹介された人材より優れた人を代わりに選ぶこともできない。

理想の世界のシナリオでは、企業は大勢の魅力的、かつやる気旺盛な候補者のなかから一人を選ぶということになるだろう。だが、現実の世界では、適任の候補者はいてもせいぜい一人か二人だ。実際、センター・フォー・クリエイティブ・リーダーシップの調査によると、経営幹部の選抜で検討する候補者が一人しかいなかった確率はほぼ四分の一だった。人口動態学的な現実を考えると、候補者を発掘することは将来もっとむずかしくなるだろう。適齢層の経営幹部の数は減少しつづける一方で、需要は伸びつづけるからだ。たとえば、米国では三五歳から四四歳の年齢人口は二〇〇〇年にピークに達し、二〇一五年までに一五％減少すると言われている。一方、米国経済は、年間成長率を平均三％と仮定すると、五六％成長することになる。言い換えれば、二〇一五年の経営規模と比較した経営幹部の供給数は、二〇〇〇年当時の半分になるのだ！

しかも、それは課題の量的側面にすぎない。質的な面をあげれば、はるかに賢明な経営幹部、すなわち世界的な視野をもち、テクノロジーに詳しく、起業家気質に富み、ますます複雑化する組織で働く能力のある個人が必要になるだろう。

Coffee Break

結婚相手の見つけ方

限られた人材をどこで探すべきかという課題を考えるためにも、結婚相手の探し方という表面的には無関係にみえる問題について考えてみよう。個人の領域からビジネスの領域に適用でき、教訓にもなるはずである。

まずは、有名な天文学者のヨハネス・ケプラーの例を考えてみたい。彼は1611年に最初の妻をコレラで亡くした。その後、再婚相手を念入りに調査することにした。そして2年もかけて妙齢の11人の女性を詳しく調べ、最終的には多額の持参金が見込める家柄の候補者ナンバー4を選ぶよう周囲から強く勧められた。しかし、候補者ナンバー4はあまりにも長く待たされたという理由でケプラーとの結婚を断わってしまった。これは悪いニュースに思えるが、実はよいニュースだった。というのも、ケプラーはこれで自分の好きな相手を自由に選ぶことができ、その相手にすぐに受け入れられたからだ。この幸せなカップルは7人の子どもをもうける一方、ケプラーはニュートンの「万有引力の法則」の基礎を築いた。

ケプラーの例は、事前にはわからない集団からランダムな順番で現れる候補者のなかから1人を選ぶというサーチの状況を具体的に示すいい例である。

問題は、知っている候補者についてさらに多くの情報を集めることよりも、むしろ可能な選択肢の領域をどこまで広げるかということが中心になる。単なる感情や善意の知人からの圧力ではなく、成功のための真の判断基準をもつことが重要であり、また迅速に行動することも重要である。もたもたしていると、候補者ナンバー4は、彼女がベストかどうかは別にして、あなたの申し出を断わる可能性があるのだ！

結婚と同じように、ビジネスにおいても、問題はもっとも有力な候補者をいかに効果的かつ効率的に見つけるか、なのだ。

社内の人材を選ぶ場合、社外の人材を選ぶ場合

多くの企業では、あるポストへの適任者を探す場合、まず社内をみて、社内の人材の可能性がまったくない場合にかぎって、社外の人材を検討するべきだと考えているのではないだろうか。

たとえばGEのように、社内の人材育成を非常に得意とする大企業は、最適な候補者が社内にいる可能性が高い。しかし、たとえこうした企業でも、完全な新規事業に進出する際には、第5章で論じた理由で、社外に人材を求めることを検討すべきである。それに、会社が大きいからと言って、必ずしも適切な人材がいるとは限らない。GEからアライド・シグナルのCEOに転じたラリー・ボシディは、社内からの人材登用がきわめてむずかしいことを就任当初に痛感した。社内にまず目を向けることができるようになったのは、彼が社内に人材基盤を築いてからのことだ。

また、センター・フォー・クリエイティブ・リーダーシップが実施した経営幹部の選抜に関する調査では、人材を探す場合は常に社内と社外の両方の人材を検討したほうがいい、という結論に達している。とくに、社内からの人材登用に成功している企業では、社内人材登用に失敗している企業よりも多くの社外人材が採用されている。

ラケシュ・クラナとニティン・ノーリアによる研究は、社内人材と社外人材の登用に関して新たな視点を与えてくれる。一五年間にわたって二〇〇社のCEOの交代を調べた彼らは、企業が採用する候補者のタイプ（社内または社外）は、ほかの組織変化とは関係なく、その後の企業業績に明らかな

図6－1　CEOの交代が業績に及ぼす影響　総資産利益率の変化（%ポイント）

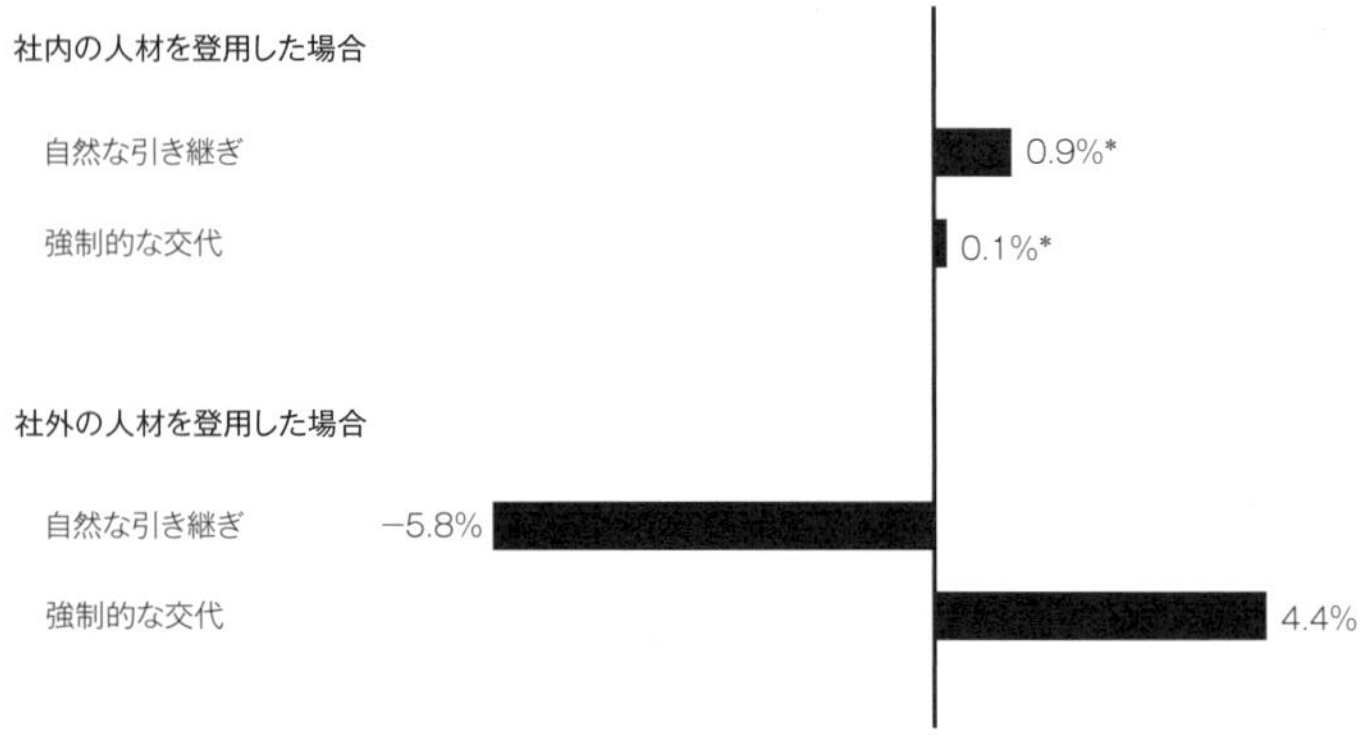

＊社内の人材の場合は、統計的に有効な変化はみられなかった
出所: "The Performance Impact of New CEOs," *MIT Sloan Management Review*, Winter 2001

結果をもたらすと主張する。クラナとノーリアによると、社内の人材の昇格は、それが自然な引き継ぎ、あるいは強いられた交代の結果であるかどうかにかかわらず、会社の業績に大きな影響はない。

対照的に、社外の人材は前任者が解雇され、変化が必要な場合は大きな付加価値を生む。ところが、〝自然な引き継ぎ〟の場合（つまり、前任者が単に引退しただけで、大きな変化の必要性がみあたらないとき）は、大幅に価値を損ねる傾向がある。どちらの場合も、社外からの新CEOが業績に及ぼす影響はきわめて大きく、平均して業界調整済みの年間総資産利益率の約五％ポイントの増加または減少となる。多くの企業にとって、この変化は自社の収益力を倍増させるか（業績にプラスの影響がある場合）、または完全に利益を消し去ることを意味する。同研究の結論は図6－1に示した。

クラナとノーリアはIBMのルー・ガースナーを典型的な例としてあげ、こう述べている。「社外の人材には改革の使命を果たすスキルと能力があり、社内の人材の自由を奪いがちな〝お荷物〟がない」。しかし、社外の人材を成功した環境に一人だけ送り込むことには気をつけなければならない。これは、研究者が結論づけているように、平均六％ポイントの業績の低下を招くのである。

一般化の落とし穴

それなら、自然な引き継ぎのあとには常に、社内の人材を昇進させ、前任者が解雇されたときは社外に人材を求めればよいのであろうか。

残念ながら、それは「常に」正しいとは言えない。クラナとノーリアの研究は平均的な結論を述べているからだ。しかし、大学の統計入門コースで教わったように、あなたがまったく不運なら、たった五〇センチの深さの池でおぼれることだってありうるのだ。二〇〇五年三月一三日、ウォルト・ディズニー・カンパニーのロバート・A・アイガーが、四面楚歌のマイケル・アイズナーに代わって社長からCEOに昇格した際、多くの関係者はナンバーワンが退陣させられたも同然のときにその部下であったナンバーツーを昇格させる決定に疑問を唱えた。ほとんどの専門家は、アイガーは成功するために独自の方針を打ち出して、それを実現しなければならない、言い換えれば、社外の人間のように行動しなければならないだろうと口を揃えて言った。

それこそ、まさに彼がしたことだった。まず最初に、アイズナーの腹心の一人を解雇した。次に、同社のトップの戦略責任者を配置転換し、戦略立案部門を解散する計画を発表した。同時に、意思決定の権限を個々の事業部に戻し、アイズナー時代に確立された中央集権化の傾向を逆転させると誓った。

またアイガーはピクサー・アニメーション・スタジオとのきわめて重要な関係の修復に乗り出した。これは何人かの影響力のあるご意見番をふたたび仲間に迎え入れるための動きだ（同じ思いから、ロイ・ディズニーに取締役会に戻って同社のコンサルタントに就任するよう説得した）。そして、新しい時代が始まったことを告げる合図として、アイズナーが就任させたマペット・ホールディング・カンパニーの経営陣を解雇した。

それから、本当の変革が始まった。二〇〇六年一月、同社はピクサーを七四〇〇億円で買収することを発表した。これによってピクサーのジョン・ラセットはディズニー、ピクサー両スタジオとウォルト・ディズニー・イマジニアリング（テーマパーク・アトラクションの企画部門）の最高クリエイティブ責任者（CCO）に就任した。また、ピクサーの元オーナーのスティーブ・ジョブズはディズニーの筆頭株主になり、取締役会に迎え入れられた。言い換えれば、この一つの買収によって、アイガーは世界のトップクラスのクリエイターとテクノロジーの天才の両方を手に入れたのだ。

もちろん、アイガーとディズニーに関して結論はまだ出ていない。しかし私が言いたいのは、アイガーが社内の人間としての立場にもかかわらず、社外の人間として行動していることだ。したがって、一部の社内人材は、たとえ前任者が退任させられ、大きな変革が求められていたとしても、大きな付加価値を生むことができるのは明らかである。同様に、適切な社外人材は、たとえ前任者が堂々と退任し、大きな変革が必要であるようにみえなくとも、ときには大きな付加価値を生むことができる。

図6−2　CEOの交代が業績に及ぼす影響　総資産利益率の変化（%ポイント）

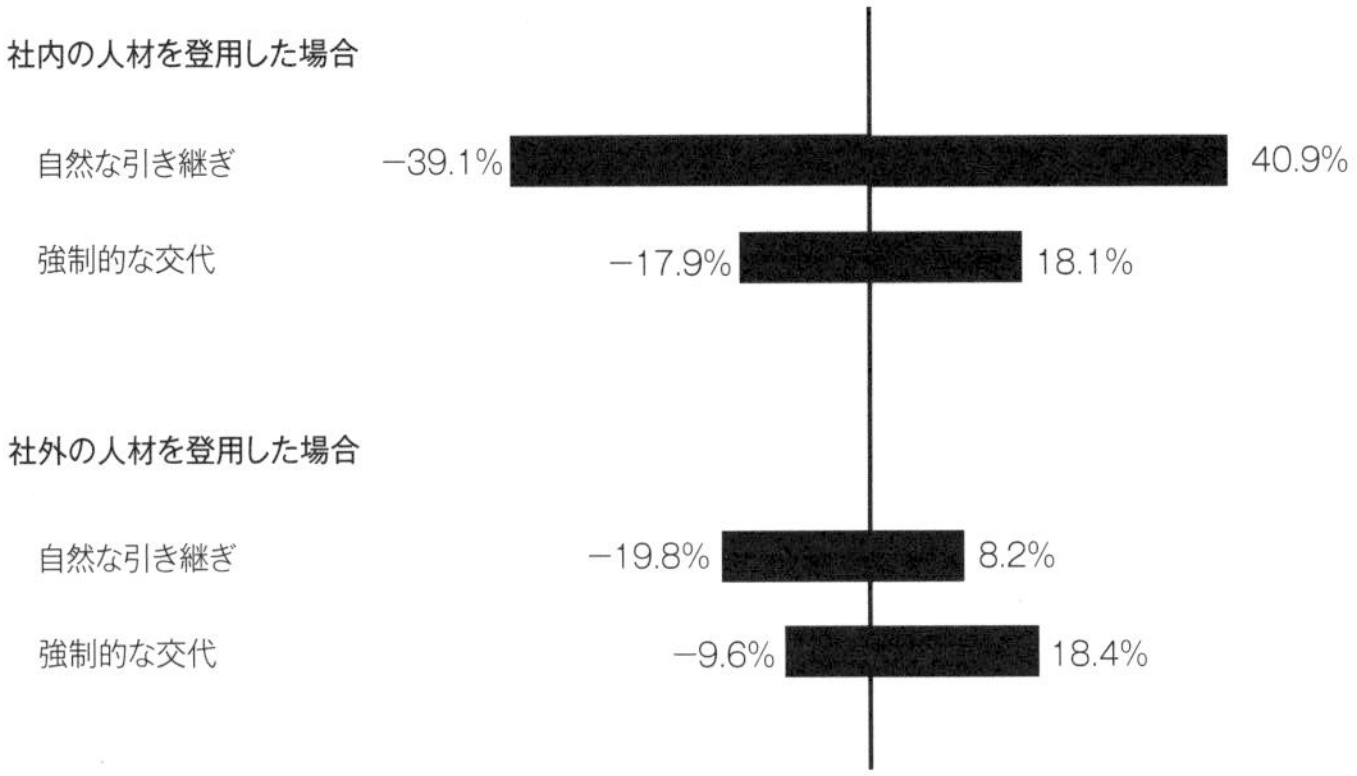

出所：Rakesh Khurana and Nitin Nohria, "The Performance Consequences of CEO Turnover" March 15, 2000

要は、社内の人材も社外の人材も考慮に入れて、それぞれの状況に最適な有力候補を見つけることが重要なのである。

クラナとノーリアの平均値にもとづく議論の限界を理解しながらも、彼らの貴重なデータを分析すれば、CEO交代がもたらす業績への影響力がみえてくる。これを示したのが図6−2で、二つの標準偏差の平均より低い値と平均より高い値を考慮することで確率的範囲を求めたものである。

図6−2は、次のいくつかの重要な結論を示している。

●物事が順調なときは、社内人材の昇進は業績への影響という点で差を拡大させ、一部の際だった成功者とどうにもならない失敗者を生んだ。そこで、物事が順調なときは、とくに慎重に将来を見すえ、昇進しようとする人物に必要な能力があるかどうかを確かめるべきである。

●社外の人材を採用した場合も、業績への影響度は価値を大幅に付加するか、損ねるかどちらの可能性もあったが、程度の差は縮小した。これにより、社外人材は通常より慎重に検討されていることがわかる。

要約すれば、とくに重要な人事を行なうには、候補者が社内か社外かにかかわらず、最適任者を見極め、選抜できるよう、バランスのとれた候補者リストを用意する必要がある。課題は、どのように候補者リストを形成するか、社内と社外の候補者をいかにベンチマーキングするか、候補者探しをいつやめればいいかを知ることにある。

ベンチマークの必要性

第2章で明らかなように、業績のよいマネジャーと悪いマネジャーとの〝業績の差〟は、職務の複雑さにともなって飛躍的に拡大する。平均的なマネジャーとトップレベルのマネジャーとの差、とくに幹部ポストにおける差は決して小さくない。

ベンチマーキングはその意味で重要である。市場では誰がベストなのか、ベストの人材と比べると、社内の人材はどの程度のレベルなのか知っておく必要がある。

ある米系コンピュータメーカーはアジアでカントリーマネジャーの採用に乗り出したとき、同業のハードウェアメーカー、ソフトメーカーやサービス会社、サプライヤー、さらにはテレコム業界といったやや遠い業界まで含めて、アジア地域の対象になりうる企業のCEOやCOOなどすべての経営幹部をリストアップした。さらに、ふさわしい経歴を持ち、アメリカとヨーロッパなどほかの地域で働いているアジア人を網羅した第二のリストもつくられ、対象となりうる企業すべての経営幹部経験者を網羅した第三のリストも作成された。最後に、第四のリストには、このポストに必要なコンピテンシーを有し、同社とその国の文化に適合していると思われる、消費財などの他業界の経営幹部が含まれた。

次に、アジア地域担当副社長と人事担当役員を含む採用チームが、一〇〇人以上の名前があがっていた候補者リストを一二人まで絞り込んだ。その一二人を対象に面接が実施され、市場のベスト人材とのベンチマーキングが行なわれた。

第二の例として、第5章で述べた世界的な乳製品会社でも候補者のベンチマーキングを徹底的に行なった。この場合は、いったんコンピテンシーと望ましい目標レベルが確認されると、世界規模で有力候補を特定する大がかりな社外サーチが必要なことがはっきりした。このため、採用チームはエグゼクティブ・サーチ会社の助けを借りて世界中の候補者を特定し、評価した。社外の協力によって、数カ国の十数人の有力候補者に独自に接触し、感触を得る一方、プロセスを完全に極秘で進めることができた。

同採用チームはシンプルだが効果的なベンチマーキングを実施した。重要性が確認された五つのコンピテンシーに重きをおいて、各候補者のそれぞれのコンピテンシーを一から一〇の尺度で評価することにより、世界規模で評価を行なっても、国の違いで〝不平等な格付け〟が生じる確率は最小限に抑えられた。また、総合評価は、各候補者の強みと弱みを記述することで定性的な面も補完された。

候補者のベンチマーキングを効果的に行なうには、社外の有力候補者のプロファイルを明確にすることが必要であるが、またそれに代わる社内の人材を客観的かつ徹底的に評価することも重要である。いまだ創業者が現役の、ある国際的なソフトウェア会社のケースを考えてみよう。同社はエグゼクティブ・サーチ会社を使って大手テクノロジー企業の経営幹部だった人物をCEOとして社外から迎えたが、そのCEOはすぐに自分の出身企業から何人かを幹部として引っ張ってきた。しかし、この新経営陣は同社の文化に適合できず、結局、全員が辞めることになった。

その後のサーチで、それまで見過ごされていた社内の経営幹部の一人が、強力な候補者として浮上した。そして社外の二人のトップ人材との比較評価で、当人が最適任者であることが明らかになった。これは同社が改めて、企業文化の理解こそが最重要であることを再認識した結果である。

どこまで探せば事足りるのか

では、ブエノスアイレスにおける私の初仕事の話に戻ろう。それはQuinsaの子会社キルメスの新しいマーケティング・営業責任者を見つけるというものだった。

クライアントに対して、この人が考えられるもっとも優秀な候補者だと自信をもって言えるまで、何人の候補者にあたらなければならないのだろうか？　私は約一〇〇人の候補者を探し、調査することにした。意思決定の専門家は、常に、自分で選択肢を限ってはいけないとアドバイスする。CEO

サーチを研究している学者は、一般的に言って、取締役会は自社の人材リストをもっとずっと広くとらえるべきだと結論している。その意味では多ければ多いほどいいことになる。しかし、いつ探すのをやめたらいいのだろうか?

一部の研究者はこの問題を、可能なかぎり小さな母集団のなかで可能なかぎりよい結果を得る方法を見つけだそうとした。〝過ぎたるは及ばざるがごとし〟の法則を研究していたあるグループは、たった一二人の候補者を分析することが、はるかに経済的で強力であることを発見した。このルールはもっともふさわしい候補者を見つける可能性を最大にするわけではない。しかし、効率的であるし、同時につまらない候補だけで終わる確率を減らしてくれるとともに、候補者のレベルに関する〝期待値〟を最大限にしてくれる。とくに〝一二で試す〟ことは一〇〇人の候補者集団だけでなく、数千人の集団でも有効である。

以上より、一二人の候補者を検討すればふさわしい候補者が見つかると結論を出すかもしれない。しかし事はそう簡単ではない。これはお互いの選択の問題だからだ。言い換えれば、あなたが選びたい人は、あなたを選ぶ必要もあるのだ。

もし五人の候補者のうち一人しかあなたがオファーする仕事に興味を示さない場合、〝一二を試す〟ルールでは、ふさわしい候補者を見つけるために一二人でなく六〇人にあたらなければならないことを意味する。ふさわしい結婚相手を探すという状況において、この相互選択という問題についてはABCリサーチ・グループによって分析されている。彼らの分析によると、実際にふさわしい相手を見つけるためには、二〇人程度にあたらなければならない。

ただし、ここで注意しておくべきことがある。ふさわしい結婚相手を見つけるためには、求婚と断わりという、異性からの二種類の反応により自分自身の魅力がどの程度あるのか把握する必要がある。たとえば、あなたがいいと思っている人から求婚されたら、あなたは自分の要求レベルをあげることができる。一方、あなたがあまりいいとは思っていない人であるにもかかわらず求婚を断わられたら、自分の要求レベルを下げざるを得ない。異性とのそうしたやりとりを二〇回ほど経験し、自分の魅力を把握する〝思春期〟を経れば、あなたは、青い鳥を追いかけて途中で疲れ果てることもなく、現実的にもっともふさわしい相手を選ぶことができるはずだ！

これを採用に置き換えて考えれば、サーチを賢く行ない、また市場から当該ポストの魅力度を適切に把握することができれば、一〇〇人の候補者にあたる必要はなく、二〇人程度でいいということになる。

社内の候補者を探すには

あなたはもっともふさわしい候補者は社内にいると思っているかもしれない。それは、多くの場合、正しい。たとえ自分の選択肢を広げるためベンチマーキングを行なっている場合でも、社内の有力候補者の発掘にそれなりの時間と労力を費やすべきである。

残念ながら、多くの企業には適切な後継者育成プランができていないし、試練のときを迎えてもなかなか実行できないケースが多い。前述のように、センター・フォー・クリエイティブ・リーダー

Coffee Break

花嫁の持参金問題（37％ルール）

何人の人に会えばいいのか？　この質問に対する1つの答えは、「花嫁の持参金問題」を研究している統計学者から出されている。内容はこうだ。ある暴君スルタンが、結婚相手の女性を探している自分の最高顧問の知恵を試したいと考えた。スルタンは王国にいる100人の女性1人ひとりにその顧問と面会させる。顧問は持参金が一番多い女性を選ばなければならない。彼はそれぞれの女性に持参金の額を聞くことができるが、その場で、結婚するか見送るかを選択しなくてはならない。もし見送った場合には、その女性に二度と会うことはできない。もし持参金が一番多い女性を選ぶことができたら、彼はその女性と結婚し、スルタンの最高顧問としての地位を保つことができる。もし失敗したら、彼は殺される。

統計学者は、そうした状況においては、「37％のルール」が最高の戦略であると論証している。顧問は最初の37人に会い、それぞれを見送るが、そのなかで最高だった持参金の額を覚えておく。その女性を「H」としよう。そこで、彼はまた38人目の女性から始めるが、持参金がHより多い初めての女性を選ぶのである。この37％のルールは、顧問が自分の生存の可能性を最大限にするために選ぶことのできる最善の策であるという。

しかし、37％のルールには、明らかに限界もある。第一に、最終選択をするために、100人のうち少なくとも38人（37＋1）、たぶん、それ以上と面接しなければならない。候補者が100人でなく1000人だったら、371人以上を面接することはほぼ不可能であろう。

シップによると、後継者育成プランは経営幹部選抜の際の情報源として利用される頻度がもっとも低く、事例の一八％にしか利用されていない。

では、残りの八二％では何を情報源としているのだろうか？　一つの答えは職場の同僚の評判で、事例の五二％に利用されている。事実、同僚の推薦は大変意味がある。ＧＥの元ＣＥＯ、レジナルド・ジョーンズが、自分が飛行機事故で死亡したら誰を後継者にすべきだろうかと当時の経営幹部に尋ねたところ、もっとも多かった答えはジャック・ウェルチであったと言う。いい選択である。

心理学者のアレン・クラウトはフォーチュン一〇〇社の中間管理職のキャリアパスを研究してきた。幹部養成プログラムのなかの同僚による評価では、同僚のなかで経営幹部になる可能性が高いと認められた上位三〇％のうち、一四％が実際に執行役員にまで上り詰めた。それに対し、下位七〇％の場合は二％にすぎなかった。言い換えれば、「職場の仲間から上位三〇％にランクされた人たちは、トップの執行役員まで進む可能性が七倍も高かった」とクラウトは言う。

もし適切な後継者育成プランが用意されていなかったら、あなたは何をするべきだろうか？　長期的な観点で言えば、将来の幹部候補者と思しき人材を対象に、正式なかたちでの人材評価を実施することが重要である。また、組織の規模が大きい場合には、世界中の従業員がもつコンピテンシーの棚卸しをすることを真剣に考えるべきである。

過去数年にわたって私たちは、クライアントである世界的な大手重機械メーカーのコンピテンシーの棚卸し作業を手助けしてきた。これは、同社が世界各地にいる全従業員のコンピテンシーをチェックし、追跡するために開発したオンライン人事ツールを使って行なわれたものだ。その目的の一つは、どこかで埋もれている優秀な社内候補者を見つけだすことと、それにより社外人材をサーチする量を減らすことにあり、私たちもその取り組みを強く支持した。

そのツールは一つのサーバーに置かれているため、世界中からアクセスできる。同社の約五〇カ国の人事担当者は全員、これに頻繁にアクセスしている。このツールは同社の現在の人材についてのコアとなる記録であり、また時間の経過にともなうコンピテンシーの変化の追跡にも利用されている。もしあなたが人事担当者で、特定のポストに適した人材を探していたとしたら、学歴や経験、専門のトレーニング、性格やコンピテンシーなど、多くの領域に従ってサーチすることができる。この会社では、非常に洗練されたコンピテンシー・スケールを使って候補者を選抜することで、社内の見落としや部署・部門のエゴなどのために社内人材が見つからず社外に人材を求める必要性を著しく減少させることができたと同時に、社内昇進の成功率が飛躍的に高まった。

候補者の視点——仕事の見つけ方

経済学者アルフレッド・マーシャルがかつて述べたように、市場の一方の側だけをみて分析するのは、ハサミの片方で何かを切ろうとするようなものだ。雇う側がよい人材を求めているとしたら、雇われる側はよい仕事を求めているからだ。私たちが人と仕事をマッチングさせるとき、雇われる側の考え方、動き方はよく理解しなければならない。

マーク・グラノヴェッターは一九七〇年代はじめにマサチューセッツ州ニュートンに住む二八二人

の男性を対象に、彼らがどうやって仕事を見つけたかについて調査を行なった。この研究は、こうした行動を実証した最初のものの一つである。グラノヴェッターは、仕事を探していた専門職、技術職、管理職の労働者を、とくに彼らが用いた職探しの方法に焦点をあてて分析した。第一の方法は、彼が〝フォーマルな方法〟と呼ぶものである。たとえば、広告や公共・民間の人材紹介事業者（エグゼクティブ・サーチも含む）、大学や業界団体が主催する面接や就職斡旋、一部の職業における就職審査会などである（当時はまだ存在していなかったが、インターネット広告やウェブを中心にしたサービスもこのカテゴリーに入るだろう）。グラノヴェッターの〝フォーマルな方法〟の特徴は、求職者が応募にあたって個人的な関係のない媒体を利用していることだ。

第二の職探しの方法は〝個人的なつきあいによる方法〟だ。言い換えれば、求職者の個人的な知り合いで、仕事や企業内の人間を紹介してくれる人――もともと仕事探しとは無関係な状況で知り合った人物――を介するということだ。

第三の求職方法は〝直接応募による方法〟だ。つまり、正式または個人的な紹介を経ずに、あるいは個人的なつきあいで特定の求人情報を得ることもなく、相手の組織に履歴書を直接送るのである（企業のウェブサイトからの直接応募もこの最後のカテゴリーに入るだろう）。

グラノヴェッターは、個人的なつきあいが仕事を見つけるうえにおいてもっとも有力な方法であることを発見した。回答者のほぼ五六％がその方法を用いていたのだ。求職者がこの方法を好んだのは、より信頼のできる情報交換ができると思っているからである。私の経験からすると、ほとんどの雇用主も個人的なつきあいを利用することを好む。

グラノヴェッターの報告によると、個人的なつきあいは、好まれただけでなく、新しい仕事を見つけるもっとも効果的な方法でもあった。個人的なつきあいを利用して入社した人たちは仕事に「とても満足している」と答える可能性がもっとも高く、また個人的なつきあいを通じて見つけられた仕事は給料も高くなる傾向があった。また、そうした仕事は新設ポストがらみのことがもっとも多く、概して魅力的だった。最初の着任者のニーズ、好み、能力に合わせて仕事が行なわれる傾向があったからだ。同様に、個人的なつきあいで入社した人たちは〝動く人〟よりも〝とどまる人〟であることが多い。

要約すると、グラノヴェッターおよび後の世代の研究者たちは、個人的なつきあいの利用は、ほかのどんな方法を利用するよりもよい就職先が得られるという強力な証拠を見つけたのである。

〝ちょっとした知り合い〟の重要性

グラノヴェッターは、たとえ彼がある人物の生い立ち（家族、ＩＱ、学歴、職業）についてよく知っていても、所得はなかなか正確に予測できないということに気づいていた。彼が指摘した所得のバラツキの問題は、すばらしい仮説に結びついた。つまり、適切なときに適切な場所で適切なつきあいをもつと、その後の所得レベルが向上するというのだ。最終的に、この仮説は彼の研究で実証された。

グラノヴェッターによる第二の重要な発見は、あなたが重大な転職をする確率は、あなたの業界とは異なる業界にいる人と個人的につきあう割合に比例するということだ。意外にも、たまのつきあいはプラスになることがわかった。すなわち、〝ちょっとした知り合い〟の重要性という概念である。各種クラブ、スポーツ、レジャーや趣味のグループ、近隣、夏休みなどを通じた知り合いは、いざ重大な転職をしようとするときには、重要なつきあいになる可能性があったのだ。最高の〝ちょっとした知り合い〟には二つの重要な共通の特性があった。

1 社会的というよりは、むしろ職業的なつきあいである

2 それらのつきあいは、ごく限られた〝情報の連鎖〟のなかに存在している（直接本人を知っているか、本人を知っている人を知っているという意味）

成功した求職者のほうには、三つの特徴があった。つまり、求職活動を積極的に行なった人よりも、あまり積極的に行なわなかった人のほうがよい仕事を得ている。次に意外なことに、求職者のほぼ半数は前任者が離職しなくとも仕事を得ている。最後に、ほとんどの人は過去のつきあいとキャリアに拠るところが大きかった。

なぜ雇うほうも雇われるほうも個人的なつきあいを利用するのを好むのか、その理由を推測してグラノヴェッターはこう述べている。個人的なつきあいのほうが広範な情報でなく、集中的な情報を生む。広範な情報への投資は、たとえば新車など、標準的な商品を買うときには適切である。しかし、質の高い集中的な情報を得ることは、候補者を評価するときにはきわめて重要である。

社外の候補者を探すには

グラノヴェッターの研究が初めて発表された一九七四年から時を進め、そして視点を雇われる側から雇う側に転じると、あるものは大きく変わり、あるものはほとんど変わっていないことがわかる。

インターネットの力と限界

過去二〇年にわたる大きな変化の一つは、インターネットを利用したオンライン募集が爆発的に増え、ウェブ採用のための電子履歴書やキャリア・ウェブサイトが氾濫していることだ。加えて、求人情報をインターネットの求人掲示板、たとえば一般的なものから政府、業界、学校関係のものなど、さまざまな掲示板に載せることができるようになった。

しかしその情報の質は、常に、それを発信する人の理解度と誠実さに左右される。多くの場合、就職志望者は情報をみずから公表する。だがその人はどれだけ自分というものを理解しているだろうか?　どれだけ正直なのだろうか?

広告の力と限界

次の広告を考えてみよう。

〝求む男子。至難の旅。わずかな報酬。極寒。暗黒の長い日々。絶えざる危険。生還の保証なし。成功の暁には名誉と称賛を得る〟

このコピーは有名な極地探検家、アーネスト・シャクルトン卿によって書かれたものだ。これが一九〇〇年にロンドンの新聞に掲載されたときは、おびただしい反響を呼んだ。故テッド・レビットが指摘したように、この広告は名誉と栄誉が重要なモチベーションとなる人々の心をがっちりつかんだ。

その力は、たとえ大きな危険を冒しても、悲惨な目にあっても、名誉と栄誉を求める人間の願望に訴えるという斬新なアイデアにあるだけではなく、きわめて率直な問いかけにある。

私はかねてから広告の力に感銘を受けてきた。しかし、こと人材探しに関しては、広告には重大な限界がある。

第一に、カバーしている範囲と注意を引くうえでの問題がある。一九〇〇年のシャクルトンには比較的簡単なことだったかもしれないが、いまは違う。毎日、私たちは数かぎりないメディアを通して大量の情報を浴びている。あなたが巨額の投資を行なう広告主でないかぎり、もっともふさわしい候補者の注意を引くことはきわめてむずかしいだろう。

第二に、広告は対象者と個人的な関係をもたないため、相手方が行動を起こさなければならない。

たとえあなたの広告に気づいた人々がいても、彼らは自分からあなたに連絡をしなければならない。もし募集の呼びかけがシャクルトンのように力強いものでなければ、人々は行動を起こすにはいたらないだろう。

第三は質の問題だ。仕事に満足している人のほとんどは新しい仕事を探していないため、求人広告もみていない。したがって、これらの広告をみるのは失業中の人か、いまの仕事に満足していない人に限られてしまう。その結果、反応を示す人の数が多い割りに、質は低くなってしまう。シャクルトンもこの問題には直面したはずである。

第四に、広告は企業の下位のポストには有効であっても、ポストが上がるにつれて、効果はきわめて限られたものになるということだ。企業は、幹部ポストの欠員が弱みと思われるため、他社に知られたがらないし、現職の経営幹部は、匿名広告に応じたりして自分の個人情報をさらす危険を冒すことなどしたがらないからだ。

ゼロからの探索

もう二〇年以上も前のブエノスアイレスで、人脈も、データベースも、インターネットもないなかで、キルメス・ビールのマーケティング・営業マネジャーを探すために始めたサーチを担当したときの話に戻ろう。

まず最初に、私は最大のターゲットである飲料会社、次のターゲットである食品会社、やや遠い業界である消費財企業のすべてをリストアップした。そして、それぞれの会社で有望な候補者を見つけだした。たとえアルゼンチンのような小さい市場でも、これで約六〇人の有力候補者のリストができた。

私は広告代理店の人やこれら消費財企業の〝OB〟など、ほかにも有力候補者がいるかもしれないと思った。そこでソーシング（情報源の人に適任者について尋ねることを意味する社内用語）を開始した。業界では新人だったため、私は情報源をソーシングすることから始めなければならなかった。戦略とマーケティングが専門のコンサルタントや、もっとも重要かつ成功したマーケティング・キャンペーンを知っている広告代理店の人たち、消費財企業の経営幹部などと話をした。

二つの興味深いことが起こった。第一に、私が想像しなかったところで強力な候補者を数人見つけた。第二に、それらの候補対象の一人ずつについて情報源から多くの質の高い情報を集めることができた。おかげで、本人たちに会う前から、採用したい人材の要件やこうした候補対象の潜在的なモチベーションについて、アイデアをもつことができた。その結果、これから当たるべき一〇〇人以上の候補者について、質的に高いコメントをつけて作成することができた。

まだ作業を始めたばかりだったし、調査は計画的、徹底的にしておきたかったので、私はそれら有力候補者のうち何十人かと面接を行なった。そして、自分が実際に会って得た感触と情報源の意見がきわめて近かったので満足した。

最終的に、私はクライアントに三人の真に優れた候補者を紹介し、選ぶのがむずかしいといううれしい悩みに陥った。最終的に採用された候補者はリチャード・オクセンフォードという人物だが、ちなみに彼は募集広告には一切反応しなかっただろう。なぜなら、新しい仕事を探していなかったからだ。あるいは、お決まりのサーチでは候補として浮かびあがってこなかっただろう。なぜなら、彼は数年前に別の飲料会社を引退し、独立していたからだ。

その後、オクセンフォードは新たなポストで驚くほどの成功を収めた。キルメスでの最初のポストから同社の役員会の一員へ、そして親会社Ｑｕｉｎｓａの国際事業担当マネジャーへと昇格した。実際、あまりの大成功に、彼はＱｕｉｎｓａのみならず、同社と近い関係にあった世界の大企業、ペプシにもめざましい貢献を果たした。

その物語を念頭に、ソーシングについてもう少し詳しくみてみよう。

スモールワールドでのソーシングの力

ソーシングの力は大きい。私たちはスモールワールド（狭い世界）に住んでいるからだ。あなたは私のことを個人的に知らないかもしれないが、私を知っている誰かを知っているかもしれない。そして、もしあなたが本書を読んでいて、これらの話題に興味があれば、あなたは私を知っている誰かを知っている誰かを知っている可能性は、きわめて高い。

一九六七年、社会心理学者のスタンレー・ミルグラムはネブラスカ州の住民に、彼らの知らないマサチューセッツ州在住の株式仲買人に連絡をするよう頼んだ。ネブラスカの住民は、その株式ブローカーを知っていそうな知り合いに手紙を送るよう指示された。もし手紙の受取人が株式ブローカーを知っていたら、手紙を直接転送できる。もし知らなければ、本人を知っていそうだと思われる人に転送する。その手紙がネブラスカからマサチューセッツの株式ブローカーに届くまで何人の手を経るだろうか？

あなたは、十数人と思うかもしれない。結果は、平均六人だった。これはダンカン・J・ワッツの著書『スモールワールド・ネットワーク――世界を知るための新科学的思考法』で詳しく説明されている「六次の隔たり」という概念に結びつく。

私たちは互いにきわめて短い鎖でつながっている。あなたに一〇〇人の友だちがいて、その友だちそれぞれにやはり一〇〇人の友だちがいるとしよう。一次の隔たりでは、あなたは一〇〇人とつながっている。二次であなたは一〇〇×一〇〇、つまり一〇〇〇〇人に到達する。三次までに一〇〇万人、四次までに一億人、五次までに約一〇〇億人、そして六次までに地球の全人口とつながる計算になる。

ある研究は俳優に焦点をあてた。米国にはおよそ五〇万人の俳優がおり、これまでに二〇万作以上の映画に出演している。この母集団においては、任意の二人が少なくとも一回共演した出演者を通じてつながるのに必要とされる段階の数は、三つ以下である。

同様に、似たような研究がフォーチュン一〇〇〇社の約八〇〇〇人の取締役を対象に行なわれた。これらの取締役の八〇％は一社の取締役会にしか属していないが、この取締役ネットワーク全体のすべての個人は、取締役会メンバーの短い鎖を通じて実際にほかのすべての取締役とつながっていたのである。

図6－3　ソーシングの効率

	適任者	興味をもつ人	〝真の〟候補者	必要な接触数*
無作為	10%	20%	2%	>110
ソーシング	30%	50%	15%	14

*90%の確率で最低1名の〝真の〟候補者を見つけるために必要な接触数

ポイントは、短い鎖によって、ソーシングがもっとも適任の候補者に効率的に到達できる方法であるだけでなく、質的に高い情報も得られる、きわめて強力な方法であるということだ。同時に、これはきわめて効率的なサーチにも役立つ。

あなたが〝真の〟候補者と考えているのは、①能力の面で人材プールの上位一〇%にいる人で、②説得すれば仕事を変える可能性のある人だとしよう。図6－3に示したように、有力候補者に無作為にあたった場合、あなたが適任の候補者を見つける可能性は、当然ながら一〇%になるだろう。五人に一人（二〇%）は新しい仕事に興味をもつと仮定した場合、無作為の接触を通じて真の候補者を見つける可能性は、二%しかない。言い換えれば、無作為に行なった場合、少なくとも一人の真の候補者を見つける可能性を九〇%の確率で実現するには、一一〇件以上の接触が必要である。

しかし、私の経験では、優れた情報源は能力の面ではるかに優れた候補者を見つけだし、（たとえ彼らが求職活動をしていなくとも）それらの人の情報を得ることもできる。もしあなたが、優れた情報源から提供される候補者の能力と転職の意思について、精度を控えめに見積もっても、能力と転職意思がある候補者を少なくとも一人見つけるためには、一四件以下の接触ですむことがわかるだろう。

ソーシングの効果はきわめて大きい。この例では、八〇〇%以上もの生産性の向上につながる。

ソーシング上手になる

あなたのソーシングに必要なのは誰だろうか? 接触先としては、サプライヤー、顧客、代理店、業界団体の役員、業界紙などである。しかし、結局のところ、ソーシングとは熟練の技を要する仕事であり、実践を通してしか習得できないもの、そして情報源を最大限に活用するために創造力、優れたコミュニケーション力、対人関係スキルが必要なのである。

私の初期の仕事の一つで、新設大学の初代学長になる人材を探すという案件があった。選考委員会がある候補者に重要な質問を投げかけた。「教授陣はどうやって探すおつもりですか?」

私はその候補者の答えをいまも覚えている。「電話を二本かけなくてはならないでしょうね。最初の一本は、私の知り合いに誰に電話をかけるべきか尋ねるため。二本目は推薦された本人にかけるんです」

その人物は採用され、大成功を収めた。おかげで同大学は、わずか設立五年で、専攻科目が国内最高の水準にあるとの評判を獲得し、一世紀以上も前からある他大学と互角に競争するまでになった。成功の大きな理由の一つは、効果的なソーシングを通じて最強チームを迅速につくることができた、学長の能力にあった。

ソーシングの基本的な考え方は、候補者について考えるのではなく、もっともふさわしい候補者を知っていそうな人たちについて考えることだ。多くの人が、ふさわしくない候補者へのコンタクトにあまりに多くの時間をかけすぎている。何人かのふさわしい候補者の名前がただちに頭に浮かびそうな人にコンタクトするほうが理にかなっている。

一九九〇年代後半のニューヨークで成長著しかったハイテク企業のＣＥＯの例を取りあげてみよう。新しい営業責任者を採用しようとしていた彼は、私に憤懣やるかたない胸の内を明かしてくれた。ウォールストリート・ジャーナル紙に広告を打ち、ほぼ三カ月もかけて何百もの履歴書をチェックし、その間、約二〇件の面接を行なったのに、要件を満たす候補者が一人も見つからなかったのだ。

結局、彼は本来はじめるべきだった地点に戻ることにした。数人の候補者の名前をすらすら言える業界の物知りに連絡するのだ。たとえば、彼は自社のサプライヤーの一社の元ＣＥＯで、いまは業界向けのコンサルティング会社で働いている人物と話をした。その情報源からは可能性のある四人の候補者の名前が出た。また、流通問題について彼の会社のような大手企業数社の顧問をしている、ビジネススクールの教授ともランチをともにした。この情報源からは新たに五人の候補者があげられた。これらの情報源はＣＥＯの会社と募集中の仕事の内容についてよく理解していただけでなく、業界の関係者との長年のつきあいがあった。ＣＥＯは結局、どちらの情報源のリストにも載っていた一人の人物を採用し、結果的に成功した。

自分で探すか、専門家に頼むか

エグゼクティブ・サーチを実施するとき、候補者は自分自身で探すべきか？　それとも専門家の助けを得るべきか？

専門家の助けがいらない人選は数多くある。たとえば、候補者の人材プールが限定され、よく知られており、特定のニーズがはっきりしている場合である。この件についての例として私がよくあげるのは、世界経済の動向を分析するアナリストを探していた、ワシントンに本拠のあるシンクタンクである。そのケースでは、組織にはきわめて有能な社内候補者が二人いた。そして、取締役たちは個人的に一〇人前後の社外候補者と知り合いだったが、彼らは全員が学者か、ほかのシンクタンクのメンバーだった。さらに、会長は組織に何が必要かということについて、非常に明快な考えをもっていた。ほとんど誰もの予想どおり、社内候補者の一人が昇格した。

社外の助けは、会社が同種のサーチを定期的に実施していて、業務の要件と適任者のコンピテンシーをよく理解している場合も、あまり意味がない。これは専門知識と技術が鍵となる高度に技術的なポストに関してよくみられる。それらの〝ハード〟なコンピテンシーは、一般に〝ソフト〟な経営やリーダーシップの能力よりも評価しやすい。その結果、通常この状況では社外の専門家を入れる話にはなりにくい。

組織の下位レベルのポストでは、その人のミスによる影響は相対的に深刻ではなく、そのミスは比較的容易に訂正が可能である。また、下位レベルでの採用頻度の高さを考えると、たえず社外に助けを求めるよりも社内に専門の人材を育てるほうがはるかに費用対効果が高いであろう。

専門のサーチ会社をはじめ、社外のアドバイザーの助けが不可欠な状況はある。一つは、会社の収益に大きな影響のある経営幹部ポストの人材を採用する場合である。前に説明したとおり、こと業務が複雑なポストになると、優秀な人材がもたらす業績は平均的な人材がもたらす業績より桁違いに大きくなる。経営幹部ポストははるかに大きな権力をともない、はるかに広範な資源と意思決定を含んでいるため、その幹部の影響はきわめて大きいものになる。こうした状況では、もしエグゼクティブ・サーチ会社が探した候補者がほかの候補者よりたった一％の利益の差を生まなかったとしても、その金額は多大であり、そのサーチの価値は大きい。

社外の専門家の助けは、たとえば事業の多角化、新市場、合弁会社、技術革新などによりポストを新設した場合も意味がある。そうした状況では、組織はその空いたポストに必要なコンピテンシーに精通しておらず、候補者について限られた知識と評価方法しかない可能性が高いからだ。

また、専門のサーチ会社は、企業が新しい経営幹部を広範囲に探したいときにも、付加価値がある。これは国際的なサーチが実施される場合、あるいは、経済規模が小さいために、ふさわしい候補者を採用するために業界を超えて探さざるを得ない場合などである。

最後に、そしてこれらの利点をさらに効果的にするため、サーチ会社は社外サーチを極秘に実施することができる。ラケシュ・クラナが論じたように、上級幹部の求人においては、サーチ会社を緩衝材として挟むことで直接接触することがむずかしいような上級管理職との接触が可能になる。双方とも機密保持に強い関心をもっているため、仲介者は双方のリスクを最小限に抑え、成功する可能性を高めるために、大きな付加価値を生むことができる。

いったん十分な有力候補を創出したら、次は、あなたのニーズにとって、彼らの中身が見た目同様優れているのかどうかを確かめるため、徹底的に評価しなければならない。これが次章のテーマである。

第6章のまとめ

重要な人選の際は、社内のみならず、広く社外の人材を対象に入れて、十分な数の候補者のなかから選ばなければならない。

1　適任者を探す場合は、社内の人材のみならず社外の人材も検討することが大事である

・一般的に、社外の人材は、新分野への参入、新たな問題への対応、大きな変革のときには、成功する可能性が高く、変化を必要としない場合は失敗する可能性が高くなる。

・しかしながら、人材や状況によって確率どおりにはいかない場合もあるので、社内・社外にかかわらず幅広く人材を探す必要がある。

2　最適な人選をするには、候補者をベンチマークすることと同時に、ふさわしい候補者の数を十分確保することが大事である

・効果的なベンチマークのためには、求めるプロファイルを明確に定義して、客観的に評価をすることが重要。

・適切な候補者集団がリストアップできれば、二〇名程度の候補者を検討することで少なくとも一名の優れた候補者が見つかるはずである。

3　経営幹部の候補者リストを増やすための方策はいくつかある

- 企業としては、後継者育成プランのためにも常に社内の人材の棚卸しをしておかなければならない。
- ソーシングはふさわしい候補者を探すために効果的かつ効率的な方法である。
- 外部採用において、経営幹部級のポストや新事業分野におけるポストの場合、機密保持の必要がある場合には専門家の助けが役に立つ。

CASE STUDY

日系企業の海外現地法人社長登用にあたり、社内外双方を検討して成功したケース

一部上場の産業用機器メーカーで、同社の欧州子会社の社長の交代を検討していた。同子会社は、同社の戦略製品群の製造から販売までを欧州で手がけており、日本を除く世界中のマーケットをカバーしている。それまで当該子会社の社長は、日本の本社から送られた日本人が歴任してきたが、すべて製造畑の人間で、海外で営業マーケティングの実績をもっていなかった。今後全世界を対象に売上を伸ばすには、従来どおりの本社から送られた日本人社長ではなく、営業とマーケティングに長けたプロの経営者を登用する必要があった。

同子会社の社内には候補となりうる人材が三名いた。しかし、日本本社は、いずれも社長にすえるのはむずかしいと感じていた。よって社外の人材を招聘するしかないという考えであったが、一方で本人たちにきっぱりと言えるほどの確信もなかった。その三名は同社にとって必要な人材であったので、外部からトップが入ってきた場合には、彼らのモチベーションを下げてしまうリスクもあった。そのような状況を踏まえてエゴンゼンダーが提案したのは、まず社内の候補者三名を評価し、トップにふさわしいかどうかを確認するとともに、社外の候補者のリストアップ作業を同時に進めるというものであった。

社内候補者三名を評価したところ、そのうち二名は担当の範囲が限定されており、トップのポジシ

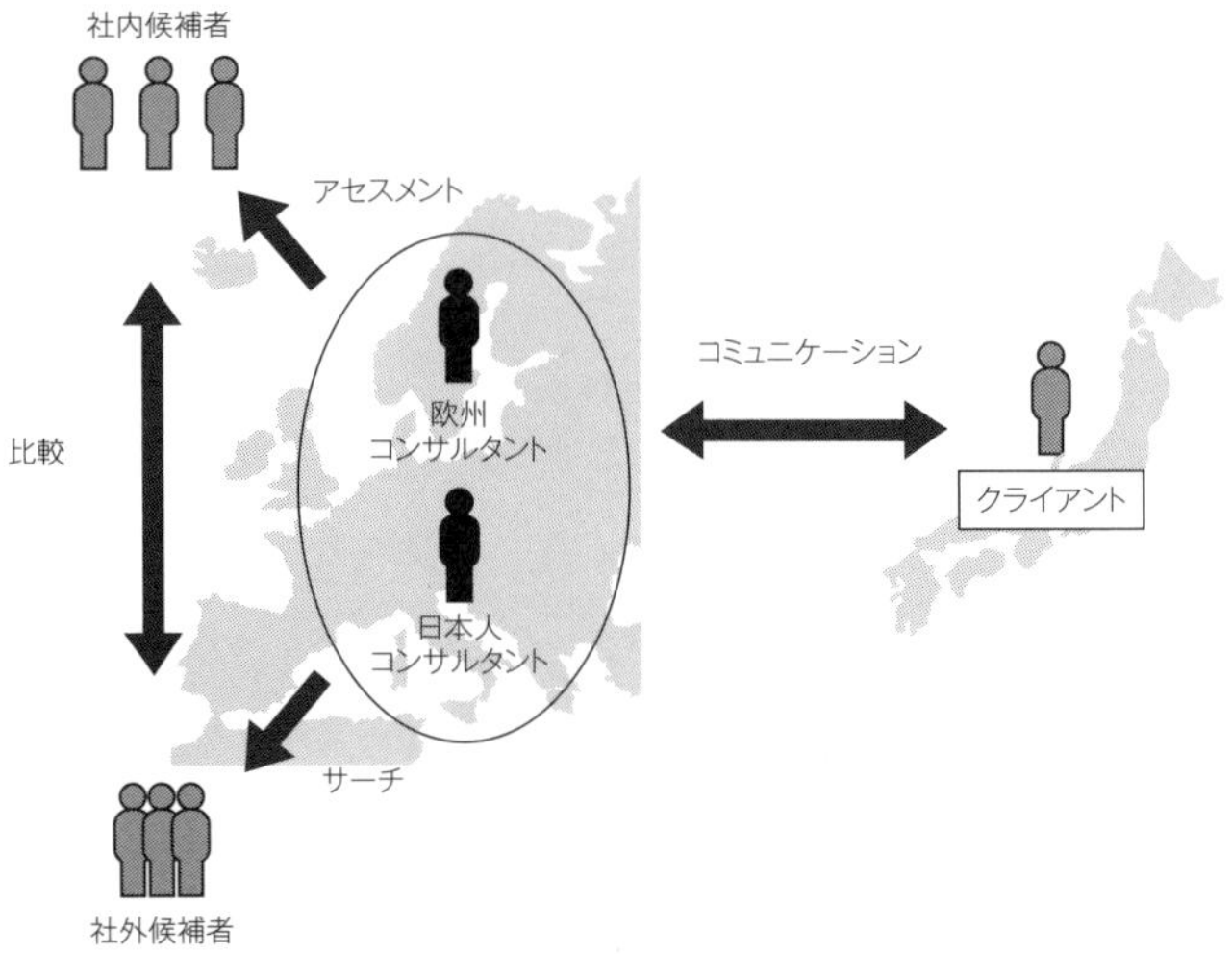

ヨンをこなすにはスキル・経験ともに不足していた。もう一名は別の関連会社における現任の社長であり、専門性という意味でも仕事の幅という意味でも問題はなくもっともこのポジションに近い人物であった。ただし現在担当しているビジネスの規模が小さいことや彼のポストの後任がいないことがネックであった。

一方で社外候補者についても、現地の同僚コンサルタントが中心になってクライアントの競合や業界外の企業に勤めている人間も含め三〇名程度のリストアップを行なった。その後、優先順位が高い人材から順番にエゴンゼンダーの現地コンサルタントがアプローチし、数名の候補者に絞り込む作業を行なった。絞り込みの際は、東京のコンサルタントも現地を訪問し、現地コンサルタントとともにインタビューを実施した。現地の候補者は現地人材の相場観をもつ現地コンサルタントでなければ正確に評価することはむずかしい。一方で日系企業のポストであれば、本社の企業風土などを理解した日本人コンサルタントのインプットも不可欠であるため、候補者の評価は、現地と日本人両方のコンサルタントが共同で行なうことで理想的なものとなるのである。また同様の理由で、社内候補者のアセスメントも、通常は現地と日本人のコンサルタントでチームを組んで行なう。

その後、現地と東京のコンサルタント間でまとめた社内外の候補者の評価をもとにクライアントと議論し、最終的に社内の候補者は諦め、社外のもっとも強力な候補者二名に絞った。そのうえでクライアントみずからが現地へ赴き候補者のインタビューを行ない、最終候補者一名を決定した。その最終候補者が今度は東京を訪問し、クライアント企業の本社にて社長以下数名の役員と最終面接を行ない、条件面の交渉を経て欧州子会社の社長として入社が決定した。社内候補者三名についてはクライアントへの報告のあと、各人へのフィードバックを現地コンサルタントが行ない、なぜ彼らが選ばれなかったのかという理由についての詳細なフィードバックを行なった。その際、今後どこを改善すべきか、どういったことを伸ばすべきかという個人の能力開発の点に重きをおいて、彼らへ気づきを与えるとともにモチベーションを維持することを心がけた。また新社長赴任の際は、社内のキーパーソンの能力や社内の事情を現地コンサルタントがインプットすることによって、短期間にさまざまな手を打つことが可能となり、それまで売上が伸び悩み赤字基調であった同社を、二桁成長をしながら大きく黒字化することに成功した。

第7章 人材をいかに評価すべきか

人材評価の改善により人選力を高める方法は数多く発表されているが、多くの研究者と人事の専門家は、評価における大事なポイントを見逃している。本章では、もっとも効果的な人材評価法に関して、既存のベストプラクティスとともに、私自身が確信している最良の手法について述べたい。

評価方法の改善が必要なわけ

具体的な方法論に入る前に、経営幹部人材の評価の改善に時間と労力と金を投資することが、なぜそれほどまでに重要なのか、ここでもう一度考えてみたい。

第2章で、有力な候補者を発見し、評価し、採用することへの投資から得られる期待収益率はどの

図7－1　採用活動の改善による業績改善効果
（各要素が10%改善した場合の年間利益［億円］の増加額）

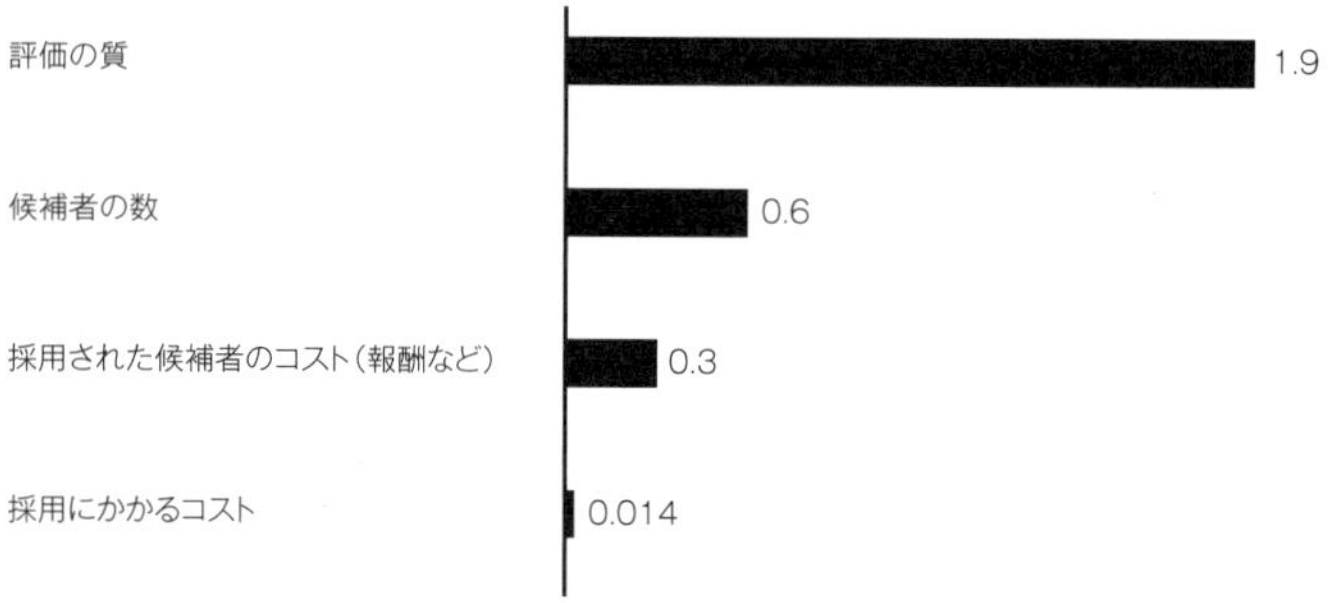

くらいかを算出するモデルについて触れた。そのモデルにもとづくと、きわめて控えめな前提に立っても、予想税引後利益が五〇億円の会社は年間利益の期待値を三四％（一七億円）増加させることが可能である。

本章では、まず、その値の実現にはより質の高い評価が必要であるということを示したい。同じ例で話を進めるが、感度分析によると、評価の質を改善させることは、候補者の数を増やすことの三倍以上、そして候補者の採用コストを減らすことの六倍以上の価値がある（図7－1参照）。

期待収益と比較した場合、サーチにかかるコストは取るに足りない。具体的には、候補者の評価の質が一〇％改善されると、期待収益は年間約二億円も増加する。仮にこの高い評価を二〇年にわたって継続したら、企業価値が約四〇億円も増加することになる。

人材評価の実態

第4章で述べたように、専門家や管理職にもっともよく利用されている選考方法には、面接、履歴書、レファレンスなどがある。他にもアセスメント・センターやパーソナリティ・テストなどの方法があるが、これらの多くは職務特性に合わせたものではないため、複雑なポストには向かない。

では、実際にうまくいく手法はどれだろうか？　新しい仕事を遂行するための能力を予測するには、どの手法が適切なのであろうか？

一九二〇年代に、すでに評価手法に関するすばらしい研究が行なわれている。さらに、過去三〇年間にわたる一連の研究によってサンプルサイズが拡大し、さまざまな研究結果の有効性が実証された。

評価手法は、二つの基本条件を満たす必要がある。すなわち、候補者の納得を得られるものであることと、職務遂行能力を正確に予測できるものであることだ。この二つは、通常、効果的な面接とレファレンス・チェック（候補者の仕事ぶりを知る人からの聞き取り調査）の組み合わせによって実現できる。さらに候補者の生い立ちや人生経験を記した詳しい個人データ（評価用語で〝バイオデータ〟として知られる）で補完することもある。

バイオデータは第二次世界大戦中に軍将校の能力評価に利用され、成功を収めたことから開発が始まったが、近年はあまり利用されなくなってきた。新入社員の職務遂行能力を予測する効果はあるが、他の評価方法に比べて、管理能力を予測する力はきわめて低いことがわかったからだ。組織の階層が上がるにつれて、バイオデータの予測力は下がる。レファレンス・チェックは、通常、最終段階まで残った比較的少数の候補者を評価し、絞り込むときに利用される。レファレンス・チェックは候補者が仕事で成功するかどうかの予測にはとくに役立つわけではないが、職務遂行能力に問題があるかどうかを見抜く数少ない方法であるという点で、多くの専門家の意見が一致している。

面接は、八〇年以上にもわたって研究され、支持を得てきた方法である。いくつかの研究は、面接方法の改善、とくに状況設定（ケース）面接と行動面接による改善に焦点をあててきた。詳細はあとで論じるが、重要な点は、どちらの手法も、さまざまな仕事における人材評価で常に高い正確性を示していることだ。さらに、より複雑なポストの場合、面接はほかのどんな評価方法より効果を発揮する。

面接やレファレンス・チェックの実施方法について論じる前に、私たちが人材評価を行なう際に直面する課題について、もう少し掘り下げてみよう。

人材評価で直面する問題

履歴詐称、過去の不祥事の可能性

最近、ブエノスアイレスの同僚から、MBA取得者だと学歴を偽ったCEOの話を聞かされた。彼の履歴書をザッと調べると、過去の二つの職について実際以上に過大にみせかけていた。

私たちは、第3章で述べたように、大多数の履歴書にはなんらかの虚偽が含まれているという時代に生きている。あるとき、私は自分の母校であるスタンフォード大学で工学の学位とMBAを取得したと称する候補者に会ったことがある。だが、本当はそのどちらももっていなかった。私はこの詐称者を紹介した人に連絡し、このことを話した。相手は私同様に驚いてこう語った。彼とは教会で知り合ったのだが、あれほど立派にみえる男なのに、と。

世の中は経歴詐称の例には事欠かない。たとえば、英国の新聞、メール・オン・サンデーには、BBC、フィリップス、データモニター、アンダーセン・コンサルティング、アーサー・D・リトルで働いていたというある経営幹部の記事が載っていた。同紙によると、彼女は三〇年にわたり詐欺生活で何度も刑務所に入り、取ったことのない学位や就いたことのない仕事を騙っていた。そして、エグゼクティブ・サーチ会社のパートナーになり、いくつかの企業の取締役にすらなっていた。同紙の報道によると「驚くべきことに、詐欺罪で二度も実刑判決を受けたこの女性は、同社の会計処理に不備がないよう監督する監査委員会のメンバーになっていたのだ」。

ニューヨークにある調査会社の社長、ジェームズ・ミンツは、自身の最近の記事で有名な経営トップの経歴詐称例を検証している。そして、詐欺のテクニックとして、学歴や就労経験の詐称、偽名、雇用の事実を裏づけるための幽霊会社の設立などをあげている。

どんなに強い絆で結ばれた地域社会でも、そして何でも検索してしまうグーグルの時代であっても、履歴書は不正や詐欺行為の温床となっているのだ。

直感的判断による誤り

こうして、候補者は疑わしい経歴を携えて私たちのところにやってくる。さらに、私たちは面接で直感的に判断をしてしまうことによって問題を悪化させたり、さらには、その間違った判断を正当化しようとさえしてしまうのである。

直感的判断の危険性を示す好例は、近年人気を集めているスピード・デーティング（お見合いパーティ）である。スピード・デーティングでは、数人の男女が互いに短時間（たいてい六分間）話を交わしたあとに、もう一度会いたいかどうかを決める。それから次の〝デート〟の相手に移る。こうして一時間に約一〇人と順番に知り合う。彼らは自分の望まない相手には時間をかけずに、きわめて短時間に数人と会うのである。

コロンビア大学の二人の教授が実施したスピード・デーティングの実験結果を紹介しよう。二人は科学的な仕掛けを施したスピード・デーティングを開催した。参加者はまず、事前アンケートで、将来の交際相手を選ぶ際の判断基準は何かを答えた。次に、その基準が、スピード・デーティングの直前、その直後、一カ月後、半年後の四つの時点でどのように変化したかを回答した。

その結果を分析するなかで、研究者たちは、参加者は魅力を感じた相手の影響を強く受けるため、判断基準が簡単に変わってしまうことを発見した。デートで特定の相手にのぼせたとたん、判断基準が別のものに変化した。そして六カ月後には元の基準に逆戻りした。

この調査結果は、私が知る企業の採用経験者たちのパターンと完全に一致する。ある候補者を面接していたく気に入った採用責任者が、その候補者に合わせて元々の採用基準自体を変えてしまったのだ。しかし、それでは、まともな採用基準とは言えない。

私たちは人材評価の際には、直感的判断を避けるために意識的に努力する必要があるのだ。

下手な面接

面接は、人材の評価にあたってもっともよく利用されている方法である。しかし、ほとんどの面接は効果的に行なわれているとは言えない。本来、面接とは候補者の情報を引き出すためのものだが、研究によると、面接官がほとんどしゃべってしまう傾向がある。

この傾向は、面接官が自社の組織や仕事を売り込もうとする際に生じる。しかし、これでは本末転倒である。面接での目標は、候補者に当該業務の遂行能力があるかどうかを見極めるために、十分な情報を集めることにある。仕事の売り込みは、目の前にいるのが適切な候補者だと確信したあとからでよい。

多くの面接では、事前準備がきちんと行なわれていない。どんなコンピテンシーを測ればいいか、どんな質問をすればいいかについて、しかるべき下調べが行なわれていないのだ。しかし、これから説明する方法で面接の有効性は倍以上に高められる。とくに複雑な幹部ポストにとって最高の評価方法になりうるのだ。

経験からコンピテンシーへ

これまでの章で述べたように、目標や課題、状況などがまったく同じ仕事を見つけるのは不可能なため、候補者の過去の経験を評価するだけで適切な人材評価を行なうのは通常は不可能である。候補者の能力が業績に大きな違いを生む仕事については、第５章で述べた準備を入念に行なう必要がある。

図7－2　コンピテンシーから業績を予測する

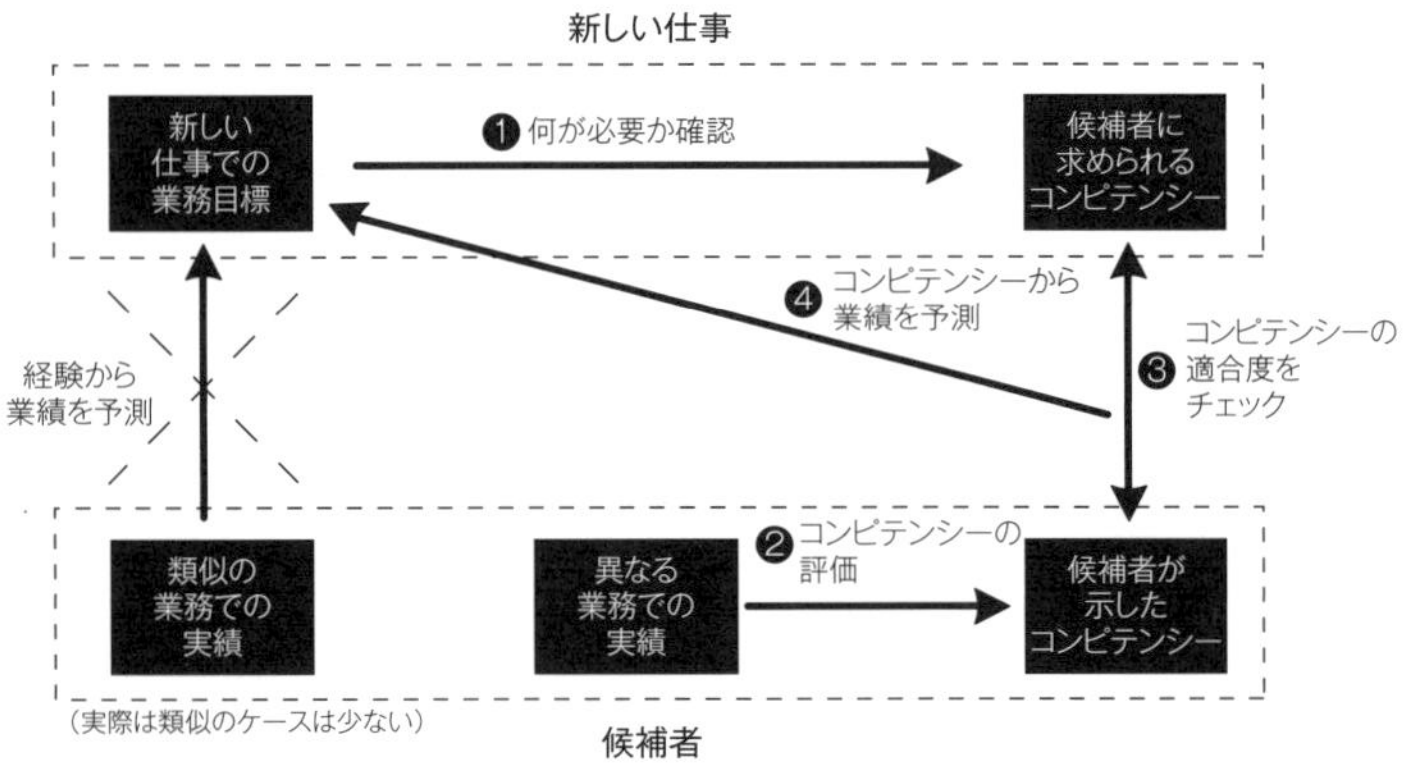

つまり、業務に必要なコンピテンシーを明らかにし、それらを行動を表す言葉で説明するのである。図7－2はこのプロセスを示したものだ。

過去の行動は、将来の行動を予測する最大のバロメーターである。そこで、現に評価を行なっている業務とまったく同じ業務をしっかりとこなしている個人を見つけることができれば何の問題もない。しかし、実際には同じ業務など存在しないし、また、わざわざ他社に移って同じ業務を最初からやり直してもよいと考える候補者などいない。したがって、現実の世界では、まず最初に自分が何を求めているかを確認し、その業務に要するコンピテンシーのリストを作成する必要がある。次に、候補者が今日までの業務でみせた能力を評価する必要がある。さらに、それらの異なる状況で示したコンピテンシーを検証し、それが新しいポストで要求されるものと一致するかどうかを調べ、その適合度から成果を予測しなければならない。こうしたコンピテンシー評価を優秀な評価者が適切に行なえば、将来のパフォーマンスを正確に予測することが可能になる。

デイビッド・マクレランドは、一九九八年の論文で、コンピテンシーを用いた評価方法を示している。そのなかで、彼は高業績者と平均的業績者のコンピテンシーを比較することで、仕事で優れた成果をあげるために必要なコンピテンシーを明らかにした。それには、成果志向、分析的思考力、人材育成力、柔軟性、情報収集力、対人関係の理解力、自信、リーダーシップなどが含まれていた。

リチャード・ボヤツィスによる研究は、ある多国籍コンサルティング会社のリーダーの評価にかかわるものだ。ボヤツィスによると、これらのリーダーが必要なコンピテンシーを発揮した頻度と、評価後の７四半期にわたる業績とのあいだには非常に高い相関関係があった。この研究は、専門知識とＩＱが成功の鍵だと思われているコンサルティング会社のリーダーに焦点をあてていたが、意外なことに、ＩＱ的なコンピテンシーでは業績の差を説明できなかった。一方、ＥＱにもとづくコンピテンシーは業績の差をよく説明できていた。たとえば、リーダーのリスクも辞さない姿勢、自己管理力、適応力、誠実性、価値観などである。

また、ボヤツィスは、コンピテンシーの「必要レベル」に関する分析も加えた。コンピテンシーが必要レベルより低いリーダーの売上は約九〇〇〇万円だったが、高いリーダーの売上は平均約三億円に達した。コンピテンシーが必要レベルより高いリーダーの粗利率は六二％だったが、低いリーダーの粗利率は四二％にすぎなかった。売上と粗利率を掛け合わせると、十分なコンピテンシーレベルに達しているリーダーの利益額は必要レベル以下の人より五倍も高かった。

この結果は、もしあなたが優れた職務遂行能力を予測するコンピテンシーを適切に選び、必要水準を明確に定め、評価に活用できたら、あなたの評価力と人選力は向上し、事業の成功に直結することを示している。

構造化面接と「行動に関する」質問の重要性

事前に評価すべきコンピテンシーを詳しく分析し、行なうべき質問を慎重に考えることから生まれる構造化された面接は、とくに複雑な上位のポストの人材を評価するためにはもっとも優れたツールになる。

この面接には二つのまったく異なる方法がある。一つは「過去の行動（ビヘィビア）に関する」質問をするものだ。これは候補者が過去のある状況で実際にどんな行動をしたかを把握するための質問をする。これはその人が新しい職務に必要とされる適切なコンピテンシーを有するかどうかを検証するために行なう。第二の方法は「仮定の状況（ケース）への対応に関する」質問をする状況設定（ケース）面接である。候補者はさまざまな仮定の仕事状況において、どんな行動をとるか質問される。どちらにもメリットはあるが、私は過去の行動に関する質問のほうを好む。なぜなら過去の行動に関する質問は、過去の動かない事実を問うているのに対して、後者の質問では、実際にそのような状況になったときに候補者が本当にそのような行動をとれるかどうか判断ができないからだ。

ロールプレイングによる面接スキルの向上

面接スキルの話題になると、私は過去の緊張の日々を思い出す。当時、わが社の面接スキルの研修プログラム開発に携わっていた私は、プロジェクトの最初の実験台になっていた。私が〝候補者〟（実際は、協力してくれた大学院生）を面接しているあいだ、三人のトレーナーがその人の後ろに座ってたえず私を観察し指示を出す。私はその指示に従い、候補者の言葉に耳を傾け、親密な関係を築き、適切な質問をし、鋭いチェックを入れ、一方でせっせとメモをとる。これらを同時にしなければならなかった。さらに、その全過程がビデオに撮られていたのだ！

一回の研修時間は三〇分にすぎなかったが、私には永遠に続くように思えた。当時までにもう九年もエグゼクティブ・サーチを経験していたにもかかわらず、私は戸惑い、自分を無力に感じた。しかし三人のコーチが助けてくれたおかげで、私はその三〇分間で貴重なことを学ぶことができた。

この実験から学んだのは、経験だけでは面接スキルは向上しないということだ。結局のところ、私はその前に何千件もの面接を行なっていたのに、私の腕をあげたのはその研修だった。もっとも強力な面接研修手法はロールプレイングなのである。

研究によると、ロールプレイングの演習やフィードバック、ビデオ撮影を数日間にわたって行なう研修プログラムは、質問や面接を構造化する技術、リスニングスキルを大幅に向上させることができる。参加者に正しい面接のしかたについてのモデルを提供し、実際に本物の候補者に面接させ、すぐに具体的なフィードバックを与えてくれるものがもっとも優れた研修プログラムである。合計二万人近くを対象にした一二〇もの面接研究のメタ分析によると、研修は構造化面接だけでなく、非構造化面接においても、面接スキルを身につける一助となる。

わが社での経験は、この研修の価値を明確に確認できるものだった。研修プログラムは二年目に入り、わが社の〝スターたち〟（プログラムで学習したことを実務に活かしている同僚）のサーチの成功率は二〇％向上し、サーチに要する期間は四〇％も短くなったのである。

優れた評価を実現する面接

優れた評価を行なうためには、優れた評価実施者、組織的な対応、そして（あくまで第三の要因として）適切な評価方法が必要となる。これらは掛け算的に評価の正確性に影響を与える。正確な評価を行なうには、これらの条件がすべてきちんと備わっていなければならない。

あなたの組織で優れた評価がなされるようになると、組織に長期間貢献する職務遂行能力が高い候補者を採用することが、可能になるだろう。同時に、組織のよいイメージを対外的に与えられるようになる。また不必要かつ不正確な評価を回避できるため、あなたの仕事の効率は高まり、経営陣の時間の浪費を防ぐことができるだろう。

Coffee Break

微妙な表情を読み解く

私たちは訓練によって候補者の「微妙な表情」を感知できるようになるらしい。これは、3分の1秒以下という一瞬に顔をよぎる小さく、かすかな感情的シグナルで、通常はほとんど意識されない。

ダニエル・ゴールマンは自著『SQ　生き方の知能指数』のなかで、ビザを取得するため大使館を訪れた男の話を書いている。面接官がビザが必要な理由を尋ねると、男の顔にほんの一瞬影がさしたようにみえた。面接官は面接を中断し、インターポール（国際刑事警察機構）のデータバンクを調べた。すると、その男は数カ国の警察から指名手配されていることがわかった。実は、面接官はポール・エクマンの手法を用いて原初的な直感を捉える訓練を受けてきた人物だったのだ。エクマンは顔の表情から感情を読みとる研究の第一人者で、人における無意識の、ほとんど瞬間的な性質の原初的な直感力を高める方法を考案した。

エクマンは1年かけて、鏡とにらめっこしながら、ときには感知しにくい顔の筋肉を見つけるため弱い電気ショックを加えることまでして、顔に200近くある筋肉を自在に動かす方法を体得したところだった。その結果、エクマンはこれらの筋肉のどこをどう動かせばどんな感情が表情として表れるのかを、正確に知ることができるようになった。

これらの微妙な表情は自然に、無意識に表れるものなので、たとえ本人が隠そうとしても、そのとき、その人が本当はどう思っているかを知る手がかりとなる。エクマンは『マイクロ・エクスプレッション・トレーニング・ツール』というCD－ROMを製作したが、これはいままで意識されなかった手がかりを感知する能力を大幅に高めることができるという。

あなたがセキュリティ関連の、あるいはテロ対策のポストに適した人材を選抜しているのでもないかぎり、たぶんエクマンのこの研修は必要ないだろう。しかし、微妙な表情の例は、直接目を合わせるだけではわからないことが起こっていて、その「かすかなシグナル」への認識を高めることはきわめて有益なのだと、私たちに思い起こさせてくれる。

レファレンス・チェックの重要性

一九九四年末に、私たちはアムステルダムでわが社の能力開発チームの会議を開いた。参加者にはCEOのダン・マイランドも含まれていた。私たちは大規模な調査を実施し、いくつかのオフィスがなぜ抜きんでた業績をあげているのか、詳しい分析を行なった。

ダンが確信していたのは、それらのオフィスでは、客観的で洞察力のある信頼できるレファレンスをとった候補者でないと、決してクライアントに紹介しないし、またそうした貴重なレファレンスを組織的に収集し、コンサルタントのあいだで共有する伝統があるということであった。

ダンはレファレンスの重要性については絶対的な確信をもっていた。彼の主張は、私たちは常に謙虚でなければならないということだった。どんなに面接の経験を積んでも、私たちやクライアントの目を欺く候補者はいつでもいるものである、そして、それを防ぐことこそ私たちが負っている責任なのだ、ということを忘れてはいけない。

ダンの主張はわかったが、非常に大きな人材市場、たとえば米国でこのような有効なレファレンスを期待することには、どれだけ現実味があるのか、と私は彼に尋ねた（一部の高業績オフィスは中小規模の国にあった）。彼の答えはこうだった。コンサルタントを部門別または機能別に専門化することで、結局はどんなに大きな市場も狭い世界に変えられる、そして、候補者と親しく仕事をした経験があり私たちとも親交のある経営幹部は、常に存在するものだ、と。

わが社は、経営幹部として成功するためのコンピテンシーの特定、精緻な評価を行なうための独自のスケール・コンピテンシーの開発、コンサルタントの教育研修に多額の資金を投じてきた。こうした多額の投資はしているものの、適切なレファレンス・チェックはいかなる評価においても不可欠のステップであると信じている。

もちろん、偉大なビジネスリーダーたちもこの原則を守っている。私がジャック・ウェルチに、社外から経営幹部を採用したケースで、実際どうやって適材を見つけたのか尋ねたところ、彼の答えは、有力候補の人物像をさぐるため、GEの社員に候補者の会社の同業他社にいる人たちと連絡をとらせたというものだった。候補者が提出したレファレンスはあまり信用できないが、業界仲間の意見は貴重であると言った。

レファレンス・チェックの方法

では、レファレンス・チェックはどう実施すればいいのだろうか？　二つのポイントがある。第一のポイントは、誰から話を聞くかを注意深く決めることである。これは評価しようとするコンピテンシーの種類によって決まる。たとえば、成果志向、戦略志向といったものを評価するには、上司が最適である。協働能力の評価には、関連部門にいる同僚が望ましい。候補者の部下のマネジメント能力や人材育成能力については、直属の部下の意見が重要であろう。また、候補者から最初に提供されたレファレンス対象に限定せずに、あなたが必要と思えば追加リファレンスをもらうよう本人の同意を得ること。この追加リファレンス対象者を選定する際には、利害が対立する可能性をもった対象者を含め、レファレンス対象者と候補者の関係を理解しておくことが重要だ。

第二のポイントは、候補者への面接と同様、構造化された、過去の行動に重点をおいたリファレンスを行なうことだ。言い換えれば、あなたがチェックしたいコンピテンシーについて事前に質問を考えることから始めるのだ。レファレンスにあたっては、まず最初に彼らと候補者との関係を確認し、それからあなたが候補者をどんなポストで検討しているのかを説明し、彼らが候補者を同じような状況で観察したことがあるかどうかを確認する。その場合、候補者はどんな仕事をしていたか、どんな方法で成果をあげたか、あるいはコンピテンシーのレベルを示す証拠が何なのかをチェックすること。それが、より正確な評価や正しい採用の決定、効果的な組織へのインテグレーションのための基礎となる。場合によっては、この段階でサーチ会社のコンサルタントが大きく貢献することもある。あなたのコンサルタントが関連する業界や分野の経験が長く、豊富な専門知識をもっていれば、彼らが情報源、レファレンス、候補者についての知識を提供できるはずだ。

「選抜者」を選抜する

あなたは平凡なピアニストが超一流のピアノで演奏するのと、超一流のピアニストが平凡なピアノで演奏するのと、どちらを聞きたいだろうか。あなたもきっと私のように、いつも後者を選ぶと思う。評価についても同じことが言える。人を評価することはきわめてむずかしい。それは技術という以上に、プロの仕事なのだ。そうでなければ、離婚などないだろうし、法律専門家は衰退し、私は失業するだろう。

この問題については限られた研究しかないが、第1章で述べたように、『*Employment Interview Handbook*（採用面接ハンドブック）』という本は、面接官に善し悪しはあるかという疑問を検証している。それによると六つの研究のうち五つは、答えは〝イエス〟だと結論づけている。それらの研究によると、最高の面接官による評価の正確性は、最悪の面接官の評価よりも一〇倍も高い。一九六六年に実施された大規模調査では、それぞれ平均二五人の従業員を評価した六二人の面接官についての検証が行なわれたが、個々の面接官の正確性のばらつきは最低マイナス〇・二〇から最高プラス六・五だった。マイナスの正確性とは、問題の面接官は評価精度が低いだけでなく、逆の評価をしたということである。つまり、この面接官が勧めることと反対のことを行なったほうがいい、ということだ。

では、優秀な評価者とはどんな人だろうか？　仕事の複雑さを考えれば、理性的で、対象となるポストに関連するさまざまな経験やコンピテンシーにも精通している面接官を選ぶのが理にかなっている。ということは、上位のポストの候補者にはより上位の評価者をあてるということだ。このほかにも、たとえば非言語的な行動を読みとる能力、リスニングスキルなど、人事評価の正確性の高さと相関性の高い資質がある。

面接官のもっとも重要な資質の一つは、適切な評価を行なおうとする本人の意欲である。これは半世紀以上も前の裁判に関する研究によって発見された。もし裁判官に、被告について間違いのない判決を下したいという意欲があれば、また客観的になろうという姿勢があれば、目的を達成する可能性は高い。

面接は何回行なうべきか?

約二〇年前に行なった私の初めてのサーチを振り返りたい。私は数多くの候補者を調査、面接し、レファレンスを徹底的に行なって自分の役割は果たした。しかし、実際にもっとも効果的だったのは、クライアント側のきわめて有能な三人が、一対一の徹底した面接を連続して実施したことだった。

クライアント側の一人めの面接官は、キルメスを退職した元CEOで、数え切れないビジネスの修羅場をくぐり抜けてきたフランク・ベンソンだった。彼はキルメスの現実を、そして現在の課題を知り尽くしていた。二人めの面接官は、キルメスの新CEOで、私たちがサーチを実施中に着任してきたデイビッド・ガンリーだった。彼は消費財メーカーのマーケティングと営業についてきわめて経験豊富なうえ、地元の消費者を深く理解していた。三人めは親会社QuinsaのCEOで、人を見る目が鋭いノベルト・モリタだった。

きわめて有能な数人の評価者が最終候補者の面接を連続して一対一で行なうのは、評価の精度を高めるためのベストプラクティスだ。図7-3で示したように、私はこの戦略を「連続フィルターモデル」と呼んでいる。

この戦略の論理的根拠は、第3章で私が評価誤差の影響を分析した際に紹介したポイントにある。あの分析では、〝上位一〇%の候補者〟だけを採用したいと思っている場合、たとえ評価の精度がき

図７－３　連続フィルターモデル

わめて高くとも（約九〇％）、一つのフィルターしか用いなかった結果、採用決定の誤差率はなおも五〇％に達する。しかし、図７－３で示したようにこれらの最初に〝上位〟と評価された候補者に第二の独立のフィルターを加えれば、五〇％の誤差率は一〇％まで減少させることができる。

この第二フィルターの前に、一〇〇人の候補者がいて、その半数は本物のトップクラスだと仮定しよう。九〇％の精度は正しい人のうち四五人を〝上位〟と評価するが、一方で一〇％の誤差率は間違ったカテゴリーから別の五人を〝上位〟と評価してしまう。この第二のフィルターを通過する五〇人のうち、四五人（または九〇％）はすでに上位の人たちだ。この論法で計算すると、第三のフィルターを加えることで最終的な評価誤差はわずか一％まで減少することがわかる。

船頭多くして船、山に登る

あなたはこの論法を推し進め、さらに評価者を追加することで、評価誤差をゼロに近づけたいと思うかもしれない。しかし、それは間違いである。二つの理由で、重大な負の結果をもたらす可能性があるからだ。第一に、あまりにも多くの適任の候補者を排除してしまう。第二に、この連続フィルターを通すと、

図7－4　精度の異なる評価者による3つの独立した連続フィルターの例

評価者の精度	偽陽性[1]	偽陰性[2]	必要な候補者数	必要な評価回数
90%	1%	27%	14	17
70%	42%	66%	17	25

1. 下位の候補者を〝上位〟と評価する可能性
2. 上位の候補者を〝下位〟と評価する可能性

上位候補者をたった一人得るだけでも、膨大な数の候補者を最初に集める必要がある。評価精度の異なる三人の独立のフィルターを用いた場合にもたらされる結果を表したのが図7－4だ。

そのうち、三人のフィルターを用いた評価精度九〇％の例では、下位候補者を〝上位〟と評価する可能性は一％にすぎない。これはたしかに吉報だ。ところが、その一方、上位候補者の二七％を間違って排除してしまうのだ！　実際、一人の上位候補者を見つけるためには、一四人の候補者を見つけ、合計一七回もの評価を実施しなければならない。大変な仕事だ！

より多くのフィルターを加えることは、すでに偽陽性の確率が低いことを考えれば、精度という点で得るものは大してないが、偽陰性（有能な候補者を排除する）の確率を高め、余分な仕事を増やす。

多くの面接官をもつことは候補者をはねる理由を探しているだけだということを忘れないでほしい。また、きわめて有能な候補者をはねることは、時間のロスだけではすまないことも忘れないでほしい。それはまた、自社の人材市場での評判を損なうおそれもあるため、長い目でみれば痛手にもなるのだ。

また、図7－4は、限られた数の評価者を用いるだけでなく、全員がきわめて有能であることの重要性も示している。その図の二列目に、評価精度の低い――各評価者とも約七〇％――三人の独立のフィルターを連続して用いた結果をまとめてある。この場合は、たとえ三人のフィルターがいても、できの悪い候補者を採用する確率はまだ四二％もある一方、本当に有能な候補者の三分の二をはねてしまうことになる。しかも、このひどい結果を得るために大変な労力が必要になる。つまり、たった一人を採用するために一七人の候補者を見つけ（四二％の誤差率）、合計二五回の評価を行なわなければならないのだ！

この分析は、優れた評価、職務遂行能力の高い候補者、企業イメージの向上、時間の有効利用などのメリットを十分に得るためには、限られた人数のきわめて有能な評価者だけを用いる必要性をはっきりと示している。

チーム面接の効果

検討すべき最後の方法は、数人の担当者が候補者を一度に面接するチーム面接である。

チーム面接は、前述の連続モデルの後半に役立つツールと考えるべきである。候補者が少なくとも最初の一部の振るい分けを乗り切ってからでなければ、複数の面接官をかかわらせる意味はないからだ。研究によると、チーム面接は多面的な評価ができるので、上位のポストや複雑な仕事、多数の顧客とのやりとりが必要な仕事に対してより効果があるようだ。さらに、面接の繰り返しによる負担を減らし、経営幹部である面接官の時間を節約できるというメリットもある。

また、効果をより高めるためには、面接官はきわめて有能で、評価したいコンピテンシーに精通し、相手への質問を規律をもって進めなければならない。

採用決定チームのあり方

最良の採用決定は、利害対立のない優秀な小人数のチームから生まれることが多い。たった一人の人間に決めさせると、勝手な思い込み、偏見、候補者間の微妙な優劣について話し合う余地がなくなるなどの問題がある。一方、あまりにも多くの参加者に決めさせると、偽陰性の効果（有能な候補者を排除する）を高め、長すぎるプロセスによって候補者の意欲を萎えさせるリスクがある。たとえばCEOを指名する場合には、きわめて有能な小人数チーム（たとえば、取締役三人）が、人材ニーズの決定から新しいCEOのインテグレーションまでのプロセス全体を統括するべきである。下のポストでは、直属の上司、その上司の上司、人事担当幹部などが含まれるべきである。他の経営幹部が採用チームに加わろうとしても、評価者として適任でなければ受け入れてはならない。

採用決定段階におけるベストプラクティス

最終決定の局面では厳しい規律が必要になる。ご都合主義が介入し、規律が乱れ、人選上のひどい過ちが犯されるケースはあまりに多い。

〝規律〟とは、採用プロセスを開始するにあたり文書で明確にされた期待成果を検討すること、そして、候補者が必要とされるコンピテンシーを有する証拠と将来の成長の可能性を検討することである。そのためには期待される成果に関連する候補者の行動や業績をリストアップし、それらを検討する必要がある。

似たようなポストでの採用を日常的に行なっている大企業や一部のプロフェッショナル・サービス企業のために、さらに高度な意志決定プロセスやモデルも開発されてきた。たとえば、わが社では経営幹部向けに高度なコンピテンシー・スケール・モデルを用いて、ポストごとに必要なコンピテンシーとその目標レベルを厳しく定めている。

私自身の苦い経験

ここで、私自身の苦い経験について語ってみたい。

私は数カ月前に私が担当したサーチでマーケティングマネジャーを採用したあるクライアントと会っていた。候補者の入社後の結果は最悪だった。彼は米国の一流ビジネススクールでＭＢＡを取得し、すばらしいキャリアを歩み、書類上は申し分のない経歴をもっていた。しかし、いま、彼は部下との関係が悪いだけでなく、完全に社内文化に反する、明らかに倫理にもとる行動をとっていた。

仕事でそれほど恥ずかしい思いをしたのは、これまでの人生で初めてのことだった。そのときまでに、私は約一五年のエグゼクティブ・サーチの経験があった。実績はよかった。自分が手がけた何百件ものサーチの九〇％以上で、採用された候補者は高い成功を収めていたからだ。こんな失敗はしたことがなかった。

やっと、なぜ自分がこんな目にあっているのか、その理由に気がついた。それは、自信過剰だった。そのとき、私はわが社の創業者、エゴン・ゼンダーが「自信過剰は、優れた業績とともに育つ双子である」と言っていたことを思い出した。

私は、私たちの職業にとってきわめて重要なことを一つ見落としていた。それは、候補者と密接に仕事をした経験のある人からの信頼できるレファレンスがないかぎり、決して候補者を紹介してはならないということだ。その候補者は私がよく知り信頼もしている二人の人間から紹介されていたし、大学の同窓生である一人の同僚からも好意的なコメントをもらっていた。プロセスを全速力で進めたいというクライアントの意向、目前に迫った彼の長い出張、そして私自身の自信過剰など、一連の要因が私にその重大なチェックを省かせた。

私がやろうと思えば、彼と一緒に働いたことのある人物をよく知っていたので簡単にレファレンス・チェックできたはずだった。すでに手遅れだったが、彼は前職においても同じような問題を起こして、退社させられた事実も知った。前職の会社の発表では彼は辞職になっていたが、おそらく将来の訴訟を回避するために、そのように体裁を整えたのだろう。

規律を守れ。近道をするな。これが、この苦い経験を通じて私が得た教訓である。

組織としての人材評価力を高める

前述のように、エゴンゼンダーでは、過去にエグゼクティブ・サーチを経験したことがない人のみを採用している。一般的なスキルと高い意欲、教育研修の適切な組み合わせを通じて、コンサルタントはきわめて短期間で業務に熟達する。このことは、私たちが紹介した候補者の九〇%は採用から五年たってもまだクライアント企業に在籍してすばらしい成果をあげているだけでなく、多くの場合、上のポストに昇進しているという事実が証明している。加えて、私たちは、候補者をよく知るはずのクライアント企業の三倍の精度で、候補者の将来の成長の可能性を予測する能力を培ってきた。

わが社の事例をあげたのは、この評価精度は、適切な意欲をもち、実践する機会が与えられ、適切なフィードバックを受けられるなら誰でも実現できるということを指摘したいからである。

評価スキルの開発は、第1章で論じたように、あなたのキャリアを成功させる鍵となるだろう。同様に、評価スキルはあなたの会社の貸借対照表と損益計算書に大きく貢献するだろう。大企業のCEOポストが未定の場合には、その人選は何千億円もの金額を得るか失うかを決めることにつながるのだ。

あなたの人選力を組織力の源泉とするために、心がけるべきことがいくつかある。

第一に、人材を評価できる優秀な人材を必ず確保すること。この重要な任務を下位の人や適任でない人、あるいは適切なモチベーションをもっていない可能性のある人（直属の部下など）に任せてはいけない。

第二に、実績のある評価方法に従い、評価を頻繁に行なう立場にある人間の教育研修に投資すること。

第三に、最終決定を下す前に、評価方法と各コンピテンシー評価結果の証拠を必ず再検討すること。研究によると、自分の評価結果が再検討されることを知っている面接官は、仕事に直接関連することに焦点をあてることで、陥りがちなバイアスを避けることができ、はるかに優れた評価を行なうことができる。


もし本章で検証した原則に従えば、あなたは有効で信頼できる評価を行なうことができ、世界で最高クラスの人材を採用し、昇進させることができるだろう。

しかし、採用は、相互選択のプロセスである。そこで、次の問題はいかにこれらの優れた人材をひきつけ、あなたが呈示するポストに対する意欲を喚起するかである。それが次章のテーマである。

第7章のまとめ

最適な評価手法の導入、適切な評価者の選択、面接プロセスの改善により、企業の人材評価力、ひいては業績を大幅に高めることができる。

1　過去の行動の聞き取りを中心とする面接とレファレンスにより人材の評価精度は大幅に高まる

・まずは、採用するポジションに必要なコンピテンシーとその必要水準を明確に定義する。
・次に、過去の行動の聞き取りを中心とする面接を行ない、候補者のコンピテンシーレベルを把握する。
・さらに、確認すべきコンピテンシーに応じた適切な人物に対するレファレンスをインタビューと同様の形式で実施する。

2　継続的な評価教育や効果的な面接プロセスの改善により、企業全体の評価力、ひいては業績を高めることができる

・ロールプレイングなどを通じた評価手法の継続的な教育により、個々人の評価能力を高める。
・該当ポジションに関連した優秀な（多すぎず少なすぎない）三名程度の評価者が面談し、最終的にその判断をチェックする面接プロセスを導入する。

・これにより、組織としての評価能力は大幅に高まる。評価能力の向上は、検討する候補者数を増やすことの三倍以上、採用コスト削減の六倍以上の業績改善効果がある。

CASE STUDY

経営陣強化のプロセスを組織的に構築した例

経営陣の能力レベルの現状

ここでは第3章のケーススタディで説明した日系大手メーカーのその後を取りあげる。同社は、新任取締役候補を評価した次の年、次のステップとして現任役員の評価にとりかかった。前年の評価結果を踏まえると、これまでは十分な能力がない人材が役員となっていた可能性があるためである。また、優秀な若手をより多く登用するため、現任役員の新陳代謝を図る意味もあった。結果は予想どおり。現任役員の約三割が役員として必要な能力を満たしていなかったどころか、部長としての能力もおぼつかない人も複数いた。

経営陣革新のプロセスを導入

この結果を受けて、同社は経営陣を強化するプロセスの構築を開始した。

まずは、能力評価の結果、基準に満たないと判断された現役員の「代謝」である。一定の猶予期間を与え、それでも改善の兆しがない役員は降格を決めた（図中①）。その一方で、現経営陣より優秀なのに「空席がない」という理由で登用が見送られていた役員候補の登用促進を図った（図中②）。同時に、経験年数が少ないが、とくに優秀だと認められた現任役員は、積極的に常務・専務などの上級取

経営陣革新のプロセス

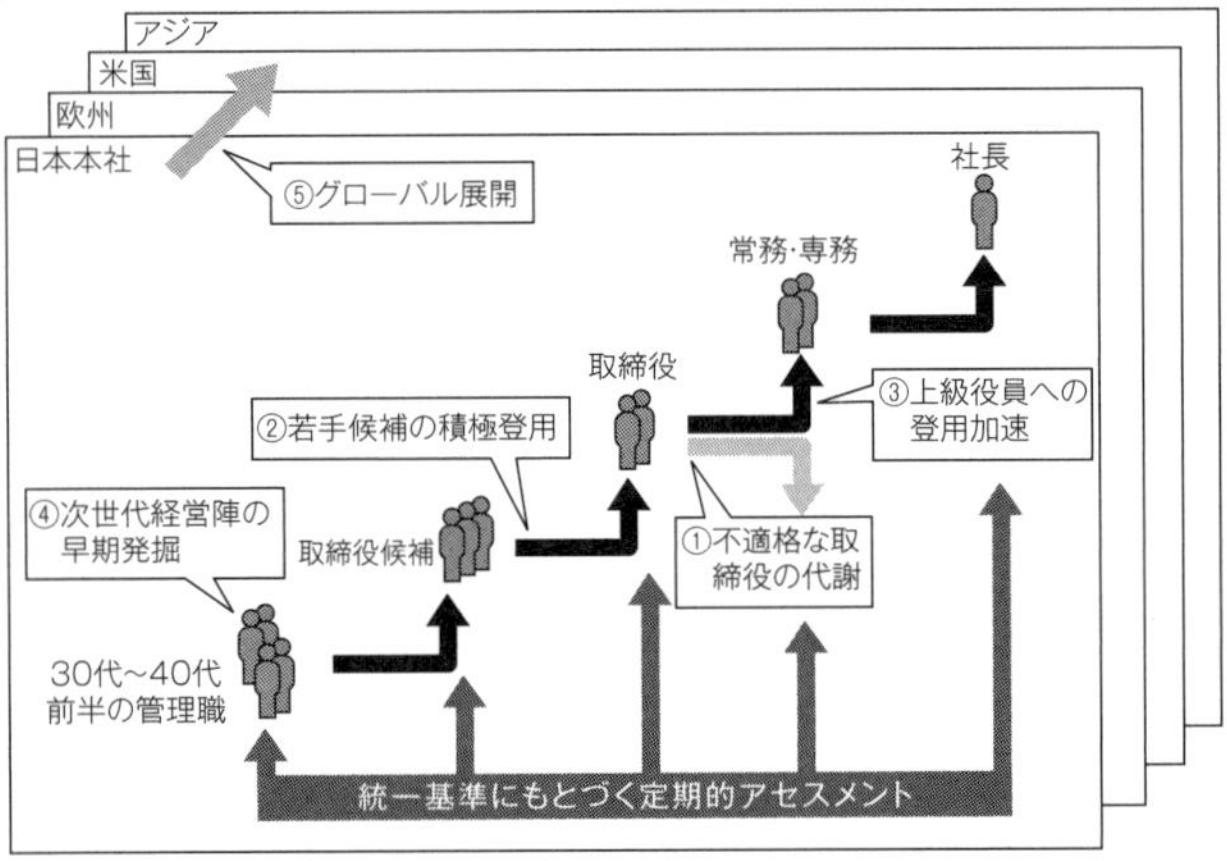

締役へ登用した（図中③）。加えて、同じ基準にもとづく評価をもう一段若手、すなわち三〇代~四〇代前半の幹部にも適用し、次世代経営陣の早期発掘にもとりかかった（図中④）。優秀な若手人材を早期に選抜し、将来の社長候補にふさわしい経験と教育を与えることにより、社長予備軍を拡大する試みである。これら一連の活動を定例化し、経営陣を継続的に強化するプロセスを組織的につくり上げた。

グローバル・プロセスへの展開

それまで、海外拠点幹部の育成は現地任せで、人材の評価、育成が十分でなかった。結果として、現地では優秀でない人材が年功序列的に昇進していたり、優秀な若手人材に昇進機会を与えられず、他社に引き抜かれたりしていた。海外売上が五〇%に迫り、今後の成長の多くを海外に頼らざるを得ない同社にとって、現地経営陣の強化は緊急の課題であった。そこで、同社は、日本と同様の活動を現地にも拡大することにした（図中⑤）。この活動の目的は、現地経営陣の強化にとどまらない。本社幹部と同基準で能力比較ができるため、優秀な現地人材を本社経営陣に抜擢する道を切り拓き、世界中の人材プールから経営陣を選りすぐる仕組みをつくり上げることが可能になる。同時に、本社経営陣につながるキャリアパスを明示することで、現地人材の意欲を引きあげることも狙っている。

第8章 いかに最高の人材をひきつけ、動機づけるか

前章までは、どうすれば自社のニーズに最適な人材を見つけ、正確に評価できるかに、焦点をあててきた。次に考えなければならないのは、どうすれば採用のオファーを候補者が受諾してくれるか、である。この最終段階では、両者にとってさまざまなリスクや思惑、金銭的問題が絡むため、理性と熱意を駆使して対処しなくてはならない。

実際にあった二つの事例を紹介しよう。

事例1：一九八八年三月、私はアルゼンチンの新興石油会社のオペレーション統括責任者を探すサーチにとりかかった。当時は国有会社だったＹＰＦの生産部門の一部民営化により、クライアント

は、今後数年間にわたっていろいろなチャンスが自社に訪れることを予想していた。彼は自分がその新会社のトップになる予定だったが、経営、戦略、営業、財務における自分のスキルを補完できる優秀なオペレーション統括責任者を必要としていたのだ。

私たちは、徹底的なエグゼクティブ・サーチと調査によって、適任と思われる候補者四九人をリストアップした。さらに面接とレファレンス・チェックによって評価した結果、一人の傑出した有力候補を見いだした。報酬面は問題にならなそうだった。その候補者はYPFで働いており、当時、同社の給与水準は非常に低かったからだ。加えて、民営化のうわさが飛び交っていたため、同社の社員の多くは将来に不安を抱いていた。こうしたすべての理由から、魅力的な条件で誘えば、この有力候補を採用できると私たちは確信していた。

しかし、彼は私たちのオファーを言下に辞退した。問題は報酬ではなかった。彼は自分の職務として説明されたプロジェクトに十分納得できなかったのだ。

事例2：約八年後、私は世界的な消費財メーカーのCEOとの重要な会議の場にいた。彼は、優秀な最終候補者にCFO（最高財務責任者）ポストへの就任を要請しているところで、その場に私も参加していたのである。申し出が終わると、候補者は丁寧に礼を言い、提示金額があまりに低すぎる、求職中の身とはいえ、このオファーを受諾することはできないと言った。予想外の展開に驚いたCEOは、期待する報酬は提示金額とかなり差があるのかと尋ねた。候補者は、そのとおりです、と答えた。実際、彼は二倍の額を期待していたのだ。

二つの物語の結末については、本章の最後でまた触れる。ここで言っておきたかったのは、どんなサーチも、候補者との最終交渉の段階で、予期せぬ理由でご破算になるおそれがある、ということだ。

候補者にとって最良の仕事をオファーできているか？

前述の二例のような局面で、採用側は渋る候補者を説得するために非現実的な約束をしたり、条件をのんだりすることがある。しかし、このような対応は将来のトラブルにつながる可能性がある。こういうときこそ、候補者の立場になって考え、このポストが相手にとって本当に最良の仕事なのかどうかを自問する必要がある。

転職が大きな成功や満足感につながった事例を、私はたくさんみてきた。同時に、不幸なシナリオが展開し、挫折や解雇にいたったケースや、ごく少数ながら、病気で命を落とした例さえみてきた。ハーバード大学教授のハワード・スティーブンソンが私に言ったように「経営幹部の採用におけるベストプラクティスの一つは、当人がそのポストでどんな貢献ができるかを考えるだけでなく、当人を不幸にする可能性がそのポストにはないかどうかも考えることである」。

多くの候補者が、とくに失業中の場合や現在の仕事に不満をもっている場合、自分をできるだけよくみせようとしたがることはすでに指摘した。あいにく、それは多くの企業にもあてはまる。現実のポストではなく、理想のポストを売り込むのだ。このことは、採用された候補者が入社後に厳しい現実に直面したとき、信頼をなくすことにつながる。

ポストを売り込む最初の重要な一歩は、候補者が何にモチベーションを感じているのかを理解し、ポストの実態との擦り合わせを行なうことだ。お金や仕事のやりがいがモチベーションになる人もいれば、優秀な同僚のいる職場で働くことがモチベーションになる人もいる。専門職の人はたいてい業績達成への欲求が高く、管理職や経営幹部は社内での権力や影響力を求める傾向がある。しかし、人はみなそれぞれ異なるため、一人ひとりについてモチベーションを具体的に理解しなければならない。

何年も前の話だが、私は非政府組織のCEOを面接したことがある。面接の終わり近くになって、彼は自分がもらっている報酬の額を明かした。私は彼に、民間企業にいれば少なくともその三倍は稼げることを知っているかどうか尋ねた。すると彼は私の目をまっすぐ見つめ、次のようなことを言った。

民間企業なら自分が少なくともいまの三倍は稼げることぐらい、よくわかっていますよ。でも、普通の生活を送り家族を養うにはいまの年収で十分です。いまの仕事の社会的意義やそこから得られる満足感は、率直に言って三倍の年収以上のものがあります。

私は数年後、彼の死亡記事を目にした。それは、彼の類まれな社会貢献について書かれた長い記事だった。彼は大きな影響と意義のある人生を送り、多大な社会貢献を果たし、おそらく幸せに死んでいった。もちろん、家族を養うためにお金は必要だったろう。しかし、一定の額を超えると、彼のキャリアの選択と仕事の決定においてお金は少しも重要なものではなくなっていた。

候補者がどのようなキャリアの選択肢をもち、何に関心をもち、何にモチベーションを感じるのかをしっかり理解しなければならない。自社のオファーが候補者のキャリアにとって最良のものだと確信できて初めて、あなたはその候補者をひきつけることができる。

熱意を伝える

説得においてあなたの熱意ほど強力なものはない。もしあなたがきちんと候補者のモチベーションを理解し、自分のオファーがその人のキャリアにとって最良のものだと確信できたら、ほとんどの場合、あなたは採用に成功するだろう。

事例１に話を戻そう。石油会社のオペレーション統括責任者を探す件だ。候補者に申し出を断わられたあと、私たちはクライアントと会い、その他の候補者を再検討した。この結果、辞退した候補者に代わる候補者はおらず、たとえ数カ月かかっても、彼を説得するための努力を惜しむべきでないという結論に達した。具体的には、プロジェクトとクライアント自身について彼によく理解してもらい、彼が懸念を示した点については、きちんと対応することにした。

それから、私は彼を説得するために数カ月間にわたって、アルゼンチン南部のパタゴニア地方にある彼の自宅まで、はるばる三回も通った。これは、まずは飛行機、その後は車を約二〇〇キロ走らせることを意味した。私は彼と妻、さらには飼い犬のドーベルマンとまで親交を深めた。私と妻マリアは、自宅から一四〇〇キロ離れたパタゴニアのアンデス山脈にある美しい町サン・マルティン・デ・

ロス・アンデスで、候補者夫妻と楽しい大晦日を過ごした。その直後には、クライアント自身も海辺で休暇中の彼らを訪ねている。

お互いをよく知り合おうという努力の結果、彼はついに入社を決断した。サーチが始まってから、実に一年目のことだった。その後の彼の業績はめざましいものだった。国内の各油田について独自の知識をもっていたため、YPFの生産部門の民営化が始まると、彼はまたとない貴重な存在となった。彼とクライアントはすばらしいコンビを組み、各油田を技術的な見地から評価し、戦略的かつ財務的な視点から入札価格を決めていった。そして、数カ所の油田が同社に与えられると、彼は天才的手腕で事業を迅速に立ちあげた。

これは極端な例である。しかし、候補者のモチベーションを理解し、彼らの懸念を払拭《ふっしょく》し、あなたの会社やプロジェクト、そしてあなたがオファーしているポストについて、あなたの熱意を伝えることの重要性は、強調してもしきれるものではない。

平凡な人材や求職中で仕事を切望している人材を採用することはたやすい。しかし、最高の人材、とりわけ転職を考えていない優秀な経営幹部を採用するには、理性と熱意をもって最大限の努力をすることが必要なのである。

報酬水準の重要性

「熱意は心に響くが、お金はものを言う」。転職を考えていないトップクラスの人材をひきつける戦略について、私がジャック・ウェルチに質問すると、こんな答えが返ってきた。「彼らにたくさんお金を払い、彼らの将来像を描いてあげなさい。彼らは成功しているのだから、大物だということだ。誠実に対応しなさい」。熱意を伝えることは〝将来像を描く〟うえでの鍵となるが、同時にお金も伴わなければならない。私たちはみな自分の示した努力と結果に比例するかたちで報われることを期待しているのだ。この点は強調してもしすぎることはない。

私たちはリスクとリターンをはかりにかけている。それは人間の本性であるにとどまらず、動物の本性でもある。オオヤマネコはカンジキウサギを追っていても、約二〇〇メートル離されると追跡をやめてしまう。たとえつかまえても、それまでに失ったエネルギーを補うだけの食糧にはならないからだ。しかし、シカを追う場合は、予想されるリターンを計算して、もっと長く追跡する。

霊長類学者のサラ・Ｆ・ブロスナンとフラン・Ｂ・Ｍ・デ・ワールがメスのオマキザルを使って行なった実験も示唆に富む。ブロスナンは彼女に小石を渡せばキュウリ一切れがもらえることをサルたちに教え、交換市場をつくった。サルたちは二匹ひと組で行動し、九五％の時間を小石と食糧の交換にあてた。しかし、ルールを変えて、一匹には褒美としてブドウ一粒（サルからすればずっと好ましいオプション）を、もう一匹にはそのままキュウリ一切れをあげたら、石と食糧との交換は彼らにとっていい条件にもかかわらず、怒って四〇％の時間を取引停止にしてしまった。さらに、一匹のサルが何もしなくてもブドウを一粒もらうと、ほかのサルたちは怒って小石を投げ捨てた。この不公平な状況で取引を続けたサルは二〇％にすぎなかった。

私たちはオオヤマネコでもサルでもない。だが、自分の関心がどこにあるかわかっているし、公正

図8－1　人材引き留めの優先順位

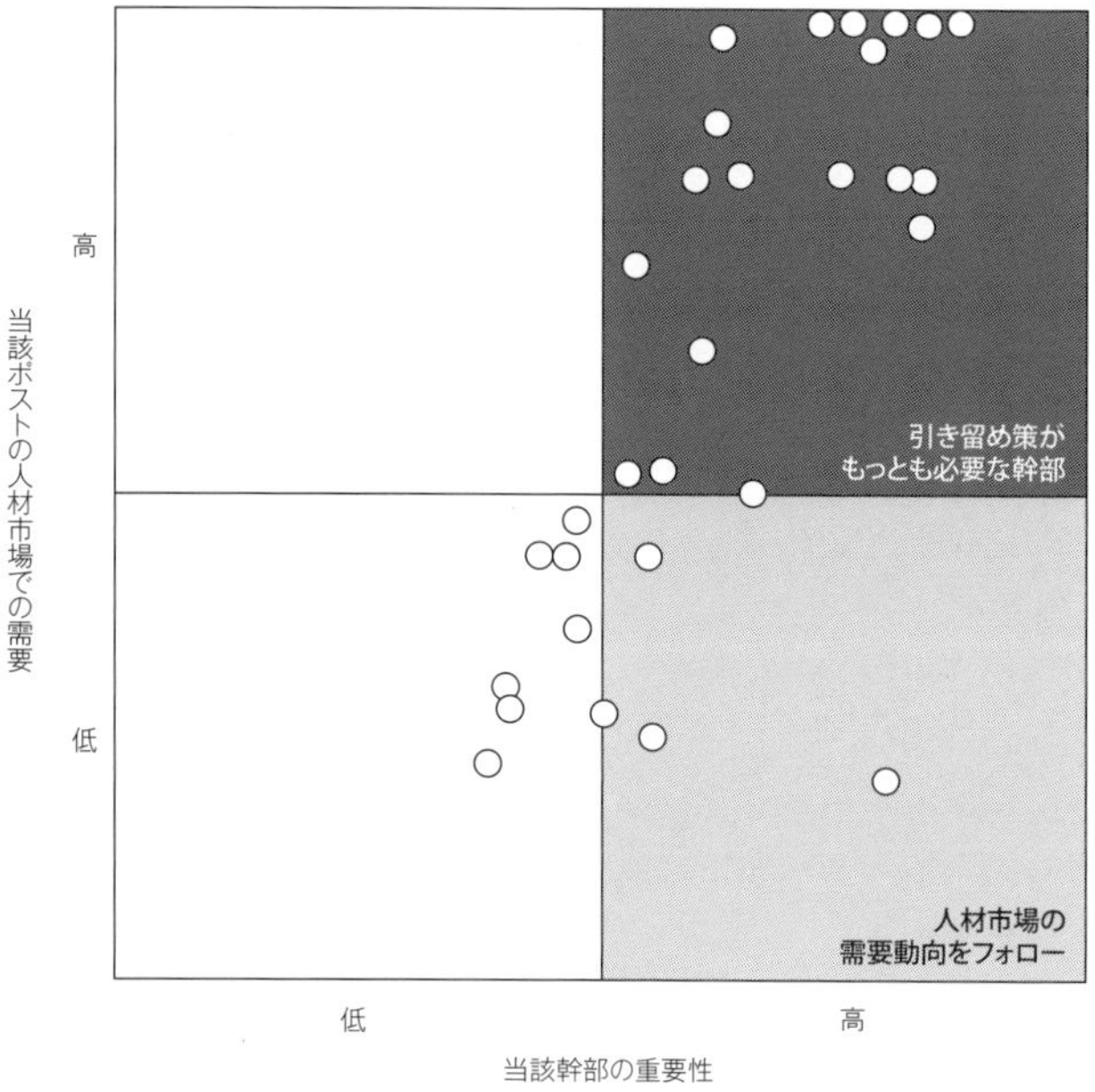

なゲームで公正な報酬を得たいと思っている。

報酬水準の重要性は、社外人材を採用する場合のみに関係するのではない。優秀な社内の人材が流出するリスクを抑えるうえでも非常に重要である。実際、報酬水準を検討する場合、辞められては困る社内の人材に優先順位をつけ、その順位と連動させることがきわめて重要である。外部の候補者をひきつけるために競争力ある条件を提示しても、社内の報酬水準が見劣りするために貴重な社内の人材を失ったのでは意味がない。

これは、変革の時代にはとくに重要になる。たとえば第4章で述べた電気通信会社の例がそうである。私

図8－2　重要性vs報酬水準

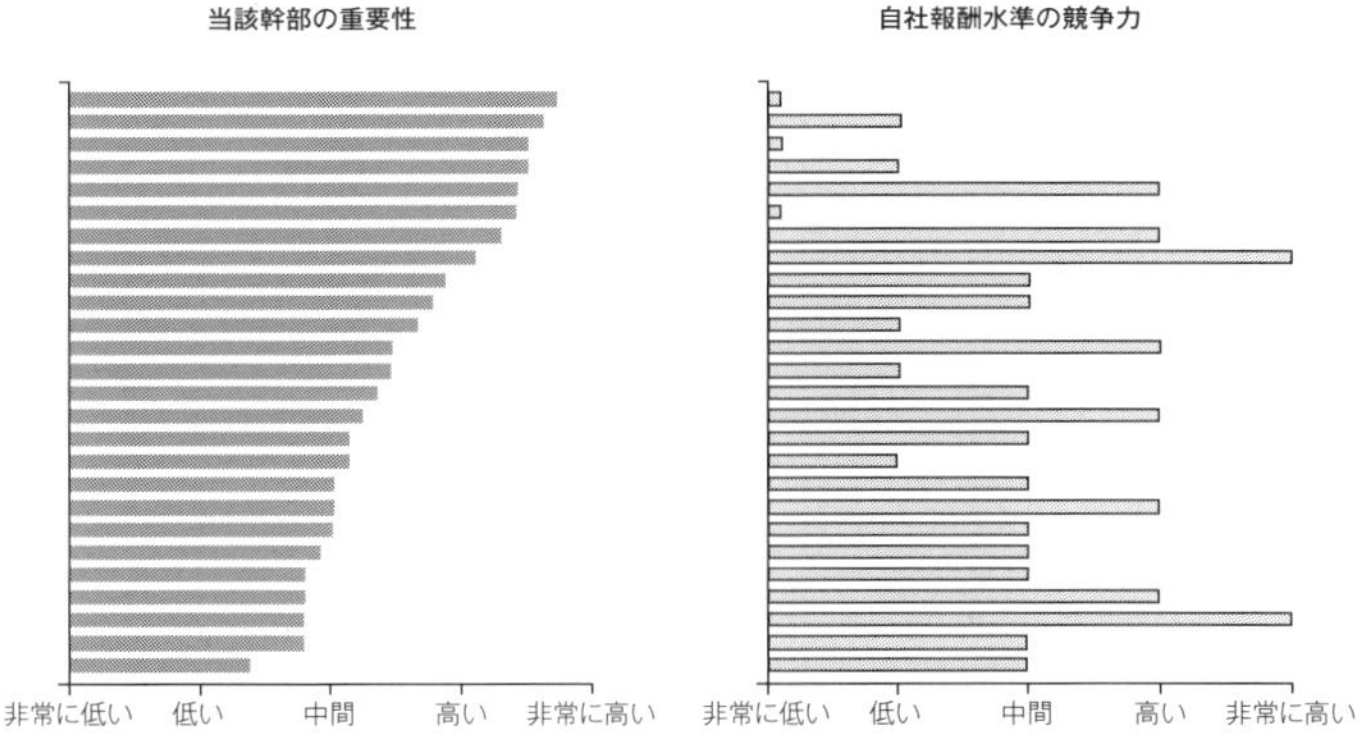

たちは、同社の経営幹部をコンピテンシーと将来性という観点から評価したほか、辞められては困る人材の順位づけも行なった。具体的には、各ポストの重要性を評価し、その結果と今後各ポストで予想される人材市場での需給状況とを比較した。図8－1はこの分析結果である。

図8－2は、主要幹部一人ひとりを、会社にとっての彼らの重要性と、市場水準でみた場合の報酬水準の競争力とを比較したものだ。報酬水準の競争力は幹部それぞれの重要性と連動しているべきなのに、いかなる相関もなかった。これでは重要な人材を失う危険性が高い。

こうしたことから、私たちは戦略的人材の流出リスクを、一人ずつ個別に、会社にとっての重要性、市場での需要、報酬水準の競争力を踏まえて分析した。図8－3に示した分析は、報酬水準の見直しを含む幹部人材の引き留め策の策定に大いに役立った。

最高の人材をひきつけるには、適度に高水準の報酬が必要である。これはとくに経営幹部ポストに言えることだ。以前の章で強調したように、経営幹部ポストでは個

図8－3　人材流出リスク

	会社にとっての重要性	人材市場での需要	報酬面でのリスク	人材流出リスク
幹部A	●	○	○	○
幹部B	◐	●	●	●
幹部C	○	○	○	○
幹部D	●	○	○	○
幹部E	●	●	●	●
幹部F	◐	●	◐	◐
幹部G	◐	◐	◐	◐
幹部H	●	●	●	●
幹部 I	○	◐	◐	◐
幹部 J	◐	●	○	◐
幹部K	◐	◐	○	◐

● 高い　　◐ 中間　　○ 低い

人による業績差があまりにも大きいため、優秀な人材をひきつけることが結局は得になるからだ。〝適度に高水準〟とは、もちろん、人材市場にもとづいて決まるものである。

報酬体系の設計のしかた

一方で、「どれだけ」支払うかとともに、「どのように」支払うかも同じくらい重要である。報酬体系の設計によっては間違った動機づけにつながってしまうからである。たとえば、短期的なインセンティブに偏ると、短期的な業績達成に過度に傾斜させてしまう危険がある。また、過剰なインセンティブは、人の仕事ぶりを大きく変えてしまう。単なる数値目標だけを設定すると、実際は本人の成果とはいえないものを評価したり、逆に、外部要因のせいで成果が出なかったかもしれないのに、本人の努力と貢献が認められなかったりするおそれがある。

また、複雑な職務には多くの人との連携が必要なため、個人に偏ったインセンティブを設定するとマイナスに働く。人を協力でなく競争させてしまうからだ。数年前、私はハーバード大学で開催されたプロフェッショナル・サービス業界（コンサルティング会社、法律事務所、監査法人など）の経営幹部を集めたプログラムに参加していた。このとき教授が、自社で個人を対象にした金銭的インセンティブを導入しているか、参加者に質問した。すると、八〇人の参加者のうち七〇人ほどが手をあげた。参加者の大半は米国企業だったにもかかわらず、個人向けの金銭的インセンティブを導入していないと答えた一〇人のなかに、米国企業の代表は一人もいなかった。個人インセンティブ(個人業績連動型報酬）は、プロフェッショナル・サービス業界、とくに米国では当たり前になっている。正反対のタイプは〝集団インセンティブ〟で、個人の報酬は個人業績で決まるのでなく、会社全体の利益に年功（通常は勤続年数）を若干加味して決まるシステムである。

ほとんどの企業はなんらかのかたちの個人インセンティブの仕組みをとっており、プロフェッショナル・サービス業界にかぎって言えば集団インセンティブは少ない。しかし、意外なことに、法律事務所ではワクテル・リプトン・ローゼン・アンド・カッツ法律事務所、経営コンサルティングではマッキンゼー・アンド・カンパニー、そしてエグゼクティブ・サーチではわが社のように、少数ながら集団インセンティブを採用しているところもある。これらの企業は、収益力や業界での評判も高い。実際、ボストン大学教授のマーシャル・W・ヴァン・アルスタインは、最近発表した論文のなかで、

Coffee Break

どのようなエグゼクティブ・サーチ会社を使うべきか ❶

ここで人材サーチにおいて、外部の助けを得ることについて考えてみたい。私はあるときジャック・ウェルチに、GEが経営幹部を社外に求めたとき、エグゼクティブ・サーチ会社を使ったかどうか、もしそうなら、同じ立場の人たちにどんなアドバイスがあるだろうか、と尋ねたことがある。彼の答えはこうだ。

> サーチ会社は使った。私の基準は自分が信頼できるコンサルタントを選ぶことだ。自分と個人的によい関係にあり、市場に精通し有能なコンサルタントだ。そして、自分の金儲けよりも、クライアントが適切な人材を確保することに常に関心をもっている人物だ。

「信頼」にはいくつかの要素がある。言うまでもなく、1つはコンサルタントの能力に対するクライアントの信頼である。もう1つは、コンサルタントの属するサーチ会社に対するクライアントの信頼である。ここから2つの処方箋が導き出される。

第1に、エグゼクティブ・サーチ会社を選ぶのでなく、コンサルタント個人を選ぶこと。一部のエグゼクティブ・サーチ会社は経験豊かなパートナーを案件獲得の営業活動に専念させ、実際のサーチは経験の少ない人材（新卒のMBAを含めて）に行なわせている。したがって、あなたが相談している人物が、実際にサーチのすべての段階の作業を自分で手がけるコンサルタントなのかどうかを必ず確認しよう。そのうえで彼らの経験や専門性を評価し、彼らがどの程度この案件に時間を投入できるのか、誠実な人間かどうかを把握する必要がある。誠実さはきわめて重要であり、当該コンサルタントに関する信頼できるレファレンスは必須である。

（260ページへ続く）

集団インセンティブを与えている企業は、個人業績を報奨する企業よりもはるかに知識の共有化が進み、はるかに収益力が高いことを実証している。

候補者にとってのリスクとインセンティブへの対処法

ここまでの要点をまとめてみよう。最高の人材をひきつけ、モチベーションを高めるには、あなたは候補者の立場になって考え、あなたが提供するポストが相手のキャリアにとって本当に最良のものかどうかを率直に評価し、あなたの熱意を伝え、そして魅力的な報酬を準備することだ。

候補者が感じているリスクについては、できるだけ客観的に把握し、適切な対応を行なう必要がある。社外から採用される経営幹部は、新規事業の立ち上げ、M&A、経営再建、大きな変革など、ハイリスクな状況で採用される場合が多いからだ。

リスクへの対処法として私が勧めるのは、主なリスクについて十分な時間をかけて率直に候補者と話すことだ。転職の機会において候補者が犯すミスには、間違った仕事に転職するか、あるいはまたとないチャンスなのに見送るという二種類がある。両方のリスクを同時に減らすための唯一の方法は、採用責任者であるあなたが、あなた自身、自社、職務内容について、より多くの情報を候補者に提供することである。

この段階でよくあるミスには二種類ある。第一のミスは、候補者が認識しているリスクをあなたが無視することだ。この場合、あなたは候補者に正面から向き合い、理解を得るチャンスを逃してしまう。

第二のミスは、こうしたリスクを適切な分析もせずに、金銭で相殺してしまうことだ。気前よくお金を出すと、多くの場合、間違ったインセンティブを与えるという負の結果をもたらす。その最たる例が、〝ゴールデン・パラシュート（高額の退職金）〟である。これは、わざと自分が解雇されるような状況を生み出し、退職金をせしめるという歪んだインセンティブになりうる。入社時の契約金（移籍金）も同様によくない。提示されたポストが自分にとって最良かどうか確信が持てていない候補者に、最終判断を棚上げさせてしまうかもしれないからだ。

私は三〇〇件以上のエグゼクティブ・サーチに携わってきたが、ゴールデン・パラシュートと契約金は例外的な場合にしか勧めてこなかった。また、候補者側の信頼を取りつけようと、自分からそうした金銭的インセンティブを勧めることは絶対にない。この種の金銭的インセンティブは必要なこともあるが、どちらかといえば例外的なものであるべきだ。どんな経営幹部も、新しい会社にはお互いに信頼でき、満足できると確信したうえで加わるべきである。もしこの二つの条件が満たされれば、こうした種類のインセンティブは不要なはずだ。

図8－4は、ある消費財メーカーが新たな国に進出するために、現地のトップを採用した際に作成した資料である。採用された現地トップは、最初の仕事として、その国で新会社を予定どおり立ち上げるべきかどうかを最終的に判断しなければならない。当初行なった市場調査から撤退となる可能性は小さかったものの、私たちはクライアントとともに、候補者に対して、客観的な判断を行なうことと、万一彼が投資する価値がないと確信したら大型の投資は行なわないことを求めた。この点につい

図8−4　報酬体系の設計

事業段階	事業化調査	建設着工と組織づくり	市場参入と競争	経営安定化
マイルストーン	(2〜3カ月) ▲ 建設着工契約	(1.5〜2年) ▲ 事業開始	(2〜3年) ▲ 市場シェアと価格の安定	△ カントリーマネジャーの引退
不連続性のリスク	低い ·プロジェクトの大幅な見直し ·劇的な政治的、経済的変化	非常に低く、かつ減少 ·深刻な政治的、経済的危機	無視できるほど小さい	無視できるほど小さい
経営の優先順位	·客観的なプロジェクト評価 ·効率的な調査遂行	·効率的かつ迅速な建設 ·組織立ち上げ	·シェア獲得 ·競合 ·収益性	·収益性 ·ポジショニング ·堅固で安定した組織
業績指標	定性的	定性および定量 ·定量（納期、コスト） ·定性（組織、品質）	定性および定量 ·定量（シェア、キャッシュフロー） ·定性（外部との関係、ポジショニング）	主に定量 ·定量（ROI） ·定性（ポジショニング、組織）
報酬体系	● 給与 ● 変動賞与 ● ゴールデン·パラシュート	● 給与 ● 変動賞与 ◐ ゴールデン·パラシュート	● 給与 ● 変動賞与 ○ ゴールデン·パラシュート	● 給与 ◐ 変動賞与 ● ファントムストック ● プットオプション ○ ゴールデン·パラシュート

●　高い　　◐　中間　　○　低い

ての候補者の合意を取りつけたうえ、雇用契約には、①彼の客観的な判断により数カ月以内で撤退（すなわち彼の失職）が決定された場合は、経済的な補償を行なう、しかし②その補償額は、撤退の方向に意図的に傾く動機づけにならないよう、合理的、妥当な水準とする、という条項が盛り込まれた。

契約内容の詳細については省くが、ここでは、各事業段階ごとに、それぞれに特有のリスクと結びついた異なる種類のゴールデン・パラシュートを用意し、段階を追ってその金額は縮小されていたことを強調しておきたい。当初は事業の先行きが不透明なことを考慮して、競争力のある給与と業績連動賞与が用意された。また、株主の中・長期的な利害との整合性を保つため、事業が安定したあとに行使できるプットオ

Coffee Break

どのようなエグゼクティブ・サーチ会社を使うべきか ❷

第２に、サーチ会社のスタッフの定着率の高さと、社内の協力体制を強化するためにどのような仕組みを導入しているかを調べること。これは非常に重要である。なぜなら、エグゼクティブ・サーチ会社の価値は知識を共有する能力から生まれるからだ。ボストン大学のマーシャル・W・ヴァン・アルスタインは最近発表した論文のなかで、人材紹介会社内の協力体制を促す処遇・報酬体系（またはその欠如）がいかにコンサルタント同士のコミュニケーションに大きな影響を与え、その結果、クライアントに対するサービスの質に影響するかを実証している。知識を共有し、コンサルタントの定着率が高いサーチ会社ははるかに知識の蓄積が多く、コンサルタント全員が下記についての情報とノウハウを共有できるようになっている。

- 有力候補者、情報源、レファレンス
- ポストごとに必要とされる能力要件、経験など
- 最高の候補者を見つけ、評価し、動機づけし、組織にうまくインテグレーションさせるためのノウハウ

（263 ページへ続く）

プションつきの自社株連動型報酬のかたちで、きわめて長期のインセンティブも用意した。結局、採用された候補者は数年間にわたって大成功を収めた。彼からみても、会社からみても適切な時期に彼はプットオプションの行使を決め、会社を去ったが、その時点で別のタイプの経営トップがサーチによって採用された。

勝負どころでの決断

本章の冒頭で紹介した事例２に話を戻そう。一〇年前、私が大手消費財メーカーのＣＥＯ兼社長と会った件だ。最終候補者はこちらの提示額を自分が期待した報酬額の半分にすぎないと言って断わった。彼とＣＥＯはいまにも握手を交わし、別れを告げるところだった。私は右にクライアント、左に候補者をみながら、テーブルの中央の席に座っていた。次の瞬間、クライアントのほうをみて、私はこう叫んだ。「あなたのこれまでの会社への貢献を私は高く評価しています。だからこそ言うのです。このチャンスを絶対に逃すべきではありません」

それから、今度は候補者のほうへ向き、こう言った。「同じように、私はあなたを一〇年間も見続けてきました。これはあなた自身にとっても最高のチャンスだと思います。あなたは大成功を収めるでしょうし、この仕事をすごく楽しめると思います。このチャンスをみすみす逃してはいけませんよ」

私は候補者を別室に連れて行き、待ってくれと言ってから、クライアントのところに戻った。私たちは椅子に腰をおろした。数秒間の沈黙のあと、私は彼の提示額は人材市場の相場とこのCFO候補の力量を考えると、あまりに低すぎると遠慮なく言った。彼がたとえ受け入れてくれても、今度はいつ辞められるかわからないリスクをかかえることになるだろう。CFOの報酬水準は、彼が会社にもたらす潜在的価値の大きさと比べれば微々たるものにすぎないことも指摘した。そして、さらにもうひと押しした。もし、候補者の能力について疑問があれば、話を進めるべきではない。だが、そうでないなら、彼の辞退を受け入れてはいけない、と。

このCEOは、候補者が期待した水準の報酬をそれまでどの幹部にも与えたことがなかった。一方、私たちが調査した他の数人の候補者も、同じかそれ以上の報酬をもらっていたことをよく知っていた。私はCEOに思案の時間を与えるため、彼を部屋に残して、別室で待っている候補者のところへ戻った。

私は候補者が椅子の端に腰掛けているのに気づいた。彼も転換点が訪れそうなことを感じていたのだ。私たちは話し合った。私は彼が丸一年失業していたことを知っていた。知らなかったのは（聞いて驚いたのだが）、この間、気丈にも七社からの採用のオファーを断わっていたことだ。自分が確信をもてない仕事はしたくなかっただけだと、彼は言葉を尽くして話した。そして、このオファーがチャンスだということは十分わかっている、報酬の面以外は、と正直に言った。私がほかには問題はないかどうか確かめると、彼は何もないと言った。私は彼にちょっと待っていてと言い残した。

それから、またクライアントのところに戻り、候補者が期待している報酬額は妥当であること、候補者の意欲についても確信していることを伝えた。とうとう、CEOは同意した。二〇分もしないう

Coffee Break

どのようなエグゼクティブ・サーチ会社を使うべきか ❸

エグゼクティブ・サーチ会社の手数料の仕組みも、サーチ会社を選ぶうえでチェックすべき重要なポイントである。なぜなら、大手のエグゼクティブ・サーチ会社数社ではいまだに間違った手数料体系が採用されているからだ。そうした会社では、クライアントに請求する手数料は、紹介した経営幹部の報酬の歩合にもとづいている（一般に初年度の現金報酬の３分の１）。「経営幹部の報酬が高ければ高いほど、サーチ会社も儲かる」仕組みである。言うまでもなく、歩合制の仕組みは、最適の候補者であろうがなかろうが、もっとも手数料が高くなる候補者を提案しようという強力なインセンティブを、コンサルタントにもたらす。

もう１つの問題ある手数料の仕組みは、成功報酬である。成功報酬とは、候補者が最終的に採用されたときに初めて支払われる支払い形態のことで、次の問題が発生するおそれがある。第１に、コンサルタントは候補者の評価を甘くし、都合のよい情報だけを抜き出してクライアントに推薦してしまう。誰も採用されなければ、成功報酬が入ってこないからだ。しかし、完璧な候補者などいないので、この場合、クライアントが候補者に関する問題点を見落としたまま採用してしまうリスクは高まる。第２に、成功報酬は、コンサルタントにとって、クライアントの社内の候補人材を考えず、自分が紹介する社外の候補者だけを推薦するプレッシャーを生む。社内候補で決まった場合、成功報酬が支払われないからだ。クライアントにとっては、社内と社外の候補を客観的に比較検討する機会を逸することになる。

固定の定額料金によるコンサルティング契約を用いれば、こうしたクライアントとの利益相反の問題を回避できる。コンサルタント個人の信頼性も重要だが、コンサルティング会社の手数料の仕組みもサービスの信頼性を左右するポイントである。

ちに、彼らはふたたび握手をした。ただし、今度はすばらしい仕事上のつきあいが始まるという思いを胸に。交渉の結果、最終条件は当初の条件よりも候補者の期待（そして市場相場）にずっと近いものになった。CEOと新CFOは約一〇年間、一緒に働いた。新CFOは同社の企業価値を著しく向上させ、日々の経営だけでなく、リストラ、買収、危機対応においても貴重な役割を果たした。その一〇年間、彼は手厚い報酬はもちろん金銭的価値では測れない経験という見返りも得た。

私がこの交渉から学んだのは、このような正念場でもっとも重要なのは決断力ということだ。どうしても逃したくない候補者がいるのなら、これまでのしがらみと決別する勇気を持たなければならない。

交渉をまとめる

候補者が最終段階で入社を断われば、それまでの準備、候補者の絞り込み、評価の労力はすべてムダになってしまう。あなたは交渉をまとめなければならない。

北米市場で苦戦していた海外の大手小売企業が実施したサーチを例にあげよう。最終候補者となった米国人が望んだ二億円の報酬に同社は尻込みしてしまい、結局のところあまり力量のない社内の候補者を任命した。同社は結局倒産し、その決断は安物買いの銭失いとなった。

それとは対照的に、以前の章で紹介した世界的な乳製品メーカーの取り組みを考えてみよう。傑出した候補者を採用すると決めるやいなや、同社は最終合意をまとめるために全力を注いだ。誠意を示すための努力は報酬額の引き上げのみならず、多くの小さな気遣いを含んでいた。そのなかには、配偶者の引越しのための支援、夫妻の到着に合わせて用意したマウンテンバイクと散策用のガイドマップ、同社の会長夫妻とのカジュアルで落ち着いたディナー、地球を半周移動してくる子供たちの学校への入学手配、住居の下見からアドバイスにいたるまで、あらゆることが含まれていた。私の経験では、このような小さな気遣いは、難航する入社交渉の転換点となることが多い。

仲介役のコンサルタントは、企業と候補者の両者にみずからの関心や懸念を率直に語らせる手助けをし、同時に相互の折り合いがつくように創意に富んだ選択肢を提案する。そして、最高の候補者をひきつけ、入社への意欲を高め、交渉をまとめあげるうえで貴重な存在になることが多い。

本章で説明した方法に従えば、あなたは交渉をまとめ、最高の候補者を採用することができる。しかし、あなたの仕事はまだ終わっていない。候補者が入社し、その後組織にうまく溶け込んでいけるよう、そのプロセスを適切に計画し実行することで、あなたは候補者の成功する可能性とパフォーマンスを著しく高めることができる。これが次章のテーマである。

第8章のまとめ

最高の人材の意欲をかき立て、オファーを受諾させるには、熱意、適切な報酬、決断力が不可欠である。

1　候補者のモチベーションや懸念を理解し、あなたの熱意を伝える

・仕事やポストに何を求め、何にモチベーションや懸念を感じるのかは、人によって違う。候補者の立場に立って、正確に理解する。

・そのうえで、候補者にとって最良といえるポストを自社が提供していると、あなた自身が確信する必要がある。確信は、説得における強力な武器である。

2　競争力と適切なインセンティブ体系をもつ報酬を呈示する

・最高の人材を採用するには、市場水準と比較して適度に競争力のある報酬水準を用意すべきである。彼らは、平均的人材を採用した場合よりもはるかに高いリターンを自社にもたらす。

・競争力ある報酬水準は、社外から人材を採用する場合だけでなく、優秀な社内人材の流出を防ぐためにも重要である。

・インセンティブ体系の設計は重要である。これを間違うと、過度な短期志向など、事業の長期的成功を損なう行動を助長するおそれがある。

3　最高の人材の採用に向けた最後の鍵は、あなたの決断力である

・最高の人材を逃し、平凡な人材で妥協した場合、結局は「安物買いの銭失い」になるおそれがある。

・どうしても逃したくない人材に対しては、社内での前例やしがらみにとらわれず、大胆なオファーを行なう決断が必要になることもある。

CASE STUDY

ある老舗消費財メーカーの社長後継サーチの例

「創業家の呪縛から解き放たないと、この会社の未来はない」

クライアントである日系消費財メーカーの社長は、こう切り出した。同社は創業一〇〇年を超える老舗企業で、消費者に親しまれたブランドをもちながら、売上高は六〇億〜七〇億円で伸び悩み、赤字すれすれの経営が続いていた。同族経営の弊害で社内に人材が育っておらず、社員の危機意識も乏しかった。すでに七〇歳を越えていた社長が引退すると、瞬く間に経営危機に陥ることが危惧された。

社長の決意ははっきりしていた。外部の優秀な人材に自分のあとを託し、ぬるま湯的で前近代的な同族経営に決別することである。家業を託す候補者に対しては、能力だけでなく、誠実さ、謙虚さのような高い人間性を求めていた。

一方で、同社のなかには、社長後継を内心期待していた番頭格の役員を含め、外部からの幹部招聘には強い拒否反応が予想された。また、社長が本当に経営から退く気でいるのかどうかについても、すべての役員が懐疑的だった。

これに対して、社長は、経営幹部全員のアセスメントを行なうことをエゴンゼンダーに要請した。事前の予想どおり、アセスメント結果は「役員の誰一人として社長後継たる適性なし」というものだった。社長の要請にもとづき、エゴンゼンダーは役員全員と個別に面談し、このアセスメント結果を

「一切オブラートにくるまず」フィードバックした。さらに社長は、役員全員を集めた会議を招集し、次のように発言して、みずから頭を下げたのである。

「残念ながら、こういう状況では外部から人材を招聘するほかはない。また、後継者を外部から招かざるを得ない事態を生んだのは、ひとえに創業家による経営の弊害である。いまこの会社を創業家の呪縛から解き放たなければ、代々守りつづけてきたブランドを含め、未来はない。私は外部の人材にバトンを渡したら、経営から退く。みんなはこの人物を一生懸命サポートしてほしい」

社長の決断によって人材の外部招聘の環境整備が整い、エゴンゼンダーはサーチに着手した。最終的には、売上高数千億円の日系消費財メーカーの経営企画担当役員であるＡ氏が採用された。Ａ氏は、著名な外資系経営コンサルティング会社、外資系消費財メーカーを経て、同社に転職した経歴をもっていた。華やかな経歴とは対照的に、非常に謙虚で、上司、同僚、部下の誰からも信頼を得る、すばらしい人柄の持ち主でもあった。

クライアント企業の規模や経営状況、オーナー企業に入社することのリスク、現状維持にとどまったオファー金額を考えると、Ａ氏のような有力候補者にオファーを受諾してもらうのはむずかしいと予想された。最終的に受諾の決め手となったのは、「候補者の自己実現欲求」と「社長が候補者に示した誠意」の二つである。

第一のポイントは、Ａ氏とエゴンゼンダーのコンサルタントとのあいだの話し合いのなかから生まれた。彼は経営トップから厚い信頼を寄せられていた。仕事にも会社にも不満はなかった。しかし、コンサルタントとの会話を繰り返すなかで、「自分が本当にやりたいことは、大組織の階段を上って頂点をめざすことでなく、むしろ小さな組織であっても、その隅々にまで自分の目が届き、組織や社員の成長と社会への貢献が実感できること」という思いが明確になっていった。そして、「もしかしたらこのポストは、自分の思いが実現できる舞台かもしれない」という気持ちに傾いていったのである。

第二のポイントは、社長がA氏に示した誠意である。社長は彼と面談や会食を繰り返し、会社の未来や社員に対する熱い思いを語った。長年の同族経営から生じた数々の欠点も包み隠さず話した。さらにA氏は、前述のようなプロセスを経て、社長が社内の環境整備を行なったことを知り、その決意の重さを理解した。高齢、病後の体にむち打ちながら、社員の誰よりも激務に耐えて孤軍奮闘している社長から、心からの招請を受け、A氏の心は受諾へと傾いていった。

外部から経営幹部を採用するというと、大手のグローバル企業にかぎった話、高額のオファーが飛び交う世界という印象をもたれるかもしれない。しかし、A氏のような有力な候補者が非上場の中小企業に採用されるケースの裏側には、このような血の通ったドラマがあるのが普通である。エグゼクティブ・サーチ・コンサルタントとしても、このような事例にかかわれたときの喜びはひとしおであり、サーチとは「人と人の出会い」に尽きることを実感する瞬間でもある。

第9章
いかにインテグレーションを進めるか

本章では、新しく採用した最高の人材をいかに新組織に「インテグレーション」するかについて取りあげる。ここで言う「インテグレーション」とは、新しく入社する経営幹部をいち早く新組織に融合し、本来のパフォーマンスを発揮させるための一連の活動をさす。

新任の経営幹部を職場にインテグレーションするのはなかなか大変で、リスクをともなう。しかし、もし適切な候補者が採用されていれば、新規採用者と企業側の協力にもとづいた計画的な取り組みによって、リスクを最小限に抑えることができるだけでなく、インテグレーション・プロセスを早め、新規採用者の職務遂行能力をはるかに高めることもできる。

インテグレーションにおけるリスク

社外からの新規採用者は、新しい企業文化がどのようなものかを把握しなければならない。社内のキーパーソンと新たに関係を築かなくてはならない。

その間ずっと、彼らは周りからしっかり見られている。入社当初の仕事ぶりで、将来的に成功を収めることができそうな人間かどうかについての周囲の認識は決まってしまう。

こうした状況にもかかわらず、大半の企業は新規採用者に対しほとんど支援を行なっていない。センター・フォー・クリエイティブ・リーダーシップが実施した調査によると、新規採用の経営幹部のうち、なんらかのインテグレーション・プログラムを受けているのは三分の一以下で、上司の支援を受けているのは四人に一人もいなかった。

幹部ポストでは、仕事の複雑さ、注目度、重要性により、インテグレーション・リスクは飛躍的に高まる。本章では経営幹部層のインテグレーションを重点的に扱う。しかし、私の分析と対応策はもっと下位のポジションにもあてはまるので、読者にはより広範囲でのインテグレーションについて考えることをお勧めしたい。

新しい仕事に溶け込むのは、誰にとっても常に大変なことだが、社外からの採用者にとってはとくにハードルが高い。第一に、前述のとおり、社外の人材はたとえば経営再建、新会社や新規事業の立ち上げ、大きな変革への取り組みなど、一般的にリスクの高い困難な任務に対応するために採用される。社外からの採用者は新しい職場の実態についてよく知らないうえ、早く順応するための社内ネットワークもない。さらに、社内候補者の場合は人材育成を目的として昇進させることが多いのに対し、社外候補者はたいてい即戦力を期待される。社外候補者はよく知られていないため、強化するべき弱みについて、採用する組織の側で気づいていないことが多い。

これらすべての課題に加えて、社外から採用された人は、一般に社内の人よりもはるかに強い組織的抵抗にあう。第一に、同じポストを狙っていた社内候補者が不満を感じるからだ。第二に、昇進する社内の人材のほとんどは、同僚とのあいだで相互信頼という基盤を長年かけて築いているが、社外からの採用者にはそんな基盤がない。数時間の面接による関係と、おそらくはわずかな好意的な社内PRがあるだけだ。さらに悪いことに、社外の候補者は高めの報酬で採用されるケースが多く、その詳細は、たいてい驚くほどのスピードで職場全体にパッと広まる。これがまたねたみや反感を生む。

インテグレーションの三つの波

エグゼクティブ・サーチ・コンサルタントとしてのキャリアを歩みはじめてから数年たった約一八年前、私はクライアントを助けるために、よい候補者を見つけ、評価し、ひきつけるほかに、私たちができることはないだろうかと考えていた。

そんなあるとき、ジョン・J・ガバロというハーバード大学教授が書いた『*The Dynamics of Taking Change*（新任務遂行の力学）』という本を偶然見つけた。それは一七人の事業部長、本部長、部長の引き継ぎを比較研究したもので、新任の経営幹部が、インテグレーションを成功させるために必要な組織的、対人的活動について掘り下げて研究していた。

ガバロは同書の冒頭で、着任して一八カ月目の部長の次のようなコメントを紹介している。

「新しい仕事に就任して以降、何事につけ自分は何も知らないんだと感じる、いつもハラハラしているような時期を通り過ぎ、安心感が芽ばえるまでには、とにかく時間がかかるんです。着任早々は、組織について必死で知ろうとするし、自分にとって異質の問題に直面します。製品についても、経営状況についても本当に多くのことを学ばなければならない。ほかの人たちと彼らの能力についても早く知らなければならない。ところが、これがまた一番厄介なことなのです。最初は波風を立てるのが恐くて、何もできませんから。問題は、そうしたことを学びながら、同時に事業も継続しなければならないことなのです」

ここには、新マネジャーが新たな任務を引き受け遂行する際に感じるやりがい、不安、興奮がよく表れている。重要なのは、このコメントが、初めて試練に立たされた若いマネジャーではなく、消費者製品と工業製品の両方の分野で営業、マーケティング、製造の各部門で二〇年の管理職経験があるベテラン幹部の口から出たものだということである。組織に溶け込むのは、ベテラン幹部にとっても大変なことなのだ。

ガバロによると、新任務を遂行するプロセスは、〝三つの波〟と呼ばれる、きわめて予想可能な一

図9－1　3つの波

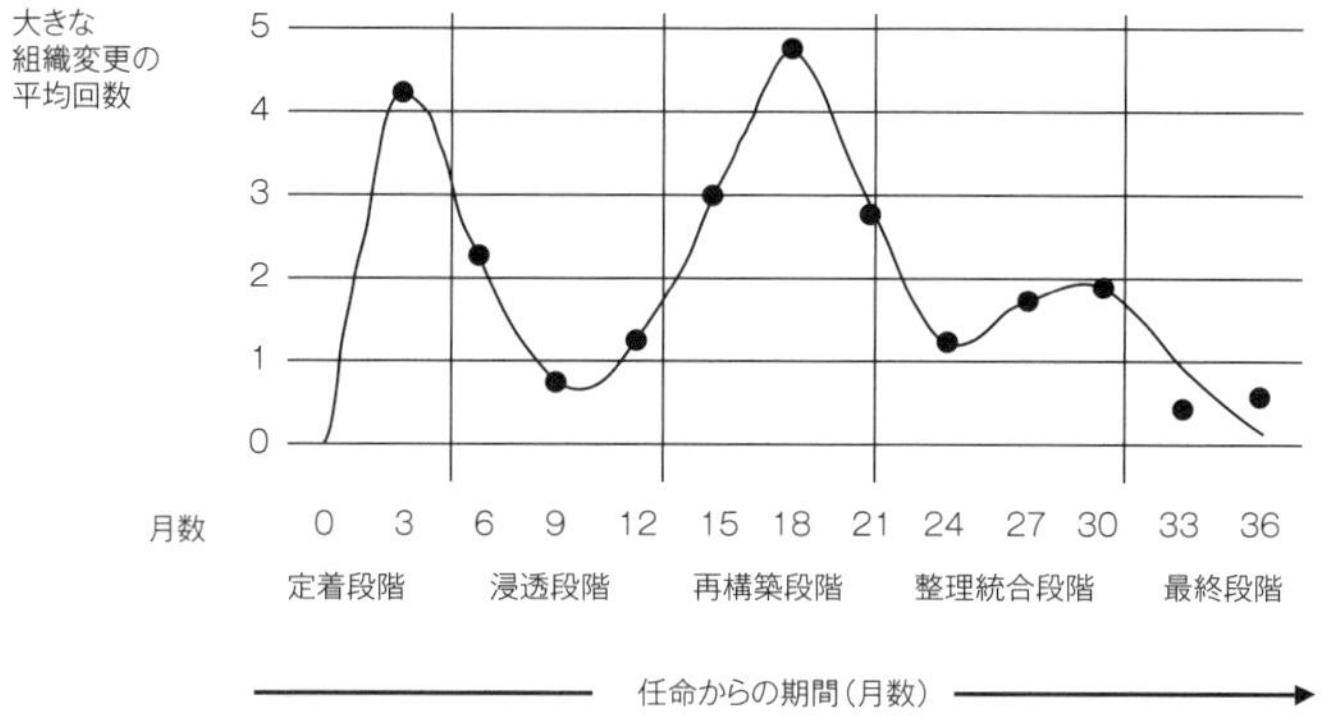

出所: Reproduced from *The Dynamics of Taking Change*, by John J. Gabarro, with permission from HBSP

連の学習と行動の段階から成り立っている。この〝三つの波〟は、図9－1に示したように、新任マネジャーが就任後三年間で行なった大きな組織変革の平均回数により表される。

新たに就任したマネジャーは、まず〝定着〟段階を経ることから始める。ここではなんらかの初期診断を行なったあとに、通常は基本的な是正措置の範囲で一連の変革を実施する（第一の波）。次に、新マネジャーが組織について知識を深め、あまり変革を進めない〝浸透〟段階がくる。その次に、より大きい、戦略的な変革をともなう〝再構築〟段階がくる（第二の波）。最後に、第三の小規模な変革の波が〝整理統合〟段階とともにやってくる。ここでは再構築期の結果を踏まえた調整が行なわれる（第三の波）。

この三つの波のモデルは二つの重要な点を指摘している。第一に、新任務の遂行には時間がかかる。だから私たちはこれらのプロセスを早めたがるが、とくに幹部ポストにおいては、プロセスが早まることは現実的ではない。適切な診断を行ない、信頼を築き、相互の期待を明確にし、影響力を勝ちとらなければならない。このすべてにかなりの時間がかかるからだ。ガバロの研究対象となったマネジャーの大半は、組織にもっと早く溶け込むことを期待していたが、そうはならなかった。三年というインテグレーション期間は、業界がまったく異なっていても、さらにはその業界の内部の人間であっても外部の人間であっても、あてはまるようにみえる。ただし、業界内部の人間は一般にどの波でもより多くの変革を実現していることは、注目に値する。同様に、プロセスの持続期間は経営再建と自然継承のケースで比較的似ている。ただし、経営再建組は、業績向上へのプレッシャーが強いことを反映して、どの波でもより大きな変革が必要である。

私がガバロの研究結果から導いた第二の結論は、新マネジャーはどれだけ早く行動を起こすべきかというジレンマに陥ることだ。あまりにも急いで行動すれば、間違った診断をもとに行動している可能性があり、失敗する。一方で、診断を完璧にするあまり時間をかけすぎれば、組織の不満を募らせる。とりわけ、足元に火がついているときは、人々は行動を求めるものだ。

質を犠牲にすることなく、早期にインテグレーションを成功させるもっとも確実な道は、診断の段階で他者から助けを得ることができて感情的にも社会的にも知能が高いマネジャーを採用する、または社内昇進させることである。インテグレーションでもっとも失敗する可能性が高いのは、学習と行動の段階で他者を巻き込むことができず、孤立してしまうタイプの〝ローンレンジャー（一匹狼）〟である。

Coffee Break

ある同族企業の成功 ❶

数年前、私はクライアントから電話をもらった。彼は20世紀のはじめに創業されて大成功を収めた会社の取締役会長で、創業一族の3代目にあたる。当時70代だった彼は、至急会って話したい重要な問題があると言った。2日後、私は美しい街並みにある彼の自宅を訪ねた。

「単刀直入に言うよ」彼はそう話を切りだした。「私は癌なんだ。余命はもう長くない。だから、私の長男がうちの会社のCEOにふさわしいかどうか、君の意見を聞きたいんだ。ここに来てもらったのは、君がこの質問にどんな目をして答えるかみたかったからなのだよ。同情で答えてもらいたくないんだ。私は自分がいなくなってからもずっと、私の会社、私の家族にとって最高の人間がほしいと思っている。だから、君の専門的な意見と正直な答えを聞かせてくれないか」

私は、会社の経営者として長男はおそらくもっとも有力な候補者だろうと心から信じていた。きわめて有能で、勤勉で、責任感があり、学歴は申し分ないし、経営者になるためのキャリアも積んでいる。年齢は40代はじめで、会社についても、その事業についても、関連の人々もよく知っているという強みがあるし、もちろん一族の4代目経営者である。

私はこのことを言葉を尽くして父親に話した。それでも、彼は少なくとも30分にわたり、アルゼンチン市場での経験を考えれば社外の有力候補の名前がすぐ浮かぶのではないか、息子の欠点は何か、社外の人材を解決策にする場合のプラス面とマイナス面は何かなど、私を質問攻めにしたのだ。

やっと私の話に納得したあとでも、まだ私を解放してくれなかった。私たちはさらに30分かけて、さまざまなインテグレーションにおける課題に対し、詳細な計画を立てた。

長男は実際に同社のCEOに就任し、その直後に父親は亡くなった。同社は成長率、収益力、商品の多角化、サービスなどの面でめざましい業績をあげていった。（281ページへ続く）

加速化するインテグレーション

大企業においては大きな変革には通常三年必要であり、三つの波が現れる。しかし、小規模な新興企業では、新マネジャーは就任してから数カ月以内に組織に溶け込み、実績をあげなければならないという別の事情がある。

わが社では、異なる業界におけるCEOのインテグレーションについていくつかの調査を行なってきた。一つの興味深い業界はバイオテクノロジー業界である。ここでは、新マネジャーが投資ファンド等からなる外部の投資家によって指名されることが多い。一般的に、これらの企業は、技術的な知識が豊富な創業者のもとで製品開発を成功させた時期を経験している。しかしいま、新しい投資家は飛躍的な成長を求めて、新しいスキルセットをもつリーダーシップを求めているのだ。

わが社の二〇〇五年「バイオテクノロジーCEO調査」は、バイオテクノロジー企業または新興ヘルスケア企業に採用されたCEOの就任後一〇〇日間に焦点をあてたものだ。図9－2に示したように、私たちはこの最初の一〇〇日間に重要な行動が起きていることを発見した。図からもわかるように、CEOの四分の一は、最初の三カ月前後に会社のリストラを決断し、コスト削減やムダの排除を行なっている。初期の対策の二つめは、チームの再編成で、五人に一人がこの種の措置を講じている。

二〇〇六年、私たちは欧州、オーストラリア、アジア、米国の金融業界で働く七〇人のCEOの就任後三カ月間について、同じような調査を実施した。なかには最初の三カ月間に重要な行動がとられ

図9－2　バイオテクノロジー企業のCEO就任後100日間の活動

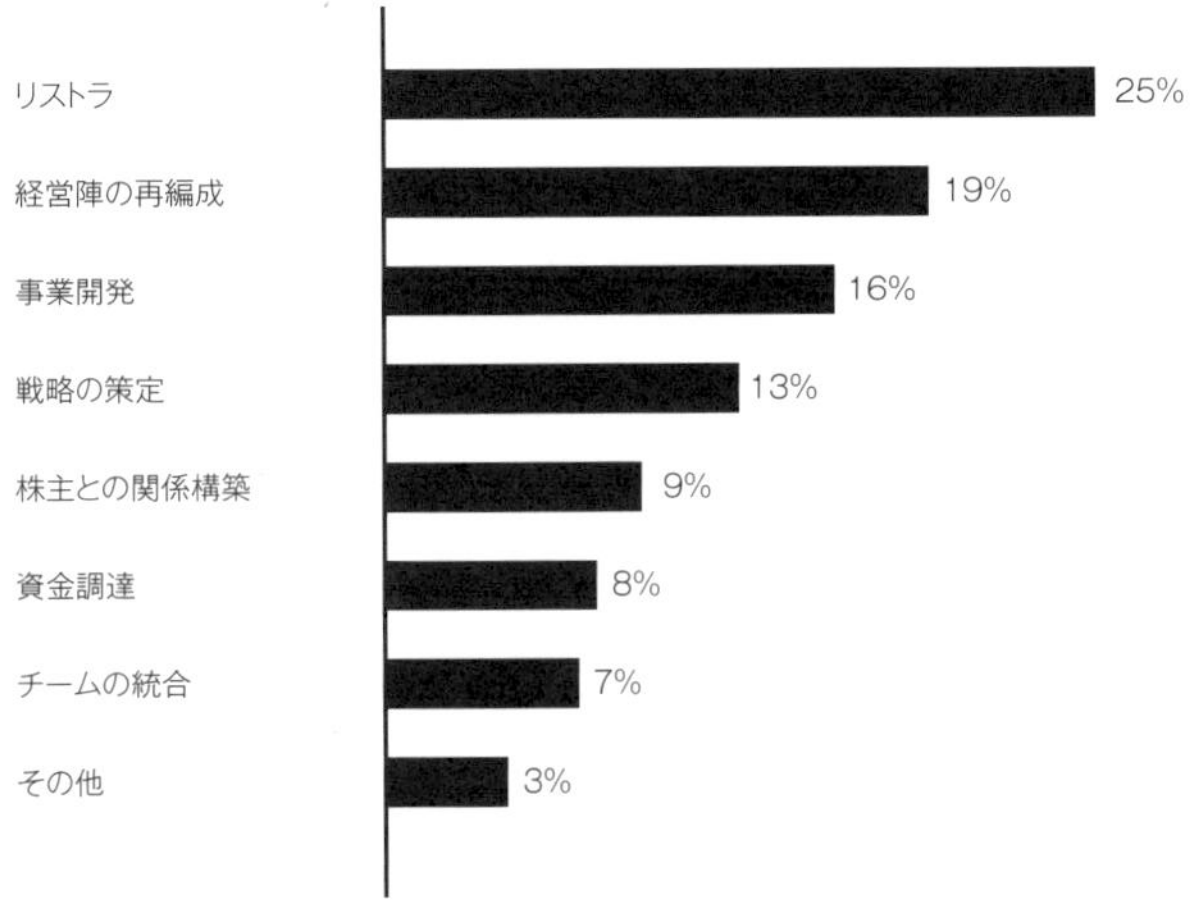

出所: Biotech CEO Survey 2005: The First 100 Days, Egon Zehnder International
© Egon Zehnder International

たケースもあったが（ガバロの研究結果と一致）、これらの経営者が自分の役割を気兼ねなく果たせるようになるまで、平均五カ月かかっており、これは社内候補者にも社外候補者にもあてはまる。この部門では、最初の数カ月の焦点は主に社内の組織構造や人事におかれ、社外に焦点がおかれるのは、経営危機の状況に限られる傾向がある。

このように、インテグレーションの加速化が一般的になっている産業や状況はたしかにある。しかし、インテグレーションは容易に短縮できるものではないし、変革に近道はない。私は最近、〝最初の一〇〇日間〟について、ある〝入社支援サービス〟の専門家が、新しく上司になった人は着任初日に新しいチームを選び、コミュニケーション戦略を実施すべきだと主張している記事を読んだが、これには賛成できない。

なぜなら、インテグレーションのごく初期段階で、診断を短期間で行ない、関係する人々を除外するというような拙速な行動が、望ましい結果を生む可能性はきわめて低いからだ。

インテグレーションに関する六つの重大な課題

インテグレーション段階で生じやすい重大な課題はいくつかある。まず第一に、採用を円滑に進めるために、企業の側が厳しい現実を候補者にしっかりと伝えないという自然な傾向がある。これは間違いだ。その間違いは、多くの場合、候補者が自分の能力を誇張したがる傾向によって増幅される。

第二の課題は、周囲のプレッシャーに対して過度なストレスを感じてしまうことだ。前述したとおり、私たち人間には、最大限に成果をあげる理想的なストレスのレベルがある。私たちはストレスがそのレベルより低いと退屈し、高いと緊張して疲れる。ストレスのレベルが高い状態では、学習や記憶の機能を阻害する一連の神経系が作用を及ぼし、私たちは極端に受身になったり攻撃的になる。新マネジャーも企業側も、短距離走でなくマラソンをしていることを忘れてはいけない。もし、企業運営の効果と効率を最大にしたければ、バランスが必要なのである。

第三の課題は、新マネジャーがどこまでを管理してどこまでを権限委譲するかといった仕事の進め方に関する考え方が、新マネジャーと現場のチームとで隔たりがあることだ。お互いの期待値が食い違っているのだ。もし、マネジャーの管理が厳しすぎれば、チームは不満を募らせ、抵抗するか何もしないかして反発する。どちらの場合も、よい結果は出ない。

Coffee Break

ある同族企業の成功 ❷

CEOに就任してから約10年後に、長男が私のオフィスを訪れた。まだ50歳を過ぎたばかりで若かったが、リーダーは10年前後で権力の座を降りるべきだという信念をもっており、会社には新しい血が必要なんです、と彼は私に言った。

私たちは彼と一緒に社外の人材の採用にあたり、今度はその人物と協力してすばらしいインテグレーション・プロセスを計画し、実施した。

私の意見では、父親も長男も驚くほどのレベルの自己認識と先見性を身をもって示した。つまり、前者は自分の死に直面して、そして後者はまだ会社が絶頂期にあるうちにバトンを渡す必要性を認識してどちらも問題を先送りせずに必要とされた変革を引き起こした。2つのインテグレーション・プロセスは大きく異なっていたが、どちらも最強のインテグレーションを実施した。

どちらの世代も、候補者の評価にあたって同様に驚くべきレベルの規律と客観性を示した。どちらも勇気と思いやりをみせた。

この教訓はもっと広く適用できると思う。もしあなたがすばらしい業績をあげようと思っているのなら、そして優れた人事を確実に一貫して行ないたいと思っているのなら、この家族がしたことをするべきだ。おのれを知り、将来をみつめ、規律正しく、勇気をもって実行することだ。

第四の典型的な課題は、新マネジャーが会社のキーマンとなる社員と強力な関係を上手に築かなければならないということだ。これには、上司や同僚、部下にまで及ぶ三六〇度の視野が必要である。関連の多くの調査によると、ほとんどのマネジャーは実際に他者との関係づくりにほとんどの時間をさいている。ガバロは、会社のキーマンとなる社員と適切な関係を築く能力は、成功するか失敗するかを予測する最大の要素だと主張している。

インテグレーションの成否を分けるもっとも顕著な違いは、新マネジャーが就任一年目の終わりに構築している仕事上の人間関係の質により生じる。インテグレーションに失敗したマネジャーの四人に三人は、入社後一年たっても、主要な部下の二人以上と良好な関係が築けていなかった。

第五のインテグレーションにおける課題は、前任者の負の遺産の後始末である。在任期間の非常に長かったCEOが退陣する場合はとりわけ深刻である。負の遺産は緊急課題の先送りから、大型の買収や合併のような〝大改革〟でキャリアを終わらせようとする誘惑による決断まで、あらゆる事柄に及ぶ。

最後の課題は、インテグレーション段階に顕著にみられる組織的支援の欠如である。この第六の課題は非常に深刻な問題なので、次節で詳しく考察する。

インテグレーション・プロセスを管理する

新マネジャーの成功率を高め、貢献を最大限にするには、企業はインテグレーションの準備を整え、フォローアップを行なわなければならない。

第一に、企業は新マネジャーの着任前に、巧みなコミュニケーションをとるとともに、前広に最大限の準備を行なわなければならない。外国人のCEOを採用したある会社の例を考えてみよう。新任者は新しい環境で大きなカルチャーショックを受け、わずか六週間で会社を去った。当然のことながら腹を立てた同社の会長は、それまで使っていたサーチ会社が自社文化を適切に理解していなかったからだと断定し、そこをお払い箱にして新しいサーチ会社を雇った。

しかし、新しいサーチ会社は、状況を判断すると、これは単に文化にもっと注意を払えばすむ問題ではないという結論を下した。同社とその社内政治は、最初に思ったよりはるかに複雑だったのだ。新コンサルタントは会長に対し、次のCEOを迎えるために個人的に努力する必要があると伝えた。新たな人が採用されると、この二人は〝ブートキャンプ〟に参加し、サーチ会社の人間や綿密に選ばれた複数の教授やアドバイザーたちと一緒に大学のキャンパスで二日間を過ごした。このプロセスは、二人が経営の優先事項や権限を確認し、企業文化や人事の問題を話し合い、個人的に親しく知り合うのに役立った。

企業がすべき二つめのことは、インテグレーションの準備を適切に行なうことだ。二、三年前、私の友人でクライアントでもある、大成功した耐久消費財メーカーの社長兼CEOがオフィスを訪れた。彼は創業一族の四代目だったが、もうすぐ五〇歳を迎えるので取締役の座を降りることにしたと私に告げた。そして、会社の経営が創業一族の手を離れるのも、経営を引き継ぐ有望な人材が社内にいないことも、一世紀のあいだで初めてのことだと明かした。その結果、彼は社外の人材のサーチを行なうことを決断したのだ。

私や同僚には、このファミリービジネスに長い歴史上初めて社外からCEOを招くのが大きな問題になることは明らかだったので、私たちは引退するCEOと共同で次のような一連のインテグレーションに関する行動計画を立て、実行した。

●社内の主要な利害関係者全員と継続的かつ定期的なコミュニケーションを実施し、人材サーチを行なう理由と最終的な結論を伝える。
●新CEOの権限を明確に示す。
●新CEOと一緒に会社の歴史や文化を徹底的にみつめ直す。
●新CEOと密接に仕事をするリーダーやマネジャーを紹介する。
●新CEOと一緒にインテグレーションの成功例を検証し、ほかの関連する状況で実際に何がうまく機能したかを明らかにする。
●インテグレーション・プロセスの間に、早期かつ定期的にフィードバックを与えるための計画を作成する。
●学習や関係づくり、早期に実現すべき事項についての目標を達成するための現実的なスケジュールについて合意する。

適切なサーチと適切なインテグレーション支援のおかげでインテグレーションは大成功を収め、新

ＣＥＯであったにもかかわらず、会社は過去最高の業績を記録した。

とくに経営幹部ポスト向けには、次に示すような最低限のインテグレーション準備を行なうべきである。

- 組織の統治、構造、主要なプロセスについての理解
- 当面の優先順位と行動方針についての合意
- 長期的な目標についての共通理解
- 信頼関係を築く一助としての、主要な利害関係者と過ごす時間を十分にとるための計画

ＣＥＯポストへ社内の後継候補を昇進させる場合は、適切な社内ネットワークと支援体制について学び、準備し、築くチャンスを候補者に与えるため、取締役会は十分な時間をとった体系的なインテグレーション・プロセスを求めるべきである。同時に、退任の迫ったＣＥＯの行動もたえずチェックすべきである。経営の舵取りを手放さずにいないか、組織にとって逆効果となる〝土壇場の〟大きな意思表示をしたがっていないかどうかを確認するためだ。

企業がインテグレーションを支援するためにできる三つめのことは、それをしっかりとフォローアップすることだ。組織は、少なくとも次の四つの質問に答えることで、期待に対する進捗の度合いを数カ月ごとに正式に分析すべきである。

1　採用された候補者に適切な支援を提供してきたか？（責任範囲を明確にすること、会社の歴史と文化に関する適切な説明の実施、適切な早期のフィードバックの実施、内部支援者の存在など）

2　新マネジャーは社内で適切な関係を築けているか？（社内ネットワーク、同僚との緊密な連携、企業文化の理解、自分の部下や上司、同僚からの信頼の獲得）

3　新マネジャーは、基本的なプロセス、製品、サービス、ビジネス要件を理解し、ビジネスモデルを適切に機能させているか？

4　仕事の優先順位の設定状況やマイルストーンの進捗状況はどうか？

新しいマネジャーのインテグレーションがどうしてもうまくいかないことが明らかになった場合に、もう一つ企業が考えておかなければいけないことは、その新マネジャーを諦めることだ。これは決して簡単なことではない。新人を見つけ、採用し、インテグレーションするために、かなりの時間と金額がすでに使われている。しかし、それがうまくいかないこともときにはあるのだ。関係者は、不愉快かもしれないが、その事実を正視し、行動する勇気をもたなければならない。

かつての同僚が行なっていたサーチで、最善の候補者が契約し、着任した。しかし、すぐに危険な兆候がみられた。クライアントと同僚は三カ月後にインテグレーションの評価を行なうことにした。彼らは新マネジャーと個別に会い、また約二〇人の社員とも面接した結果、明らかに危険信号が灯っていた。

新マネジャーは徹底したフィードバックとメンタリングを受けた。さらに三カ月後、同じような面接が実施された。彼もクライアントも、新しいカントリーマネジャーにはこの仕事は最後までつとまらない、関係者全員にそのことを知らせたほうがいいだろう、と結論を下した。新しいサーチが始まり、別の候補者が採用された。

体面を保つために本人をどうしようもない状況においておいてもよいことはない。もしインテグレーションが無理なら、それに終止符を打つという強い意志をもつべきである。

新マネジャーに求められる四つのこと

あなたがやりがいのあるポストの適任者として採用された際に、成功するために欠かせないのは〝支援者〟の存在である。

もう一つ、新マネジャーが頭に入れておくべきことは、仕事はまず間違いなく思っていたより大変なものだということだ。私たちはバイオテクノロジー企業のCEOたちに、もしやり直せたら、就任後最初の一〇〇日間をどう過ごすか、聞いたことがある。その結果を図9－3に示す。多くの人が、ほとんどすべての項目についてもっと注力すべきだったと考えていた。行動と学習を同時にこなすのは、いつも大変なことなのだ。

新マネジャーが頭に入れておくべき三つめのことは、前節で述べたような企業からの支援を要求すべきであるということだ。ほとんどの企業はわずかなインテグレーション支援しか提供しない。企業からの支援を頼むことで、結果は大きく変わりうる。

図9－3　就任当初100日間に注力したこと

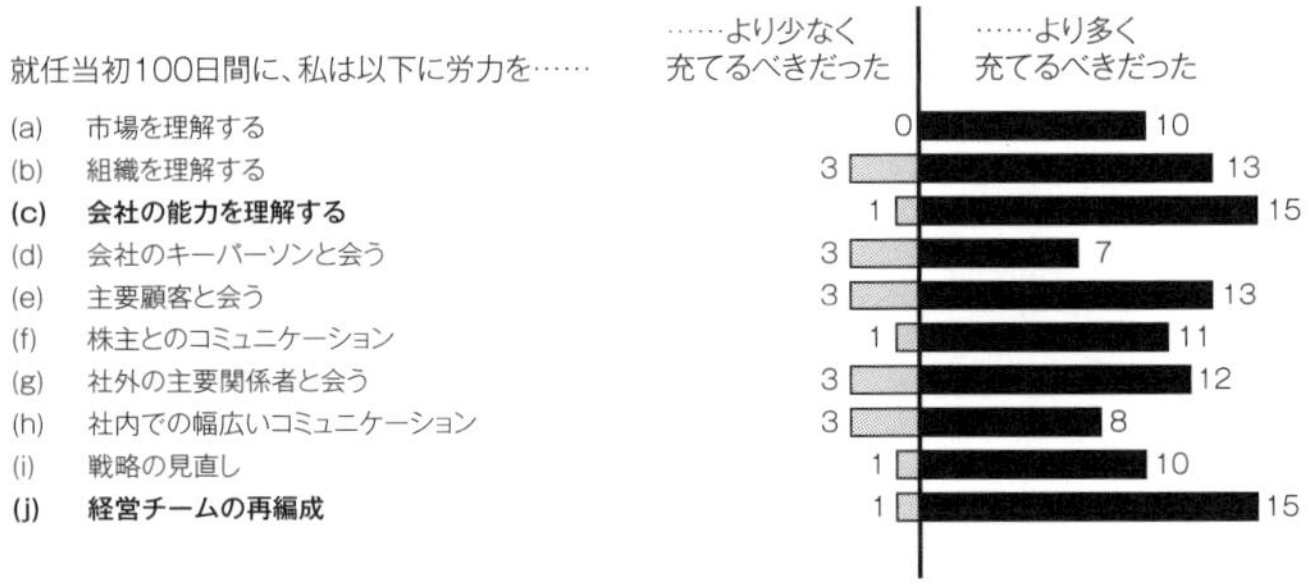

出所: Biotech CEO Survey 2005: The First 100 Days, Egon Zehnder International
© Egon Zehnder International

第四に、新規採用者は一度にあらゆることに取り組むより、むしろ少数の重要分野に集中することから始めるべきだ。

いつかは新マネジャーも、求められているどの期待に集中し、どの期待を捨てるべきかについて、重要な意思決定を行なわなければならなくなる。最初に決められた期待には、相反する目標や、不可能な目標も含まれている可能性がきわめて高い。この問題は、前任者がした約束によってさらにこじれることもある。事業の拡大計画、雇用の確保、昇進の見込み、キャリアの軌道、報酬の期待、労働条件はすべて期待の根拠となっているのだが、満たされるかどうかはわからない。新マネジャーは、これらの期待にみずから対応しなければならず、さもなければ〝公約不履行〟となってしまうかもしれない。

一方、新マネジャーはもちろん自分のチームの確認もしなければならない。最初の数カ月間は新マネジャーは、チームメンバーとともに働きながら、彼らの能力と仕事に対する姿勢を見極めなければならない、非常にむずかしい時期である。どちらの側も相手のことを〝合格ラインに達する〟だろうかと思いながら、品定めしている。一方で、日々の仕事は待ってはくれない。

個人的な関係の重要性

もしあなたが重要人物と強い個人的な関係を築くことができれば、インテグレーションの成功率は高まる。自分のために最善を尽してくれる味方を見つけることができれば、それはほとんどどんな欠点も補ってあまりあるものだ。

重要人物との関係を築くことは多くの理由で必要不可欠である。第一に、前述のとおり、経験豊かな社内の味方は、新マネジャーが成功するのを助けてくれる。学習プロセスを早め、診断期間をその質を犠牲にせずに短縮する手助けをしてくれる。しかも、よい関係は信頼をもたらす基盤であり、それがまたリーダーシップと〝フォローシップ〟を支える重要な基盤となる。

このＥメール全盛の時代において、信頼を築くために、人と一対一で、膝をつきあわせてつきあうことの重要性は、いくら強調しても足りないぐらいだ。信頼は性格（誠実さ、動機、行動の一貫性、率直さなど）と能力から生まれる。しかし、あなたが誠実で、率直で、目的意識が高く、行動に一貫性があり、また適切な能力をもち合わせていたとしても、あなたの信頼をはぐくむ能力は、自分の上司や主要チームメンバー、ほかの関連する同僚や利害関係者と、どれだけ質の高いつきあいを重ねてきたかで大きく決まるのだ。

一対一の触れあいに勝るものはまったくないのだ。

本章で説明した方法に従えば、あなたは最高の候補者を成功裡にインテグレーションすることができる。

最後の章では、なぜ優れた人材を見極める力を習得することが重要なのかについて、これまでの章よりも広い視野から考えてみたい。

第9章のまとめ

新任の経営幹部のインテグレーションは非常に重要であり、本人と企業双方が協力して、計画的に取り組む必要がある。

1　新任の経営幹部のインテグレーションは困難でリスクをともなう

・インテグレーションのプロセスは長く、リスクも高いが、ほとんどの企業は適切な支援を提供していない。

・インテグレーションにともなう課題には、新任幹部に厳しい現実をしっかりと伝えない、新任幹部と部下とのあいだで仕事のやり方に関する理解に隔たりがある、社内のキーマンとの関係構築を新任幹部がおろそかにする、といったものがある。

2　企業側は、新任の経営幹部の着任前から前広に、インテグレーションを計画し支援することが重要である

・候補者の着任前にコミュニケーションを十分にとり、経営の優先事項、企業文化、人事の問題について話し合う。

・インテグレーションに関する行動計画を立て、計画どおり進捗しているかどうかを定期的にフォローアップする。

3　新任の経営幹部自身の認識や取り組み姿勢も重要である

・適切な支援者を確保することは成功に不可欠である。社内のキーマンと個人的な関係を築くための時間を十分にとる。
・新しい仕事は予想以上に大変なことを自覚しておく。
・社内のどんな支援が必要かを前もって確認し、企業側に支援を要求する。
・一度にあらゆることに取り組むより、少数の重要分野に集中する。

CASE STUDY

日本企業のインテグレーションにおける実態

ある日、日本の大手メーカーの米国現地法人のアメリカ人CEOが退職を決意して私たちに助けを求めてきた。彼は、まさに日本企業のインテグレーションにおける典型的な失敗例を体験していた。

彼のCEO就任直後、社内では国際畑、英語通と言われる日本本社の国際部門のトップによる面談が実施されたのであるが、その面談は彼にとって非常に困惑するものであった。面談は当然英語で実施されたのであるが、日本人の国際部門のトップは英語は話すが、何を言わんとしているのかまったく理解できなかった。さらに、自分の責任範囲やミッションが何であるか、などの有意義なメッセージが伝えられることはまったくなかった。その面談後、日本本社からの連絡は一切なく、アメリカ人CEOから日本本社に定期的に報告を行なってもフィードバックはまったくなかった。さらに、人事考課においては、すべての評価項目において「Good」という評価をもらったにもかかわらず、ボーナスにはまったく反映されていなかった。

結局、就任後一年でアメリカ人CEOは退職した。後任として、またアメリカ人CEOが採用されたのであるが、やはり同じ状況下におかれ、就任早々に退職した。

これは、特殊な例ではなく日本企業ではよくある話である。私たちが、二年前に実施した日本の大手企業に勤務経験のある外国人エグゼクティブの意識調査における興味深い結果を図に示す。

日本企業に勤める外国人エグゼクティブの意識調査の結果から

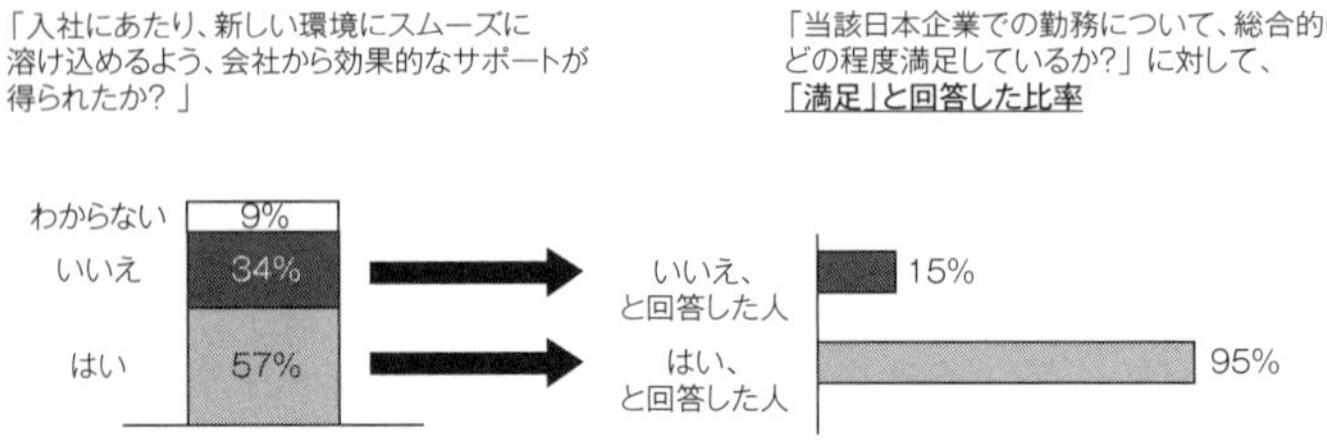
「入社にあたり、新しい環境にスムーズに溶け込めるよう、会社から効果的なサポートが得られたか？」
わからない 9%
いいえ 34%
はい 57%
「当該日本企業での勤務について、総合的にどの程度満足しているか?」に対して、「満足」と回答した比率
いいえ、と回答した人 15%
はい、と回答した人 95%

「入社にあたり、新しい環境にスムーズに溶け込めるよう、会社から効果的なサポートが得られたか?」という質問に対し、三人に一人が否定的な回答をした。これは、外資系企業と比較して非常に高い割合であり、日本企業はインテグレーションに関して外資系企業ほど効果的なサポートをしていない。

また、「効果的なサポートが得られた」と答えた人の当該日本企業に対する満足度は九五%であったのに対し、「サポートが得られなかった」と答えた人の満足度はわずか一五%にすぎなかった。会社に対する満足度が高いほど在籍期間も長くなるため、企業側がインテグレーションにおいて効果的な支援を行なうことがいかに重要であるかがよくわかる。

せっかく高いお金と労力をかけて優秀な人材を採用できたとしても、インテグレーションをおろそかにするとその労力はまったくのムダになってしまうのである。

第10章 明日への視座

個人のキャリアにおける意義

これまでに述べてきた内容は、雇用者サイドの観点であり、方法論であった。優れた人選力のもう一つの意味合いは、それがあなた個人のキャリアの決断においても大いに活用できることである。どのようなときに仕事を変えるべきなのか、問題の先送りや自分の能力の過大評価など、心理的バイアスの影響とはどのようなものか、自分の能力ややりたいことについての認識を高め、社内外のさまざまな仕事の可能性を最大限に活かすにはどうすべきか、など、個人のキャリアを決断する際のヒントを理解いただけたと思う。

同時に、転職を決断する際の落とし穴、たとえば、拙速に判断をしてしまう、感情的なこだわりに影響されてしまう、慣れていることに流されてしまう、といったことを避けるべきだということも理解していただけたと思う。また、たとえば次の仕事が決まる前に、現在の仕事をやめてしまうような、戦術的なミスを犯すことも避けるべきということも理解していただけただろう。

しかし、この最終章では、あまり落とし穴やミスのことばかり言いたくはない。プラス面を強調したいからだ。このすばらしい時代における、私たちの目の前にある驚くほどの可能性について考えてみてほしい。一八〇〇年代、ほとんどの人は農民だった。一九世紀末には、ほとんど誰もが農民か工場労働者だった。それから一世紀を少し過ぎた今日、世の中には自営も含めて驚くべき数の職業選択の機会が存在している。そして、以前よりはるかに多くの人がこの経済市場に参加できるようになっている。

今日、私たちは長生きになり、健康でいられる時間がはるかに長くなった。いまや私たちのキャリアは一つに限られていない。生涯にいくつものキャリアを重ねたり、同時に追求したりすることができる。極端な場合を除いて、私たちは自分がしたくないことはしなくてもすむ。ハーマンミラーの元CEO、マックス・デプリーが好んで言っていたように、職場の誰もが〝ボランティア〟すなわち、自発的労働者なのだ。

だから、もし現在の仕事が気に入らなかったら、〝ボランティア〟をやめればいい。転職するために必要な手順を踏もう。おのれを知り、自分にとってよりよいチャンスを掴むために情報を集め、人脈を活用すること。そして、私たちはスモールワールド（第6章で説明した「六次の隔たり」）に住んでおり、賢く体系的な方法で探せば自分の望みはかなうと考えて行動することだ。

そして最後に、本当にいまの組織から離れるときが来たのかどうか考えてみよう。ビジネスマンとして、あなたは自分が期待されていた貢献を果たしただろうか？　もしかしたら、あなたはすでに企業にとって過去の人となっているかもしれない。社会貢献などの別の道へ進んで、あなたの人生を、そして愛する家族との生活をいっそう豊かにし、楽しむべきかもしれない。

周囲を幸せにする

組織を活気づかせ、あなたのキャリアを発展させることに加えて、優れた人選力はあなたがほかの人を幸せにすることもできる。

あなたや同僚がつらい思いをした最悪の上司について思い出してみよう。ひどいリーダーは結局は自滅するが、その途中で多くの人に心痛を与えている。彼らは周りの人の幸せや健康、心の安らぎといったものを奪いとってしまう。

優れた人選力を身につけることは、自分のチームに適した上司を選ぶのにも役立つ。それがやりがいのある仕事と豊かな人間関係を職場にはぐくむ。ふさわしい上司と適切な労働環境をもつことで、私たちは自分がすべきことに集中し、生産性を高めることができる。これは幸せが生産性を高め、その逆もしかりという好循環である。そして、私たちのポジティブな感情は伝染しやすく、周りの人にも広がっていく。

優れた人選によって、役員室から現場の最前線まで、あなたのチーム全体の健康と幸せが促進されるのだ。

隠された重大な「不祥事」

近年、一連の企業の不祥事はビジネスや社会のあり方に多大な影響を及ぼしている。私たちの周りは、下劣な企業の不祥事に関連する情報にあふれている。何万人もの失業者、何千億円も損をした投資家、救済措置の終了、企業と企業リーダーの信用の失墜。これらにより投資や雇用の創出、経済成長、そして最終的には生活水準にマイナスの影響が出ていることを私たちは実感している。

これらの不祥事がなかなかなくならない理由を探るのはむずかしいことではない。無能な取締役会が支配的なリーダーの言いなりになっていたからだ。そういったリーダーは金銭欲と思い上がりのかたまりであっただけでなく、ウォールストリートからの過剰なプレッシャーでがんじがらめになってもいて、成功の見込みの薄い企業買収、過度な事業拡大など、手っ取り早く成果を出すための戦略を立てがちである。帳簿の不正操作への誘惑は容赦なく高まり、社内統制の脆弱さは致命的な決定を許すことになる。

これは世の中でかなり頻繁に起きている話のように思われるかもしれない。しかし、結局のところ、エンロンやワールドコム、グローバル・クロッシング、アデルフィア、タイコ——本節の冒頭で描いたプロファイルに多少なりとも適合する企業——は、きわめてまれなケースだった。ウォールストリート・ジャーナル紙の報告によると、何千万人もの米国のビジネスマンのなかで、二〇〇二年六月以降、企業犯罪で有罪判決を受けたのは約一〇〇〇人にすぎない。

しかし、事態は私たちが想像するよりもはるかに悪い。ちまたには、前述の会社の悪事を全部まとめたものより桁違いに大きく、しかもそれについてほとんど誰も指摘していない「不祥事」が潜んでいるのだ。

この隠された「不祥事」とは、これら企業犯罪にはまったく無縁にみえる立派な組織が、数多くの幹部ポストで行なってきたひどい人選と、それがもたらしたひどい業績にほかならない。以前の章で説明した経営幹部の業績の劇的な差について、思い返してほしい。これが、隠された本当の「不祥事」である。

しかも、これは問題企業についてだけ述べているのではない。世の評判の高い企業においても、私は実に莫大な機会損失を目にしてきた。さらに、これは営利組織についてだけ言っているのでも、もちろんない。最近、私は医療研究者からこんな話を聞いた。米国の大学病院における一部の主な治療について調べたところ、同一の医療具を用いて、同一の方法で治療しているのに、死亡率は一〇〇〇％もの違いがあったというのだ！　この違いはもちろん治療を執行した「人」の違いである。

優れた人選はあなたの命まで救えるのである。

優れた人選力を学ぶ重要性

これまで述べた教訓をこの世の中に活かすためには、優れた人選についてあなた自身と周りの人たちを教育することが重要である。権力のある人には知識がなく、知識がある人には権力がない、という昔からの決まり文句がある。であれば、解決策は権力のある人を教育することだ。

今日の組織が財務上の意思決定をどう行なっているのか考えてみよう。最新の知識を使って、きちんと専門的に行なっているはずだ。では、人事についてはどうだろうか。ほとんどの場合、いつ新たな人選が必要なのかを見極めるところから候補者の評価、インテグレーションにいたるまで、どの段階でもきちんとやっていない。製造、製品開発、マーケティングさえも――どれも人事よりはるかに専門的な取り組みがなされている。

そう、マーケティングさえも。そう遠くない昔、宣伝広告は〝アート〟、つまり、理論では説明できない、属人的で直感的なものだと考えられていた。いまの人事は半世紀前の宣伝広告と同じである。私は、この状況は変わると思っている。しかも急速に。

私は最近、ビジネス書の作家であるジム・コリンズと一日をともに過ごし、本書のために考えていたアイデアをはじめ、さまざまな話題について話し合う機会に恵まれた。ある時点で、私はこんなことを口にした。大学であれ、MBA課程であれ、私たちは経営者になる準備をしている何年もの間に、財務、会計、マーケティングなど主な科目について徹底的に学ぶ。それなのに、ほとんどの人は、いかに優れた人選を行なうかについてまったく学んでいない。これはずいぶんおかしな話じゃないか、と。

コリンズは私が何を言いたいのかすぐにわかった。「ビジネススクールはいかに人選を行なうかについて講座を設けるべきだよ。戦略の策定より人材の活用のほうがどれだけ大切なことか」

人選のミスの前には、戦略は無力である。

歴史に目を向ける

優れた人選の重要性を考えるには、歴史に目を向けるのも一つである。私たちは偉大なリーダーたちを、達成した偉業を踏まえて、またときには適切な後継者を育て損ねたことで、彼らが残した問題の両面をみることができる。

アレクサンダー大王とナポレオンは、最良かつ最悪の例に入る。マケドニアとフランスはそれぞれ、彼らのリーダーシップがなければ到底不可能だったことを達成した（ここでは、ときには異議のある二人のリーダーシップ手法については語らない）。一方、彼らが達成したことのほとんどは、歴史に大きな足跡を残したにもかかわらず、彼らがみずからリーダーシップを発揮できなくなるやいなや、持続不可能になった。

南北戦争をエイブラハム・リンカーンほど固い意志のもとに遂行できた人はほかにいただろうか？彼は南部の諸州を許し、寛大に再建する計画をもっていた。ところが、暗殺によってその計画は頓挫し、復讐に燃えた後継者たちによって戦争の傷跡から立ち直るプロセスは一〇〇年も遅れた。

ウィンストン・チャーチルは、もう一つの興味深い例である。第一次大戦と第二次大戦の間の平和な時代には、チャーチルは政治家としてパッとしなかった。ところが、いざ第二次大戦が始まると、英国民は彼がリーダーであることを幸運なことだと考えるようになった。しかし、終戦直後の選挙で、英国民は労働党内閣を選び、チャーチルを退陣に追い込んだ。六年間の戦争で生じた複雑な社会問題に対応するには、別のリーダーがよいとみなしたからだ。

国家単位で考える

私は最近、間違った人選の典型的な例があったら教えてほしいと、世界中の同僚コンサルタントにEメールを送った。求めていたのは企業の例だったが、無能とされる先進国の政治家を〝推薦〟するメールも山ほど受けとった。

現職の先進国の指導者のなかで、その職にふさわしい人は何人いるだろうか？　コンピテンシーや信頼性、さらには誠実さという点で、何人が傑出し、何人が及第点だろうか？　明らかに、政治の世界でも間違った人選が行なわれている――まさにもっとも肝心なところで！　強い政治的リーダーシップがなければ、私たちは、大量虐殺やテロ、経済格差、社会のひずみなど、現代社会に重くのしかかる緊急の課題に取り組むことはできない。

あなたは企業のリーダーと政治のリーダーを比べるのは行き過ぎではないかと思っているかもしれない。解決すべき課題はずいぶん違うのではないかと。それに、たとえ同じようにみえても、政治の世界とビジネスの世界ではリーダーの選び方がずいぶん違うのではないかと。

最初の質問については、私の答えは条件つきの〝イエス〟である。基本的に、国を率いることは会社を率いることとは異なるからだ。それでも、重要な重複する部分はある。たとえば課題設定、資源配分、そして有権者の心をつかむといった領域である。

二つめの質問――この二つの分野でリーダーを選ぶ方法――については、選挙による選択は明らかに企業の採用の選択とは大きく異なる。しかし、ここでもやはり、類似性があると言えよう。第3章で述べた感情的なバイアスと心理的な落とし穴について考えてみよう。私たちは常に自分の支持する政党の候補者に投票しているが、もしかしたら同質性に固執していないだろうか？　ブランドや集団心理に捉われていないだろうか？

私たちは、何を求めるべきかというもっとも基本的な評価基準――つまり、具体的な優先順位と国が直面している状況を踏まえてどんなコンピテンシーが必要と考えるべきか――をきちんとやっているだろうか？　私たちは候補者を適切に選んでいるだろうか、それともテレビ討論会をみただけで誰に投票するかを決めているのだろうか。こうしたイベントは、イメージコンサルタントの意見が強く反映されており、私たちを拙速な判断へと追いやる。

私たちはつとめて客観的かつ冷静に投票先を決めているだろうか？　それとも安易な選択のために自分を納得させる理由を探しているのだろうか？　これらの重要なポストにふさわしい有力候補者の数を増やすために、私たちは何をしているだろうか？　これらの重要なポストに就くべき優れた人材をひきつけ、やる気を引き出すために、私たちは何をしているだろうか？　公務員や政府高官は、民間企業の同等の人々に比べてわずかな報酬しか得てはいけないという考えを、私たちはなぜうのみにしているのだろうか？　この報酬格差を当たり前のこととしながら、私たちは公職に〝優れた人材を採用すべきだ〟と本当に言えるだろうか？　ビジネスの世界の優れたリーダーやマネジャーで、この壁を飛び越えて選挙に出馬する人がまだまだ少ないのは、なぜだろうか？

自分たちがひきつけた人材をうまくインテグレーションするために、私たちは何をしているだろうか？　在任期間を決めてしまうことに意味があるだろうか？　もし、新たな課題のために、または私たちがミスを犯したために、あるいは選挙で選ばれた現職がコンピテンシーを失ったために、変革が必要になったらどうするのだろうか？　たとえば、私は米国のウッドロー・ウィルソン政権の任期が終わりを迎えた最後の年を思い出している。大統領が脳卒中で体が不自由になると、政府は次期政権の引き継ぎまで事実上マヒ状態に陥ったのだ。

株主はそんな状況に耐えられるだろうか？　国民はそんな状況に耐えるべきなのだろうか？

私はこれらが極端な質問であることも、答えは簡単に出ないことも十分わかっている。優れた政治体制というものはもともと保守的であり、党利党略の政治が本当の改革をもたらすことをいっそう困難にしているからだ。そしてもちろん、物事は期待どおりにはいかないことは心しておかなければならない。しかし、私たちはこれらをせめて自分に問いかけてもいいのではないか？　政府でよりよい人選を行なうには、それによってよりよいリーダーをもつには何が必要かを問いかけてもいいではないか。

世界レベルの優れた人選

もしある国のリーダーが無能で、別の国のリーダーが優れていたとしたら、前者は競争上、不利になる。そこの国民は経済的、政治的、社会的な混乱の危険にさらされるおそれが強い。

これは抽象的な観念ではない。シンガポールのケースを考えてみよう。同国は、世界経済フォーラム（ダボス会議）による世界一三〇以上の国と地域の旅行と観光の競争力をランクづけした報告書で、米国を抜いて第五位にランクインされた。天然資源のない小国のシンガポールがどうやって世界で五番目に競争力の高い国として台頭したのだろうか？　シンガポールは近年どうやって七％から一〇％の年間成長率を達成してきたのだろうか？

もちろん、答えは単純ではない。一九六〇年代、シンガポールは長期的な経済成長を国の基本目標に掲げた。同時に、その予測される成長の恩恵を広く国民のあいだで分かち合うことを決めた。これは富と所得の再配分政策を通じてではなく、すべての男女に生計を立て、資産を形成するための手段と機会を提供することで実現された。

しかし、四〇年後に、どうやってここまで到達できたのだろう？　大きな要因は、同国が公共部門に優れた人材をひきつけるために、十分な報酬と福利厚生費を支払うことを、明確に定めたためである。

私が近年読んだなかでもっとも感銘を受けた所信表明の一つは、二〇〇〇年六月三〇日に当時の首相のゴー・チョク・トンがシンガポール議会で行なったものだった。おりしも、それは公共部門の給料についての勧告だった。彼はよい政府は比較的コストが低く、悪い政府は信じられないほどコストが高いことを雄弁に語っていた。同国のすばらしい経済実績と高い生活水準を支えるもっとも重要な要因は、国の政治的リーダーの質だときっぱりと断言できる。

数年前、私はある大統領候補の顧問たちの訪問を受けた。私がシンガポールとそのきわめてプロ意識の高い行政の例に触れると、彼らは、そのケースは不適切だ、シンガポールは〝正常な〟民主政権ではないと、即座に反応した。私は、シンガポールの民主主義――世界の誰もが受け入れるわけではない――がいいかどうかではなく、むしろ経済の第一線に躍り出る過程で同国が行なってきた人選について話しているのだと応じた。そして、こう続けた。実際、シンガポールの例は、企業の役員会レベルでも繰り返しみられたことを、国のレベルで強調しているにすぎない。優れた取締役会をつくるのは、特定の規則や規定でも、特定の統治システムでもない。むしろ、それは取締役たちの力量であり、協力のしかたである。

もし優れた人選を国レベルで行なうことができるとしたら、さらに一段高いレベル、つまり世界レベルで行なうことはできないだろうか？　私はそう願う。なぜなら、これは明らかに世界規模の持続可能な開発、正義、安定、平和を実現するための必要条件であるからだ。

どうやったら達成できるだろうか？　私が明らかに勉強不足なことはわかっているが、ここでは少なくとも二つの明るい方向性を指摘しておきたい。まず、優れた人選が及ぼす影響について世界的な規模で人々を教育する必要性があることは明らかだ。

次に、私たちはみずからを公職に捧げる人を高く評価すべきである――しかも、世界規模でそうすべきなのだ。前述のとおり、世界経済フォーラムは、世界競争力報告書を発表しているが、これは重要な発見を客観的な方法で把握するための試みである。米国国務省は自国の海外旅行者のために世界各国の相対的な安全情報を発表している。これらの有益な、しかし比較的地味な基準の問題点は、アウトプット――つまり、過去に行なわれた決定の結果――を語っていることである。私が提案しているのは、インプット、つまり私たちの生活を形づくる決定を行なう人々に焦点をあてることなのだ。格付機関は、私たちにどこに金を投資するのが賢いか、賢くないか教えてくれる。政治家格付機関が、私たちに誰が何が得意なのかを教えてくれてもいいのではないだろうか。

私たちは教育と情報を得ることによって、投票する際に優れた人選を行なうことができるようになる。その結果、世界はこれからよくなるはずだ。

本書の執筆は、私の人生でもっともすばらしい経験の一つとなった。本書があなたの役に立つことを願う。あなたが優れた人選を行なえるように、そしてあなた自身も組織とともに成功することを祈っている。

私は本書をドクター・スースの絵本『きみの行く道』からの引用で終わりたい。ここには人生とその挑戦についてすばらしい知恵が詰まっている。一ページめはこうだ。

おめでとう。
今日という日は、きみのためにある。
外の世界にむかって
きみは、いま、出ていこうとしてるんです。

（河出書房新社、いとうひろみ訳）

では、あなたの優れた人選の成功を祈る！

第10章のまとめ

優れた人選力は、この世界をよりよきものへと導く。

1　他人を評価する力、人選力を高めることは、自己を見つめる力を高めることにも通じる。ひいては、周囲との関係をよりよくすることを可能とし、確実に経営幹部としての幸せな成功に結びつく力となる

2　優れた人選力は個人を越え、国家の運営においても力を発揮する。言わば、世界の持続可能な成長と安定、そして平和を実現するための必須条件である。世界をよりよい場所にするために、優れた人選がもつ力が広がることを心より願いたい

謝辞

本書がどれだけ成功するかはわからないが、なぜ本書をつくり上げることができたかはわかっている。当然のことながら、〝人〟がすべてである。これほど幸運なことはなかったし、これほどありがたいこともない。

二〇年余りにわたって一緒に仕事をしてきた多くのクライアントは、もっとも微妙でデリケートな〝人〟の問題を私に任せてくれた。私はその信頼を光栄に思う。と同時に、それだけの機会が与えられ、それにともなって学ぶことができたことに感謝している。

私と栄光やドラマ、夢を分かち合ってきた多くの候補者は、私に組織と個人という人事の両面について考えさせてくれ、多くの貴重な教訓を授けてくれた。

わが社の創業者で会長であったエゴン・ゼンダーほど、私を励まし、刺激してくれた人はいない。無類の誠実さと大志でもって、彼は実に魅力あふれるこの仕事を選び、そして、一つの職業として確立する手助けをした。後継者のダン・マイランドは、やはりもう引退しているが、私に入社直後から世界規模で働き、学習する機会を与えてくれた。現在の会長のジョン・グランバーは、みずからの情熱に従って本書を書く私のために、信じがたいほどの支援と励ましを与えてくれた。彼も私と同じく、私たちにはプロとして人材選びの改善を手助けする社会的責任があると確信しているのだ。

私の二〇年にわたる親友である現ＣＥＯのダミエン・オブライエンは、わが社のエグゼクティブ・サーチの質を改善するという大胆な試みを一緒に推進してきた貴重な仲間である。内外で見つけたベストプラクティスを社内で実践するために、私たちと密接に連携してきたエビリン・セビン、デイビッド・キッド、マーク・バイフォードもそうだ。スティーブ・ケルナーも、経営幹部のコンピテンシーについてや、能力と将来性を評価するためのベストプラクティスについて、独自の知識と洞察を惜しげもなく共有してくれた。

ほかにも、エゴンゼンダーインターナショナルの多くの同僚が、本書のために貴重な洞察と事例で私を直接助けてくれた。スタンフォード大学に目を向けると、私はビジネススクールの学部長であるボブ・ジョスから大きな励ましと刺激を受けた。また、私の担当教授だったジェリー・ポラスとデイビッド・モンゴメリー、クラスメートのヘンリー・チェズブロウにとくに感謝したい。

クラスメートのジム・コリンズは、そのたぐいまれな研究と実践で人材の見極めの重要性を明確に立証してくれたことや、コロラド州ボールダーでの彼との会議で本書のタイトルを思いつくことができたことからも、特筆に値する。

ハーバード・ビジネススクールの何人かの教授も、人材の見極めの重要性とその条件について、私たちの理解を大いに深めてくれたうえ、私との会議に快く応じてアイデアを議論し、知識を共有してくれた。そのなかには、ジェイ・ロッシュ、ハワード・スティーブンソン、ジャック・ガバロ、ニティン・ノーリア、アシシュ・ナンダ、ラケシュ・クラナ、ノーム・ワッサーマンなどが含まれる。

数十年前に、ヨーロッパのマッキンゼーで働いていたとき、私は何人かの上司から、誠実に振る舞いながらプロのコンサルタント――必要なら正直な〝インサルタント（無礼者）〟――になる方法を教わった。

ダニエル・ゴールマンは、最初に感情的、社会的なコンピテンシーの関連性に関する研究で、次に自分のメッセージを伝える独特な才能で、そして最後に、これらのコンピテンシーを育て、利用して世界をよりよくしたいという並々ならぬ情熱で、私のインスピレーションをかきたててくれた。

また、私は「組織におけるＥＱ研究協会（ＣＲＥＩＯ）」の共同議長であるカリー・チャーニスをはじめ、リチャード・ボヤツィス、ライル・スペンサー、ロバート・カプラン、キャシー・クラム、ルース・ジェイコブス、リック・プライス、ファビオ・サラ、マリリン・ガウイングなどのメンバーにもお世話になった。

ジム・コーゼスはリーダーシップの問題に関するすばらしい討論相手だった。

ジョン・アレクサンダーも、センター・フォー・クリエイティブ・リーダーシップの社長時代はすばらしい討論相手であり、現実の世界で起きている選抜に関する研究と洞察の豊富な情報源でもあった。

ボストン大学で教鞭をとり、ＭＩＴで調査を実施しているマーシャル・Ｗ・ヴァン・アルスタインは、エグゼクティブ・サーチ会社での知識共有を促す集団的インセンティブの効果に関する調査内容を惜しげもなく話してくれた。

また、この数年間にわたって、プロフェッショナル・サービス会社の人事について研究調査中の私とさまざまな意見交換をしてくれた、ＩＭＤの学長だったピーター・ロランジェ、ＩＮＳＥＡＤのハーミニア・イバーラ、デイビッド・マイスターにも大変感謝している。リック・キャンプは、私が駆けだしの頃、ミシガン大学で行動面接手法を練習していたときのすばらしい教官である。

ジャック・ウェルチが、驚くほどの情熱とたっぷりの時間をかけて、私と彼独特の洞察や確信について論じあってくれたことは、特筆に値する。

スージー・ウェルチは私が出会ったもっとも知性的な人間の一人で、一九九八年にハーバード・ビジネス・レビュー誌に掲載された私の論文で一緒に仕事をして以来、長年にわたり魅力的な意見交換をしてくれた。それに対し、私は感謝の言葉もない。

加えて、エゴンゼンダー東京オフィスのすばらしい同僚にも感謝の意を表したい。オフィスの代表であり、また偉大なる友人である小幡善章氏（Yoshi）は、日本において私たちの優れた仕事を率いているのみならず、日本のあらゆる業界の組織に対して、優れた人選をするためのお手伝いをすることにコミットをもっている。今回日本語版を出版するという話が出たときも、真っ先に賛同してくれたのは彼である。私の同僚であり、パートナーでもある竹田弘明氏（Hiro）は Yoshi とともにこのプロジェクトを率いたすばらしいリーダーである。彼は日本のマーケットの現状に合わせて、どういうところにフォーカスをし、どういう表現がよりふさわしいのかについて多大なアドバイスを私に与えてくれた。本プロジェクトに携わった他の大切な同僚（荒巻健太郎、中村紀寿、谷川弘樹、小野壮彦）とともに、Hiro は、各章のまとめや日本における実例の挿入など、この日本語版を見事にまとめ上げてくれた。このすばらしいチームは、アジアにおけるエゴンゼンダーの優れた人選力を表す一例であり、私は彼らのコミットメントや献身、与えてくれた付加価値、そして偉大なるサポートに感謝してもし尽くせない。

そして、彼らコンサルタントを陰から支えてくれた東京オフィスのサポートスタッフの皆さん、とくに富田淳子さんにはいろいろと献身的にサポートしていただいた。この場を借りて感謝申し上げる。

私の出版エージェントのヘレン・リーズは本書の成功を信じており、最初の出だしから私と情熱を分かち合っていた。そして、次第にすばらしいパートナーになり、親しい友人になった。

ジョン・ワイリー・アンド・サンズの編集主任、ローリー・ハーティングは、いつも変わらぬ機知に富んだ専門的かつ情熱的な姿勢によって、プロセス全体を通じて驚くべき情報源となりガイドとなった。

ジェフ・クルクシャンクは卓越したプロのライターで、企画段階から印刷段階にいたるまで、本書にはかりしれない価値をつけ加えてくれた。もしまた本を書くことがあったら、ふたたび彼の力に頼る機会と喜びと恩恵に授かりたいと思っている。

私のアシスタントのジョアンナ・イーデンは、いつも以上の厳しさで本書を少しずつかたちにしていくプロセスに打ち込んでくれた。おかげでこのプロセスはとてもたやすく楽しいものになった。

もちろん、最後はもっとも重要な人に残しておいた。私の愛する妻マリアは、今まで私が行なった最高の人選である。彼女はそのたえまない励ましと支援、すばらしい洞察、無限の忍耐力をはじめ、多くのかたちで本書に直接貢献してくれた。しかし、なによりも重要なのは、彼女が三〇年間、一日も欠かさず、私にハリのある生活と情熱を与えてくれたことである。彼女の愛は神の無条件の愛を真に表すものであり、この祝福を与えられたことに、私の感謝の意は尽きない。

著訳者紹介

C・フェルナンデス・アラオス（Claudio Fernandez Araoz）

スタンフォード大学MBA。マッキンゼーを経て世界的な人材コンサルティング会社エゴンゼンダーインターナショナルに入社。20年以上にわたり、エグゼクティブ・サーチ・コンサルタントとして世界中で活躍。現在は、同社シニアアドバイザー。MITスローン・マネジメント・レビュー誌やハーバード・ビジネス・レビュー誌などの有力マネジメント誌に論文を多数寄稿している。GE前会長のジャック・ウェルチが著した『ウィニング　勝利の経営』では「仕事と家庭のバランス」に関する章の執筆協力もした。

樫村志保（かしむら・しほ）

翻訳家。国際基督教大学教養学部卒業。主な訳書に『逆風野郎！　ダイソン成功物語』『僕の起業は亡命から始まった』『ハーバードでは教えない実践経営学』『大きく考える会社は、大きく育つ』などがある。

人選力

最強の経営陣をつくる

2009年5月22日　1版1刷

著　者　C・フェルナンデス・アラオス

訳　者　樫　村　志　保

発行者　羽　土　　　力

発行所　日本経済新聞出版社

http://www.nikkeibook.com/
東京都千代田区大手町 1-9-5　〒 100-8066
電話　03-3270-0251

印刷・奥村印刷／製本・大口製本印刷

Printed in Japan　ISBN978-4-532-31455-2

日本経済新聞出版社の好評既刊書

スターバックスを世界一にするために守り続けてきた大切な原則

ハワード・ビーハー、ジャネット・ゴールドシュタイン／関 美和 訳

●1500円

信頼を大切にする、挑戦を怖れない、夢を大切にする、一人ひとりを個人として扱う……全世界にスタバを広めた著者が「人を大事にする」という信念を軸に世界一へと上り詰めた軌跡と10個の大切な「原則」を明かす。

ディズニーが教えるお客様を感動させる最高の方法

ディズニー・インスティチュート／月沢 李歌子 訳

●1400円

サービスこそディズニーのすべて――驚異の顧客満足度を誇るディズニーが、自身のCS手法「クオリティ・サービス・サイクル」を初めて解説。究極の満足を実現するための全テクニックをあますところなく紹介します。

コーチングの神様が教える「できる人」の法則

マーシャル・ゴールドスミス、マーク・ライター／斎藤 聖美 訳

●1800円

有能な人ほど抱えている「20の悪い癖」とは何か？ なぜ、それを捨てないと出世できないのか？ ジャック・ウェルチもコーチした著者が、優秀な人材を「さらに伸ばす」方法を初公開。全米ベストセラー第1位！

さあ、才能(じぶん)に目覚めよう

あなたの5つの強みを見出し、活かす

マーカス・バッキンガム、ドナルド・O・クリフトン／田口 俊樹 訳

●1600円

知識や技能のように簡単には得られない才能こそあなたの「最強の武器」だ。200万人のインタビュー調査から導き出された34個の強みから、自分の強みを探し出そう。それをビジネスに活かしたとき、革命が起こる！

心のなかの幸福のバケツ

仕事と人生がうまくいくポジティブ心理学

トム・ラス、ドナルド・O・クリフトン／高遠 裕子 訳

●1300円

人は誰でも心にバケツをもっている。だから、たくさんの水を注いであげよう。バケツの水がいっぱいのときは気分がいいし、注いだあなたのバケツにも水がたまる。ポジティブな言動がもたらす驚きの事実と方法を紹介。

●価格はすべて税別です